KB188143

진짜 진짜
쉬운

아이패드 드로잉

무작정 따라하기

난희(표지희) 지음

길벗

진짜 진짜 쉬운

아이패드 드로잉 무작정 따라하기

초판 발행 • 2021년 1월 4일

지은이 • 표지희
발행인 • 이종원
발행처 • (주)도서출판 길벗
출판사 등록일 • 1990년 12월 24일
주소 • 서울시 마포구 월드컵로 10길 56(서교동)

대표 전화 • 02)332-0931 | 팩스 • 02)323-0586
홈페이지 • www.gilbut.co.kr | 이메일 • gilbut@gilbut.co.kr
기획 및 책임편집 • 안윤주(anyj@gilbut.co.kr) | **본문 디자인** • 최주연 | **표지 디자인** • 박상희 | **제작** • 이준호, 손일순, 이진혁
영업마케팅 • 임태호, 전선하, 차명환 | **웹마케팅** • 조승모, 지하영 | **영업관리** • 김명자 | **독자지원** • 송혜란, 윤정아
편집진행 • 방세근 | **전산편집** • 이기숙 | **CTP 출력 및 인쇄** • 벽호 | **제본** • 벽호

▸ 잘못된 책은 구입한 서점에서 바꿔 드립니다.
▸ 책은 저작권법에 따라 보호받는 저작물이므로 무단전재와 무단복제를 금합니다.
이 책의 전부 또는 일부를 이용하려면 반드시 사전에 저작권자와 ㈜도서출판 길벗의 서면 동의를 받아야 합니다.

©표지희, 2021

ISBN 979-11-6521-389-3 03000
(길벗 도서번호 007091)

18,000원

독자의 1초를 아껴주는 정성 길벗출판사

(주)도서출판 길벗 | IT실용서, IT/일반 수험서, IT전문서, 경제실용서, 취미실용서, 건강실용서, 자녀교육서
더퀘스트 | 인문교양서, 비즈니스서
길벗이지톡 | 어학단행본, 어학수험서
길벗스쿨 | 국어학습서, 수학학습서, 유아학습서, 어학학습서, 어린이교양서, 교과서

페이스북 • www.facebook.com/gilbutzigy
네이버 포스트 • post.naver.com/gilbutzigy

: 머리말 :

제가 어린 시절에 그림을 그릴 때에는 색연필, 사인펜, 수채화 붓, 파스텔 등의 다양한 도구들이 필요했어요. 도구마다 특성과 재질도 달라서, 종이 위에 그려지는 느낌도 모두 달랐죠. 그런데 이제는 그런 도구 없이도 애플펜슬과 아이패드, 그리고 프로크리에이트 앱만 있다면 어떤 그림이든 예쁘게 그릴 수 있게 되었어요. 200여 개가 넘는 브러시가 제공되고, 원하는 색상을 자유롭게 쓸 수 있기에 원하는 그림을 마음껏 그릴 수 있죠. 손에 물감이 묻지도 않고, 옷도 더럽혀지지 않습니다. 세상 참 좋아졌어요.

이 책에서는 프로크리에이트라는 그림 앱을 사용하여, 그림을 그리는 방법을 소개하고 있어요. 그림의 기술을 소개하기보다는 귀엽고 깔끔하게 대상을 그리는 방법, 15분 안에 예쁜 그림을 그리는 방법 등 쉽고 빠른 노하우를 알려주는 책입니다. 그림을 처음 시작하는 분들, 취미로 디지털 드로잉을 도전해보고 싶어하시는 분들을 위해 제작하였습니다.

이 책에는 그림의 기본이 되는 선 그리기부터 도형, 과일, 채소, 물건, 동물, 사물, 풍경, 행성까지 총 60개의 알찬 예제들이 담겨있습니다. 그림에 관한 저작권은 없으니 편하게 따라 그리시고 여기저기 올리셔도 됩니다. 그림 파트 다음에는 굿즈 제작 파트가 준비되어 있어요. 가이드에 따라, 예쁜 스티커와 자석, 아크릴키링 등의 다양한 디자인 굿즈까지 만들어 볼 거예요. 정말 재미있겠죠?

책을 보면서 따라하는 방법도 있지만, 영상을 보면서 따라하고 싶다면! JEI재능TV에서 방송되는 JEI홈스쿨존 '난희의 디지털 드로잉 무작정 따라하기'를 시청해 주셔도 좋아요. 저의 유튜브 채널에 올라오는 강좌들도 분명 도움이 되실 겁니다 .

이 책이 나올 수 있도록 큰 도움을 주신 출판사 관계자분들께 감사드립니다. 집필에 힘을 실어주신 저녁님, 늘 격려해준 사랑하는 가족들, JEI재능TV 강헌수 PD님도 고맙습니다. 또한 이 책을 지금 읽고 계시는 독자님들께도 감사의 인사를 올립니다. 여러분이 상상하는 그림을 모두 완성할 수 있도록 최선을 다해 도움드리도록 하겠습니다, 책의 마지막 장까지 잘 부탁드립니다.

저자 난희

: 미리보기 :

이 책은 프로크리에이트를 사용해 아이패드에서 그림 그리는 방법을 소개합니다. 그림을 귀엽고 깔끔하게 그리는 방법과 15분 안에 예쁜 그림을 그리는 방법 등 쉽고 빠르게 그림을 그리는 저자만의 노하우를 공개합니다.

01 아이패드 드로잉과 프로크리에이트 기능 알아보기

아이패드 드로잉에 대해 소개하고 아이패드 드로잉을 시작하기 위해 필요한 준비물과 사용할 수 있는 앱을 소개한다. 프로크리에이트의 기본 기능과 브러시, 레이어 사용법을 알아본다.

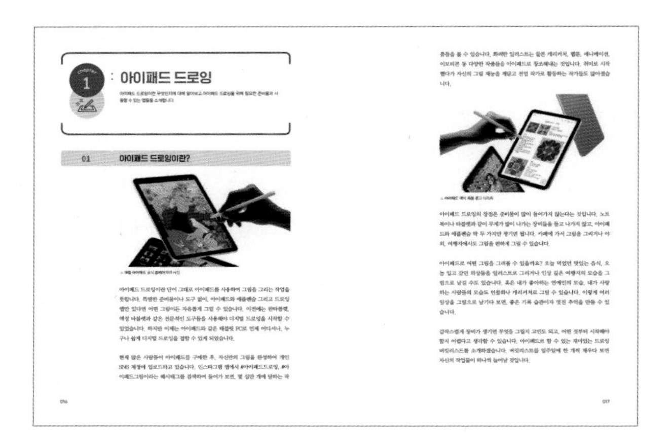

02 나만의 굿즈 만들고 발주하기

프로크리에이트를 사용하여 나만의 굿즈 도안을 제작한 후, 굿즈 소량 제작업체에 제품 발주를 넣는 방법을 알아본다. 연습 페이지에 도안을 직접 그려보면서 실습해 본다.

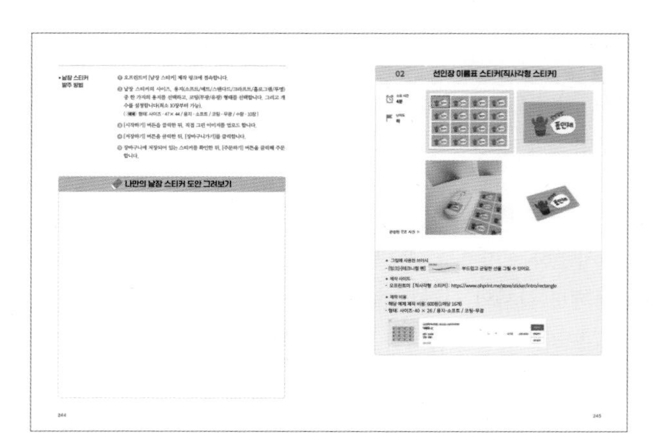

03 기초 드로잉부터 중급, 고급 드로잉까지 따라해보기

이 책에는 그림의 기본이 되는 선 그리기부터 도형, 과일, 채소, 물건, 동물, 사물, 풍경, 행성까지 총 60개의 예제가 담겨 있다. 선과 도형을 그리는 기본적인 방법을 알아보고 과일, 채소로 기초 드로잉을 배운 후에 간식, 음식, 동물을 그리면서 초급 드로잉을 익힌다. 전자기기&탈 것, 아이&청년을 그리면서 중급 드로잉에 도전한 후에 어른, 풍경, 날씨, 행성을 그리면서 아이패드 드로잉 학습을 마친다.

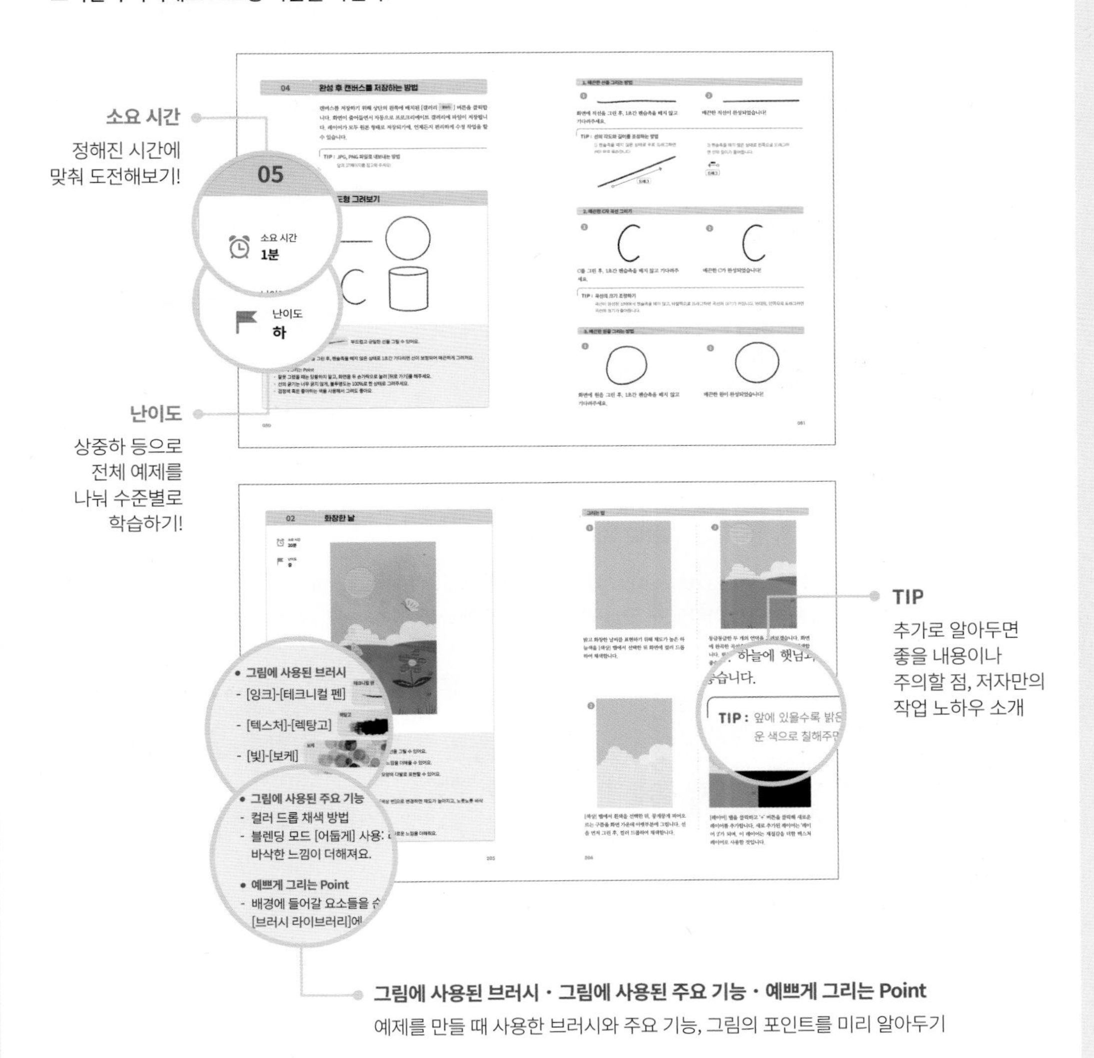

: 저자와 함께 배우는 아이패드 드로잉 :

이 책의 그림들을 따라하다가 궁금한 사항이 있다면, 저자가 운영하는 SNS를 통해 해결할 수 있습니다. 책과 함께 동영상을 보면서 아이패드 드로잉에 대한 궁금증을 해결할 수 있습니다.

JEI 재능TV에서 '난희의 디지털 드로잉 무작정 따라하기'를 시청해주세요.

JEI재능TV에서 JEI스쿨존 시간에 '난희의 디지털 드로잉 무작정 따라하기'를 시청할 수 있습니다. 디지털 드로잉의 기초부터 쉽게 배울 수 있으며 다양한 그림들을 난희와 함께 따라 그릴 수 있습니다. 이 책의 예제도 있기 때문에 방송을 보며 학습할 수 있습니다.

※ 자세한 방송 시간은 JEI재능TV 홈페이지(www.jeitv.com) - 편성표 탭에서 확인할 수 있습니다.

블로그와 인스타그램, 유튜브 채널을 통해 저자를 만나요.

저자의 블로그(https://blog.naver.com/univ2018)와 인스타그램(@nanheemang) 그리고 유튜브 채널(난희 Nanhee)에서 다양한 그림을 보면서 따라할 수 있습니다. 저자와 함께 소통하며 학습할 수 있습니다.

: 길벗출판사가 함께합니다 :

길벗출판사에서 운영하는 홈페이지(www.gilbut.co.kr)에서는 출간한 도서에 대한 정보뿐 아니라 예제 파일 및 완성 파일, 최신 기능 업로드 등 학습에 필요한 자료도 제공합니다. 또한 책을 읽다 모르는 내용이 있다면 언제든지 홈페이지의 도서 게시판에 문의해 주세요. 저자와 길벗 독자지원센터에서 신속하고 친절하게 답해 드립니다.

1 | 책에 대해 찾아보세요!

길벗출판사 홈페이지에 접속한 후 ❶ 검색( ) 창에 『아이패드 드로잉 무작정 따라하기』를 입력해 해당 도서 페이지로 이동하세요.

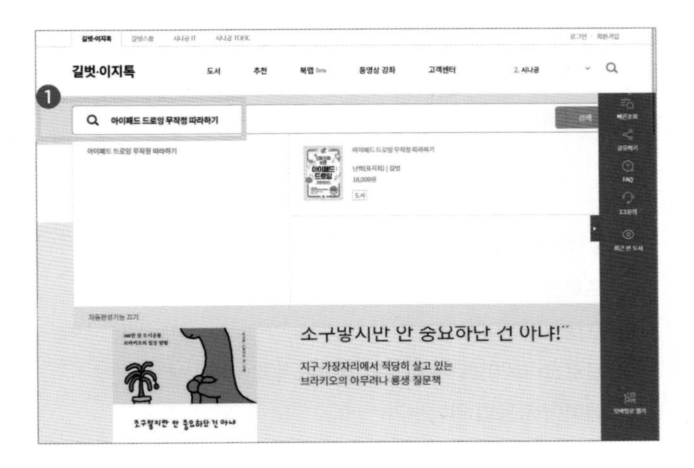

2 | 무엇이든 물어 보세요!

홈페이지 화면의 오른쪽에 보이는 퀵 메뉴를 이용하면 ❷ 도서 문의를 빠르게 할 수 있습니다.

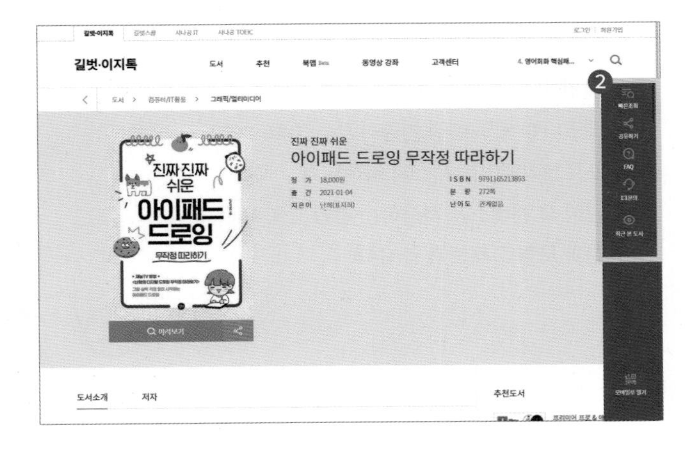

: 목차 :

아이패드 드로잉 알아보기

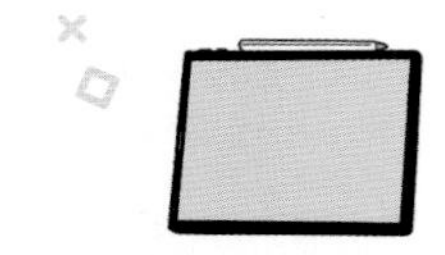

기초 드로잉 따라하기

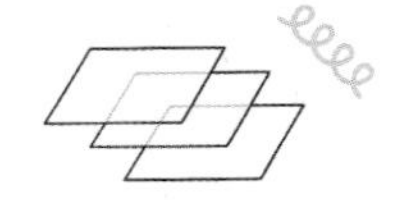

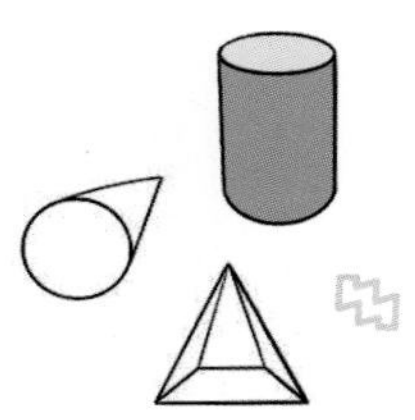

part 3 초급 드로잉 따라하기

Chapter 1 : 간식

Chapter 2 : 음식

Chapter 3 : 동물

중급 드로잉 따라하기

Chapter 1 : 가구 & 소품

Chapter 2 : 전자기기 & 탈 것

Chapter 3 : 아이 & 청년

part 5

고급 드로잉 따라하기

part 6

나만의 굿즈 만들기

PART

1

아이패드 드로잉 알아보기

아이패드 드로잉이란 무엇인지에 대해 알아보고,
어떤 도구와 앱이 사용되는지 자세히 배워보도록 하겠습니다.
또한 그림을 그릴 때 도움이 되는 보조 도구들과
이러한 도구들의 장점과 단점까지 자세히 살펴보겠습니다.

chapter 1 : 아이패드 드로잉

아이패드 드로잉이란 무엇인지에 대해 알아보고 아이패드 드로잉을 위해 필요한 준비물과 사용할 수 있는 앱들을 소개합니다.

01 아이패드 드로잉이란?

▲ 애플 공식 홈페이지의 아이패드 사진

아이패드 드로잉이란 단어 그대로 아이패드를 사용하여 그림을 그리는 작업을 뜻합니다. 특별한 준비물이나 도구 없이, 아이패드와 애플펜슬 그리고 드로잉 앱만 있다면 어떤 그림이든 자유롭게 그릴 수 있습니다. 이전에는 판타블렛, 액정 타블렛과 같은 전문적인 도구들을 사용해야 디지털 드로잉을 시작할 수 있었습니다. 하지만 이제는 아이패드와 같은 태블릿 PC로 언제 어디서나, 누구나 쉽게 디지털 드로잉을 접할 수 있게 되었습니다.

현재 많은 사람들이 아이패드를 구매한 후, 자신만의 그림을 완성하여 개인 SNS 계정에 업로드하고 있습니다. 인스타그램 앱에서 #아이패드드로잉, #아이패드그림이라는 해시태그를 검색하여 들어가 보면, 몇 십만 개에 달하는 작품들을 볼 수 있습니다. 화려한 일러스트는 물론 캐리커처, 웹툰, 애니메이션, 이모티콘 등 다양한 작품들을 아이패드로 창조해내는 것입니다. 취미로 시작했다가 자신의 그림 재능을 깨닫고 전업 작가로 활동하는 사람들도 많아졌습니다.

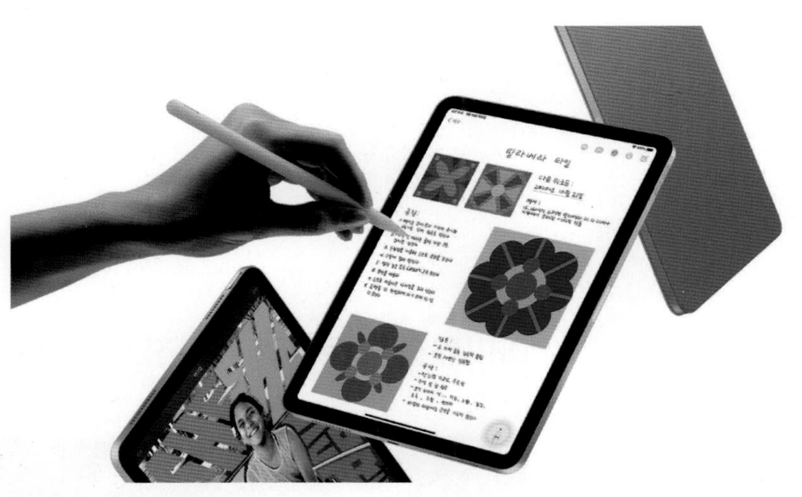

▲ 아이패드 에어 제품 광고 이미지

아이패드 드로잉의 장점은 준비물이 많이 들어가지 않는다는 것입니다. 노트북이나 타블렛과 같이 무게가 많이 나가는 장비들을 들고 나가지 않고, 아이패드와 애플펜슬 딱 두 가지만 챙기면 됩니다. 카페에 가서 그림을 그리거나 야외, 여행지에서도 그림을 편하게 그릴 수 있습니다.

아이패드로 어떤 그림을 그려볼 수 있을까요? 오늘 먹었던 맛있는 음식, 오늘 입고 갔던 의상들을 일러스트로 그리거나 인상 깊은 여행지의 모습을 그림으로 남길 수도 있습니다. 혹은 내가 좋아하는 연예인의 모습, 내가 사랑하는 사람들의 모습도 인물화나 캐리커처로 그릴 수 있습니다. 이렇게 여러 일상을 그림으로 기록하다 보면, 사진 이상의 감동을 전해주는 멋진 추억이 됩니다.

갑작스럽게 장비가 생기면 무엇을 그릴지 고민도 되고, 어떤 것부터 시작해야 할지 어렵다고 생각할 수 있습니다. 아이패드로 할 수 있는 재미있는 드로잉 버킷리스트를 소개하겠습니다. 버킷리스트를 일주일에 한 개씩 채우다 보면 자신의 작업물이 하나씩 늘어가고 차곡차곡 쌓일 것입니다.

아이패드 드로잉 버킷리스트 10

- ☐ 오늘 먹었던 음식 중 가장 맛있었던 음식 그려보기
- ☐ 오늘 내가 입고 나간 옷 그려보기
- ☐ 나의 가방 안에 있는 물건들 그리고 소개하기
- ☐ 일주일 동안 그림일기 남겨보기
- ☐ 내가 사랑하는 사람 그리기
- ☐ 가장 인상적이었던 여행지 그려보기
- ☐ 카페에서 음악 들으며 그림 그리기
- ☐ 너무 갖고 싶은 물건 그려보기
- ☐ 가족사진 그림으로 그리기
- ☐ SNS에 내가 그린 그림 올려보기

02 아이패드 드로잉을 시작하기 위한 준비물

1 | 아이패드

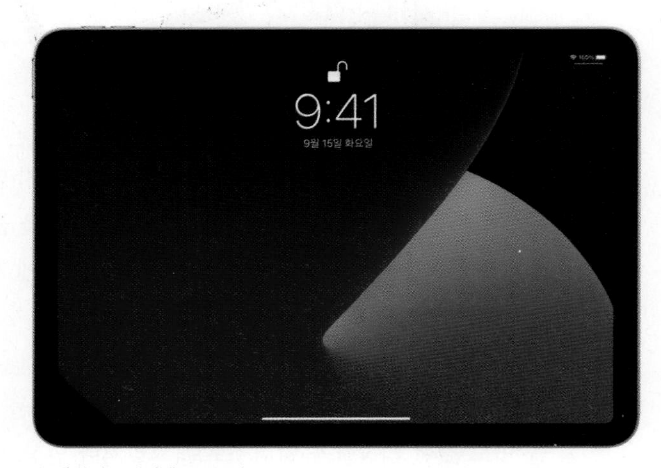

▲ 내게 맞는 아이패드 고르기

아이패드는 애플 사에서 개발한 태블릿 컴퓨터입니다. 우리가 자주 사용하는 컴퓨터와 노트북은 무겁기도 하고 사용 방법이 복잡하지만, 아이패드는 책 한 권을 드는 듯한 가벼운 무게와 얇은 두께를 갖고 있어, 언제 어디서나 쉽고 편하게 들고 다닐 수 있습니다. 가방에도 쏙 들어가고 배터리도 오래갑니다. 영화를 보거나 책을 읽거나 필기 혹은 그림을 그릴 때 정말 편한 기기라고 할 수 있습니다.

아이패드는 애플 공식 사이트에서 인터넷 주문으로 구매하거나 오프라인 매장인 프리스비, A-Shop에서 구매할 수 있습니다. 대학생 신분이거나 교직원일

경우 애플의 교육 할인 스토어에서 주문하면 시중가보다 할인된 금액으로 주문할 수 있습니다. 참고로, 쿠팡과 같은 소셜 커머스 사이트에서 구매하면 로켓배송 시스템을 통해 조금 더 빨리 제품을 받아 볼 수 있습니다.

*** 애플 교육 할인 스토어**: https://www.apple.com/kr-k12/shop

아이패드는 다양한 모델이 있지만, 드로잉을 편하게 하기 위해서는 애플펜슬이 호환되는 제품을 구매해야 합니다. 애플펜슬이 호환되면 어떤 제품을 사용해도 상관없지만 제가 써보고 괜찮았던 몇 가지 아이패드 기기를 추천해 보겠습니다.

❶ 아이패드 프로 2세대(10.5인치, 12.9인치)

▲ 아이패드 프로 2세대

제가 처음으로 구매한 아이패드 모델입니다. 베젤이 있고, 홈 버튼이 남아있는 기종입니다. 애플펜슬 1세대가 호환되며, 액정 패널이 유리처럼 매끌매끌한 느낌이 납니다. 저는 종이 질감 액정 필름을 부착한 후 사용하였습니다. 최근에는 신형 모델이 많이 나왔기 때문에, 2세대 제품이 중고 매물로 한두 개씩 올라오기도 합니다. 당근마켓 같은 직거래 장터 앱을 사용하여 중고로 구매하면, 원가보다 저렴하게 구매할 수 있습니다.

❷ 아이패드 프로 3세대(11인치, 12.9인치)

▲ 아이패드 프로 3세대

제가 현재 사용하고 있는 아이패드 모델입니다. 굉장히 얇고 홈 버튼이 사라졌으며, 애플펜슬 2세대가 호환됩니다. 이 모델의 장점은 애플펜슬 2세대가 아이패드의 옆면에 자석처럼 딱 붙기 때문에 분실 걱정이 조금 덜하고, 붙어 있는 순간은 고속으로 무선 충전이 되기 때문에 시간을 절약할 수 있습니다. 액정 패널도 이전 모델에 비해 조금 더 매끈한 느낌이 나지만, 저는 필기감을 더해주기 위해 종이 질감 액정필름을 부착하여 사용하고 있습니다. 그림을 크고 넓은 영역에서 그리고 싶을 경우 12.9인치 모델을 구매하는 것이 좋습니다.

❸ 아이패드 에어 4세대

▲ 아이패드 에어 4세대

2020년 하반기에 새롭게 공개된 아이패드 에어 4세대 모델입니다. 아이패드 에어는 아이패드 프로보다 저렴한 가격으로 구매할 수 있습니다. 또한, 이 모델은 애플펜슬 2세대가 호환되며 다양한 색상을 보유하고 있습니다(스카이 블루, 로즈 골드, 그린, 스페이스 그레이, 실버). 적절한 사양과 가격, 가벼운 무게, 다채로운 색상의 제품이 끌리는 분들에게 추천합니다.

2 | 애플펜슬

애플펜슬은 아이패드에서 사용되는 대표적인 액세서리로, 터치펜과 같은 역할을 합니다. 문서 작업이나 자료를 만들 때 사진을 옮기고, 문단을 선택하고, 필기를 하는 등의 모든 기능을 수행할 수 있습니다. 펜슬은 충전식이기 때문에 일정량의 배터리를 충전해줘야 합니다. 애플펜슬 1세대의 경우, 충전기 선에 전용 팁을 부착한 후 충전하거나 아이패드 하단의 충전 포트에 펜슬의 뚜껑을 뺀 머리 부분을 꽂아 충전할 수 있었습니다. 애플펜슬 2세대의 경우, 아이패드의 옆면에 붙여놓으면 무선으로 충전됩니다.

애플펜슬 1세대	애플펜슬 2세대
▲ 애플펜슬 1	▲ 애플펜슬 2
호환되는 아이패드 모델	호환되는 아이패드 모델
아이패드 프로 아이패드(6세대, 7세대) 아이패드 에어(3세대) 아이패드 미니(5세대)	아이패드 프로 11인치(1세대, 2세대) 아이패드 프로 12.9인치(3세대, 4세대) 아이패드 에어(4세대)

3 | 종이 질감 액정보호필름

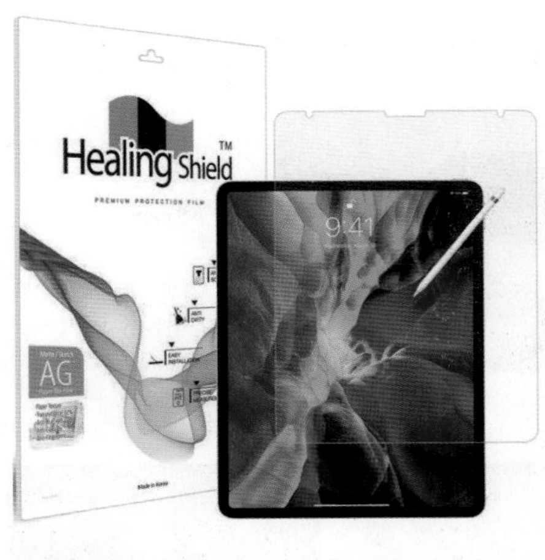

▲ 힐링쉴드 아이패드 프로 3세대 12.9인치의 종이 질감 Light 지문방지 액정보호필름

화면에 그림을 그리는 것이 다소 어색하고 어렵게 느껴질 수 있습니다. 이럴 때 종이 질감 액정보호필름을 부착하면, 필기감이 2~3배 정도 좋아집니다. 필름은 가죽처럼 두껍고 표면이 거칠거칠하기 때문에 스케치북에 그리는 것 같은 느낌이 납니다. 액정보호필름 제품은 정말 다양하지만, 제가 사용하고 있는 제품은 힐링쉴드의 종이 질감 액정보호필름입니다. 액정이 흠집나지 않도록 보호해주는 필름으로 액정에 부착하여 사용합니다. 액정보호필름은 그림을 조금 더 안정적으로 그릴 수 있게 해준다는 장점이 있지만, 단점도 존재합니다. 바로 화면이 살짝 불투명하게 보인다는 점과 애플펜슬 팁이 금방 마모된다는 점입니다. 고화질의 영상을 자주 보는 분들은 충분히 고민해보고 부착하길 바랍니다.

4 | 애플펜슬 케이스

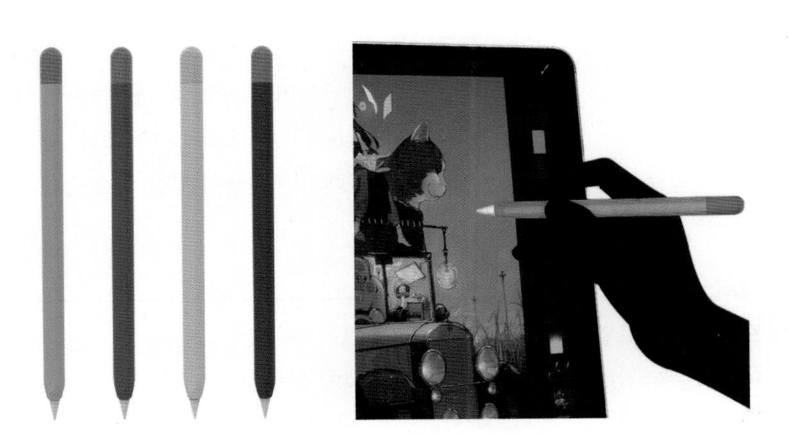
▲ 뷰씨 애플펜슬 2세대용 듀오 실리콘 케이스

애플펜슬은 볼펜이나 샤프처럼 손잡이 부분을 보호해주는 고무 그립 부분이 따로 없습니다. 그렇기 때문에 펜슬의 기둥 부분이 다소 미끄럽게 느껴질 수도 있습니다. 이런 부분을 보완해주기 위해 애플펜슬에 고무 재질의 그립이나 케이스를 끼워주기도 합니다. 케이스를 끼워주게 되면 펜의 그립감이 향상되며 펜슬의 기둥 부분이 미끄럽게 느껴지는 것을 방지할 수 있습니다.

03 아이패드 드로잉을 할 수 있는 앱 소개

1 | 프로크리에이트

Procreate 4+
스케치, 페인팅을 위한 무한한 자유
Savage Interactive Pty Ltd
그래픽 및 디자인 앱 7위
★★★★★ 3.6, 1.8천개의 평가
₩12,000 · 앱 내 구입 제공

iPad 스크린샷

▲ 애플 앱스토어의 프로크리에이트 앱 다운로드 페이지

프로크리에이트는 iOS와 아이패드 OS에서 사용할 수 있는 드로잉 앱으로, 새비지 인터렉티브(Savage Interactive)라는 회사에서 제작하였습니다. 2011년 앱스토어에 처음 런칭되어, 현재까지도 많은 사랑을 받고 있습니다. 일러스트레이션 드로잉에 최적화된 도구들을 제공하며 136개 이상의 브러시를 제공합니다. 조작 방법이 간단하며 타임랩스, 애니메이션 어시스트 기능 등의 다양한 기능들을 지원하고 있습니다. 프로크리에이트는 유료 앱으로 12,000원에 판매되고 있으며 한 번 구매하면 평생 소장할 수 있습니다.

TIP : 프로크리에이트 앱 설치 방법

- App Store (앱스토어) 접속 후, 검색 탭에서 '프로크리에이트'를 검색합니다.
- 'Procreate' 라고 쓰여져 있는 앱 페이지를 찾아 클릭하고 [₩12,000] 버튼을 눌러 결제 후 다운로드 받습니다.

2 | 메디방 페인트

MediBang Paint 12+
만화일러스트·간단 그림그리기앱
MediBang inc.
엔터테인먼트 앱 58위
★★★★★ 4.6, 2.3천개의 평가
무료 · 앱 내 구입 제공

iPhone 스크린샷

▲ 애플 앱스토어의 메디방 페인트 앱 다운로드 페이지

메디방 페인트는 만화 드로잉에 최적화된 도구로 파이어 알파카(Fire Alpaca)라는 회사에서 개발했습니다. 만화에 필요한 칸 제작 툴, 도형 툴, 이미지 변형 툴, 텍스트 툴, 스크린톤이나 패턴이 담겨있는 소재 툴 등의 다양한 툴과 편집 기능들을 지원합니다. 또한 '메디방 페인트 클라우드'라는 클라우드 서비스를 무료로 제공합니다. 무료 앱이므로 과금 없이 사용할 수 있지만 앱 오픈 시, 클로징 시 광고가 나타납니다. 이때 크리에이티브팩(9,900원)을 결제하면 광고가 제거되며 다양한 폰트를 추가할 수 있는 기능, 폴더를 쉽게 저장할 수 있는 기능을 사용할 수 있습니다.

: 프로크리에이트 기능 알아보기

프로크리에이트 앱의 기능을 알아보도록 하겠습니다. 프로크리에이트는 갤러리, 캔버스 두 가지의 형태로 화면이 나뉩니다. 캔버스가 모두 저장되어 있는 갤러리와 그림을 그릴 수 있는 캔버스의 화면을 자세히 살펴보고, 어떤 아이콘과 기능들이 담겨있는지 알아보겠습니다.

01 프로크리에이트의 화면 구성

1 | 첫 화면 - 갤러리

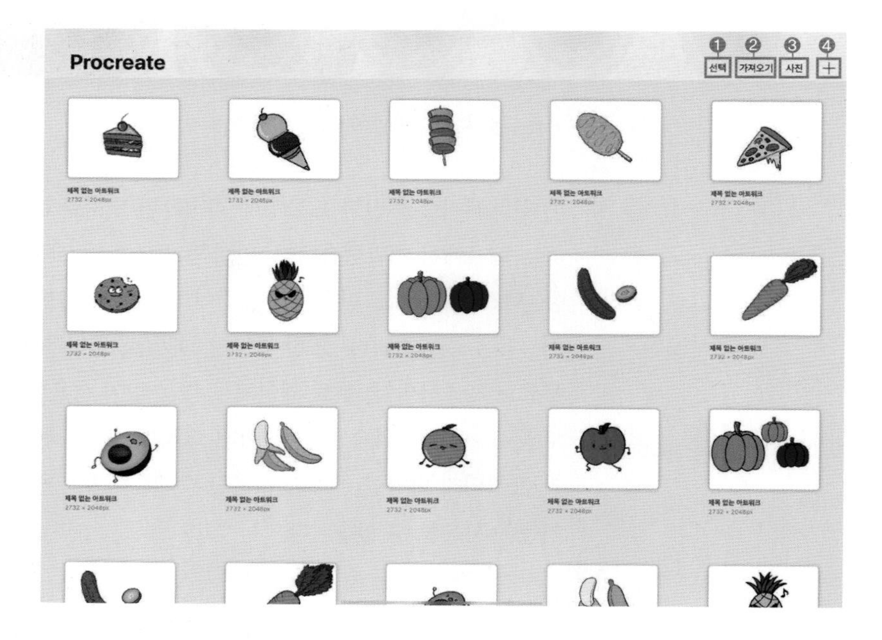

❶ **선택(선택)**: 캔버스들을 여러 개 선택할 수 있습니다.

❷ **가져오기(가져오기)**: 아이클라우드 드라이브에서 파일을 가져와 캔버스에서 열어줄 수 있습니다.

❸ **사진(사진)**: 기기 앨범에서 사진을 가져와 캔버스에서 열어줄 수 있습니다.

❹ +(+): 캔버스를 새롭게 생성하는 버튼입니다. 캔버스의 사이즈를 선택하면 새로운 캔버스를 생성할 수 있습니다.

2 | 캔버스 화면

❶ **갤러리(** 갤러리 **)**: 프로크리에이트의 첫 화면인 갤러리 화면으로 돌아갈 수 있는 버튼입니다.

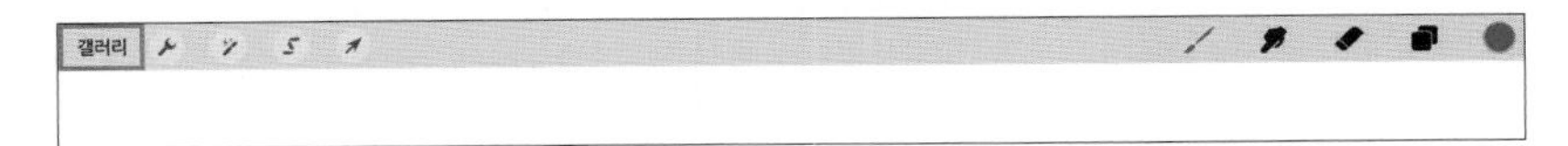

❷ **동작(** **)**: 프로크리에이트 앱에 관한 세부 설정들이 모두 담겨있는 버튼입니다.

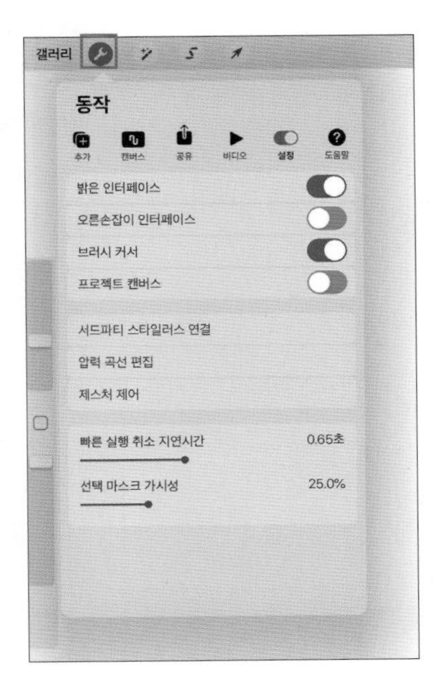

❸ **조정( )**: 이미지의 색상, 채도 등을 조정할 수 있는 버튼입니다.

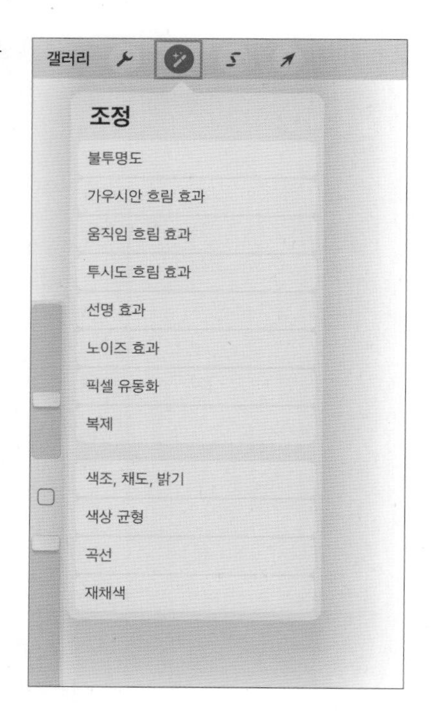

❹ **선택 영역( )**: 이미지의 전체나 부분을 선택 영역으로 지정할 수 있습니다. 자동, 올가미, 직사각형, 타원 등으로 선택 영역을 지정할 수 있습니다.

❺ **변형( )**: 이미지를 이동시키거나 형태를 변형할 수 있는 버튼입니다. 자유형태, 균등, 왜곡, 뒤틀기 등의 옵션이 있습니다.

❻ **브러시 라이브러리(⟋):** 브러시가 저장되어 있는 라이브러리입니다. 원하는 브러시를 사용하여 그림을 그릴 수 있습니다.

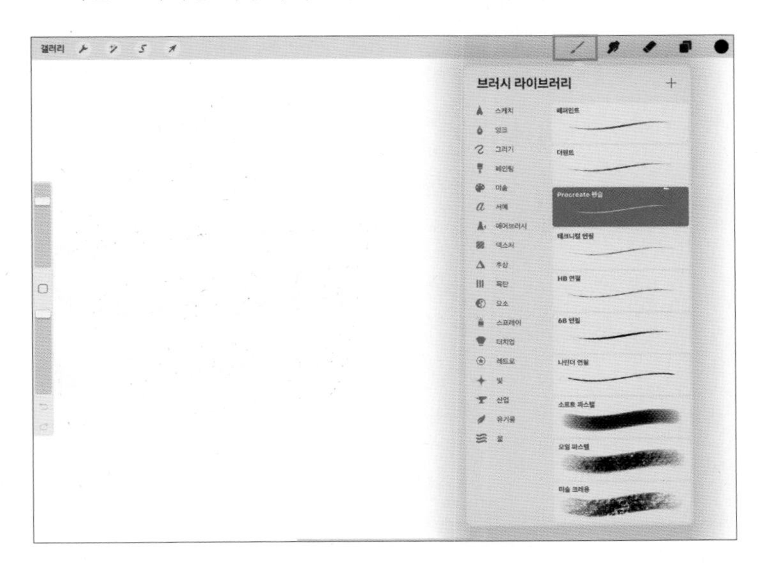

❼ **문지르기( ):** 그림을 손으로 문지르는 듯한 효과를 더해주는 브러시입니다.

❽ **지우개(✎):** 그림을 지울 수 있는 지우개 기능이 담긴 브러시입니다.

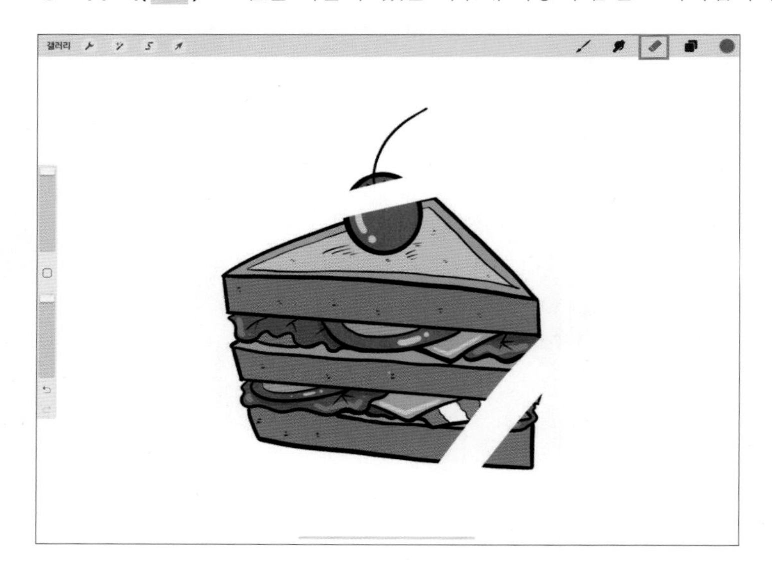

❾ **레이어(▣):** 레이어를 설정하는 패널이 담겨있는 버튼입니다.

⑩ **색상(○)**: 색상을 설정할 수 있는 버튼입니다.

⑪ **브러시 크기 조절 바( )**: 브러시의 크기를 조절할 수 있습니다. 위로 올릴수록 브러시의 크기가 커지며, 아래로 내릴수록 브러시의 크기가 줄어듭니다.

⑫ **스포이드 버튼(▢)**: 버튼을 누른 후, 화면을 드래그하면 원하는 색을 뽑아낼 수 있습니다.

⑬ **불투명도 조절 바( )**: 브러시의 불투명도를 조절하는 바입니다. 위로 올릴수록 불투명해지며(100%), 아래로 내릴수록 투명해집니다(0%).

⑭ **뒤로 가기(↶)**: 이전 과정으로 돌아가는 버튼입니다. 그림을 그리다 실수를 했을 때 누릅니다.

⑮ **앞으로 가기(↷)**: 앞의 과정으로 돌아가는 버튼입니다.

02 프로크리에이트의 브러시

프로크리에이트에는 200여 개의 기본 브러시가 저장되어 있습니다. 테마는 18종류로 나뉘어져 있으며(스케치, 잉크, 그리기, 페인팅, 미술, 서예, 에어브러시, 텍스처, 추상, 목탄, 요소, 스프레이, 터치업, 레트로, 빛, 산업, 유기물, 물) 그 안에 다양한 브러시들이 들어있습니다.

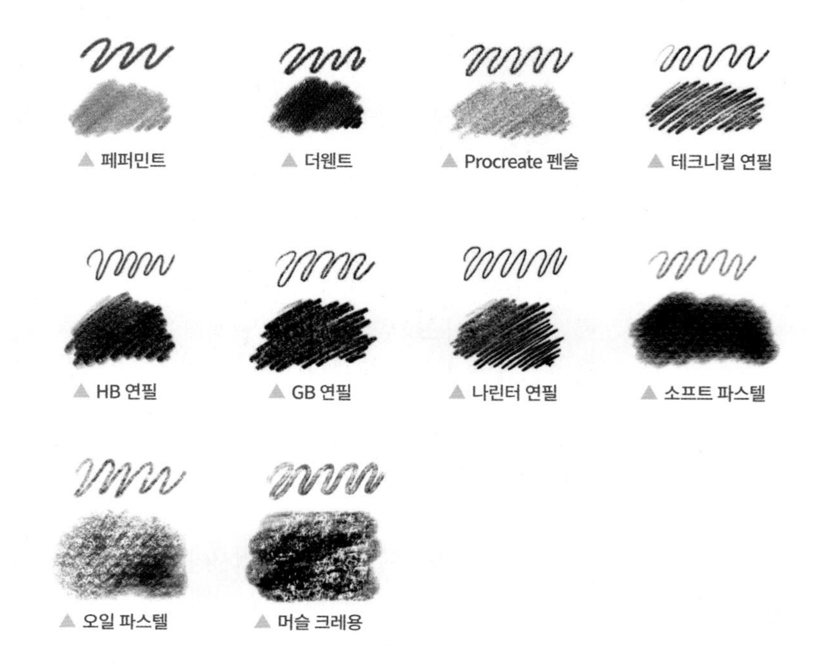

또한, 기본으로 제공되는 브러시를 한 번 더 클릭하면 브러시의 간격이나 끝단 처리 모양 등을 편집할 수 있는 [브러시 스튜디오]가 열립니다. 원하는 값으로 설정한 뒤 [완료] 버튼을 클릭하면 브러시의 형태를 수정할 수 있습니다.

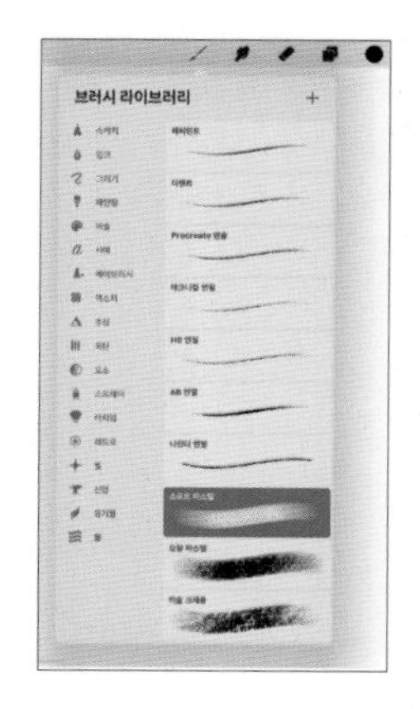

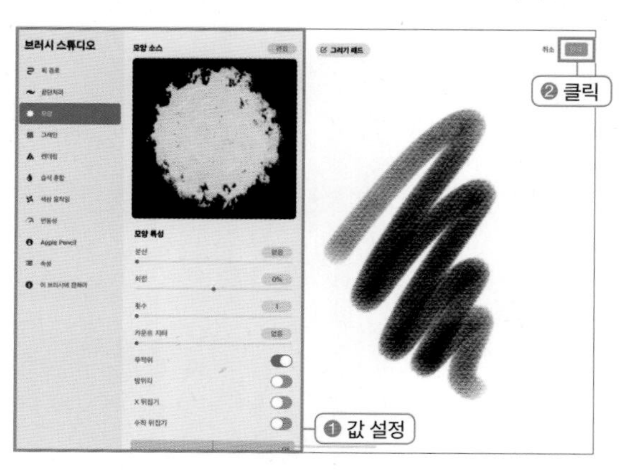

03 프로크리에이트 기본 기능 알아보기

1 | 원하는 사이즈의 새 캔버스 만들고 저장하기

❶ Procreate 앱 아이콘을 클릭하여 앱을 실행합니다.

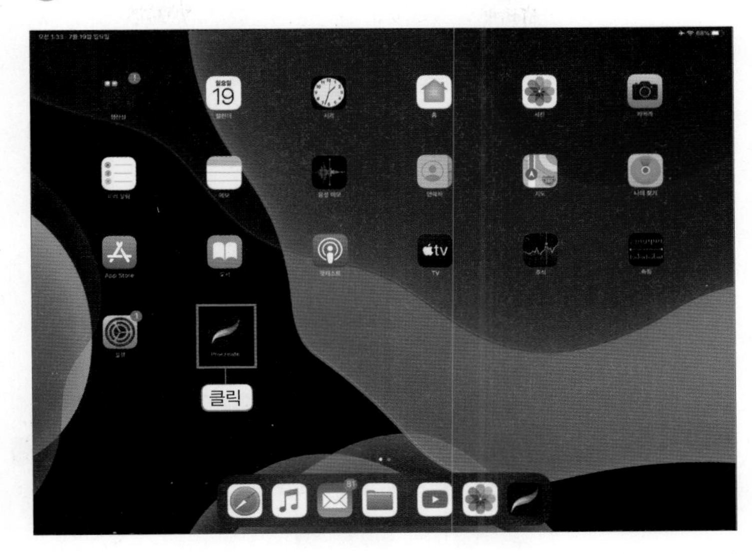

❷ 프로크리에이트 갤러리가 열리면 가장 오른쪽 상단에 있는 [새 캔버스 생성 +] 버튼을 클릭합니다.

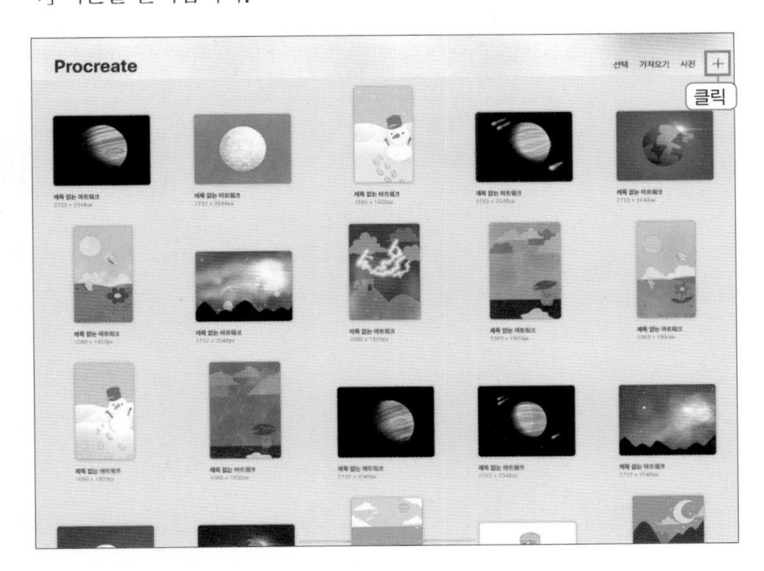

❸ [새로운 캔버스]라는 창이 열리면 원하는 캔버스 사이즈를 선택할 수 있습니다. 기본으로 제공되는 스크린 크기, 사각형, 4K 등의 값을 선택해도 되지만 값을 직접 입력할 수도 있습니다. 오른쪽의 [사용자지정 캔버스] 버튼을 클릭하면 캔버스의 값을 직접 입력할 수 있는 창이 열립니다.

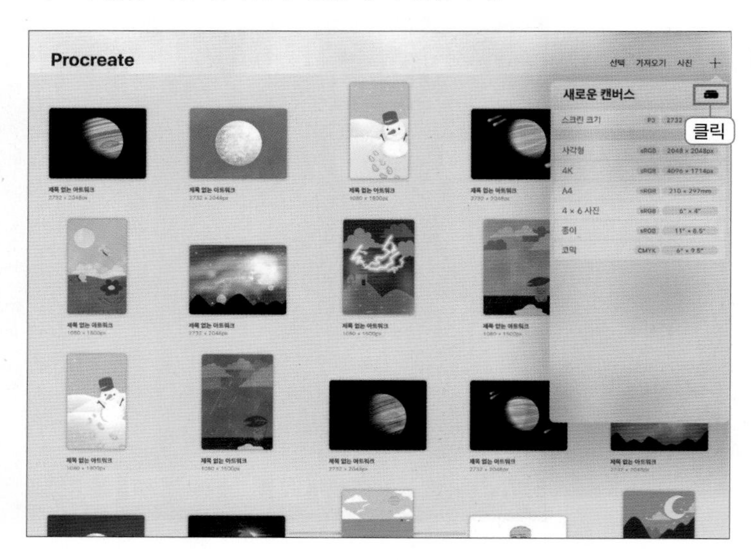

❹ [사용자지정 캔버스] 창이 열리면 캔버스 이름과 너비, 높이, DPI(해상도), 최대 레이어 수를 설정할 수 있습니다. 여기서 [너비]를 1080px, [높이]의 값을 1500px로 입력합니다. [창작] 버튼을 클릭하면 입력한 값의 캔버스가 열립니다.

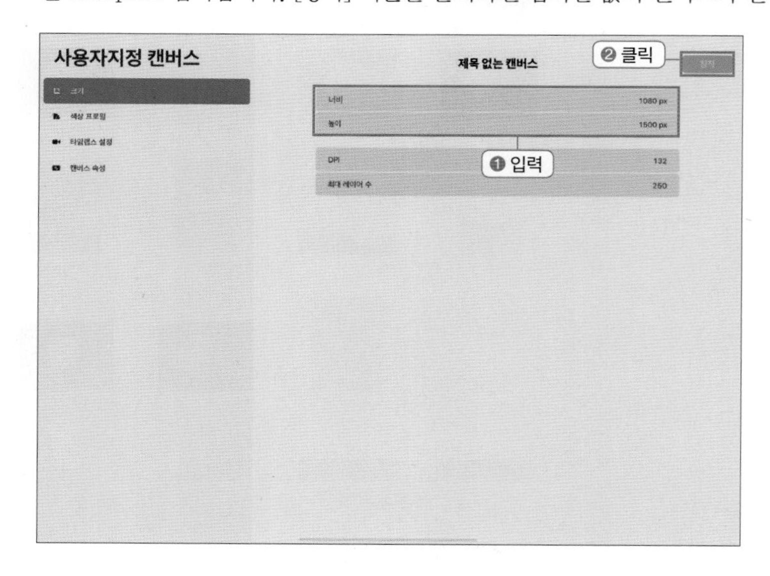

5 너비 1080px, 높이 1500px의 캔버스가 열렸습니다.

6 [브러시 라이브러리]에서 [스케치]-[소프트 파스텔] 브러시를 선택한 후 캔버스에 그림을 자유롭게 그립니다. 그림을 다 그린 후에는 캔버스를 저장하기 위해서 상단의 왼쪽에 배치된 [갤러리] 버튼을 클릭합니다.

7 자유롭게 그린 그림이 [프로크리에이트 라이브러리]에 저장된 것을 볼 수 있습니다. 이곳에 저장된 캔버스는 언제든지 수정한 후 저장하고 내보내기할 수 있습니다.

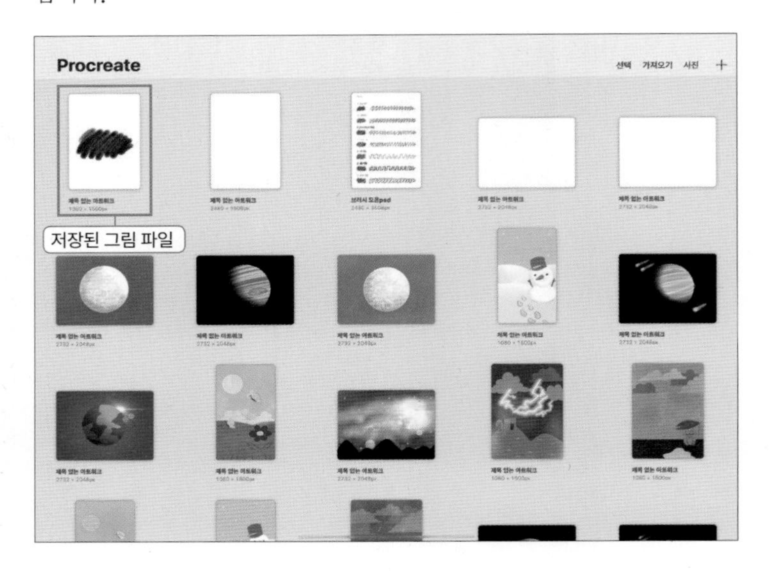

2 | 캔버스를 이미지 형태로 내보내기

1 오른쪽 상단의 [선택 선택]을 클릭합니다.

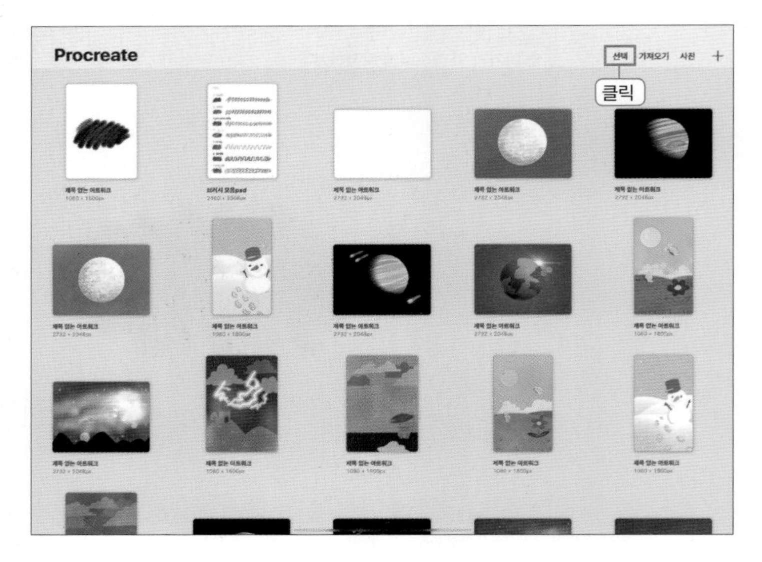

❷ 내보낼 이미지를 클릭합니다. 저는 '제목 없는 아트워크'를 클릭했습니다.

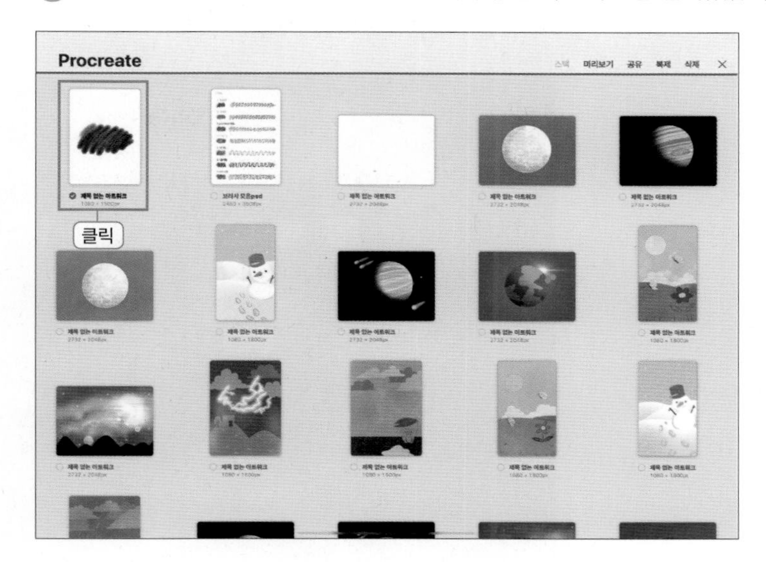

❸ 오른쪽 상단 메뉴의 [공유]를 클릭합니다. [이미지 형식] 팝업창이 열리면 원하는 형식을 선택합니다. 저는 가장 대중적으로 사용되는 'JPEG' 이미지 형식을 클릭했습니다.

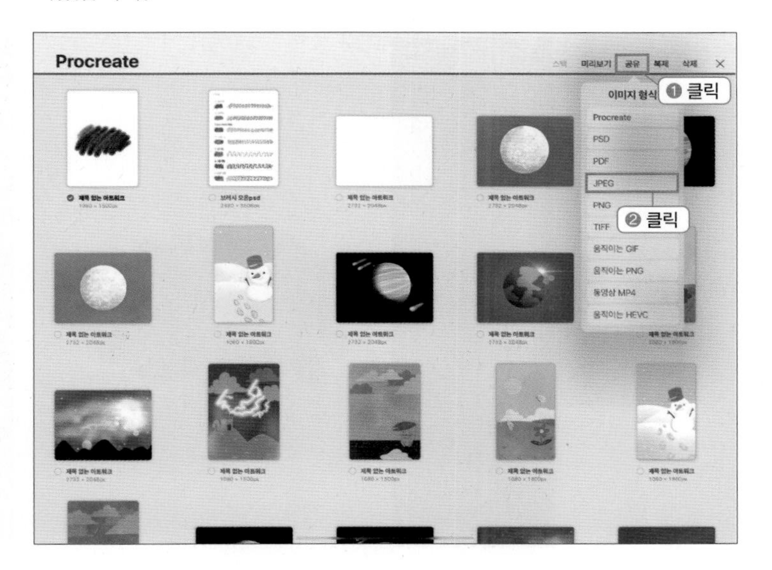

❹ 어디에 내보내기를 할 것인지 설정하는 팝업이 열립니다. [이미지 저장]을 클릭하여 사진 앨범에 이미지를 저장하겠습니다.

❺ 사진 앨범에 들어가면 내보내기한 이미지가 저장되어 있는 것을 확인할 수 있습니다.

TIP : 내보내기를 할 때, 카카오톡을 클릭하면 카카오톡 채팅창에 이미지 파일을 내보낼 수 있습니다.

04 레이어 사용법 알아보기

1 | 레이어란?

레이어(Layer)란 투명한 판과 같은 형태로, 여러 개의 판을 겹쳐서 하나의 이미지를 완성하는 것과 같습니다. 레이어를 나누어서 작업하면 다른 레이어의 영역에 영향을 끼치지 않기 때문에 수정 작업을 편하게 할 수 있습니다.

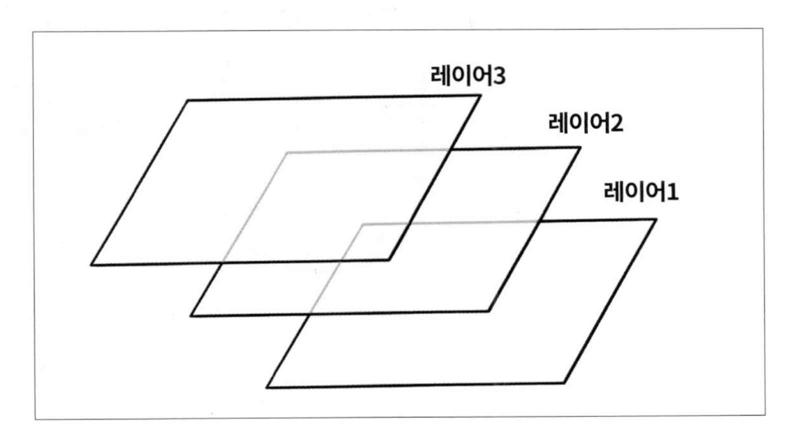

레이어를 추가하고 싶을 때에는 오른쪽 상단에 있는 [레이어] 아이콘을 클릭한 후 오른쪽에 배치된 [새 레이어 추가 +] 버튼을 클릭하면 새로운 레이어가 추가됩니다. 이렇게 생성된 레이어는 눌러서 위치를 위, 아래로 이동할 수 있습니다.

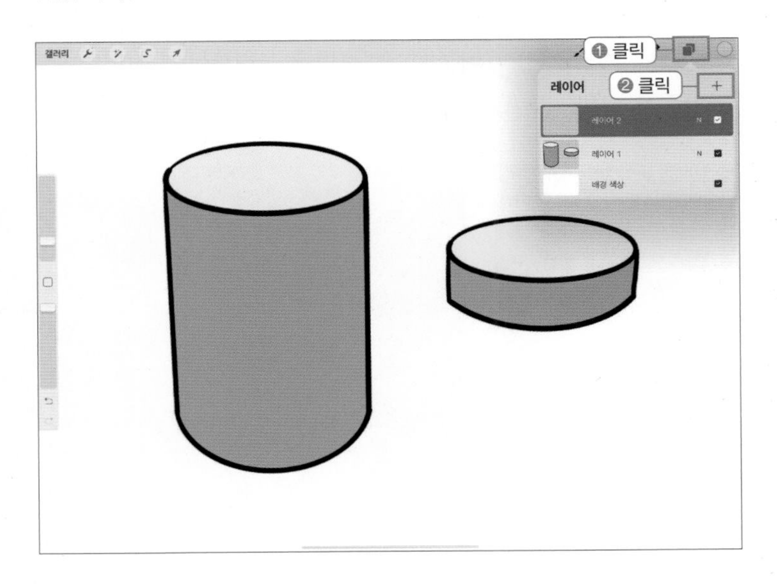

2 | 레이어의 삭제

삭제하려는 레이어를 왼쪽으로 밀어주면 [잠금], [복제], [삭제] 등의 버튼이 활성화됩니다. [삭제] 버튼을 클릭합니다.

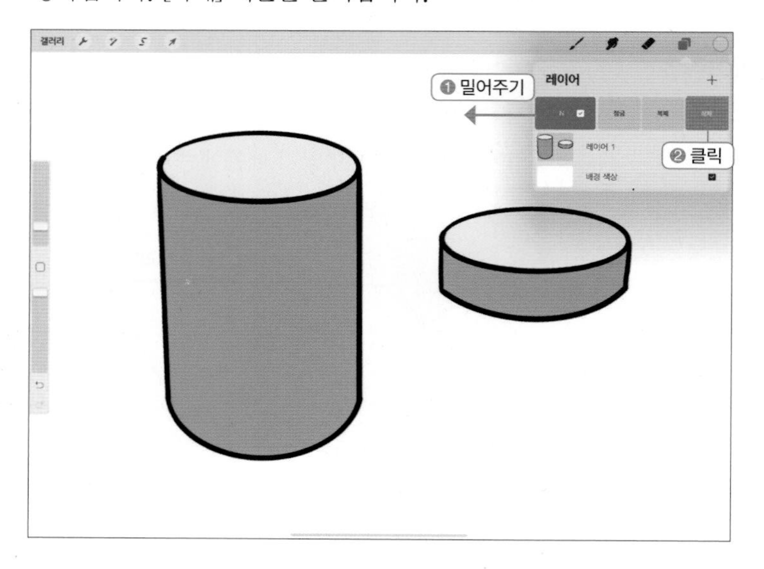

3 | 레이어의 블렌딩 모드 설정하기

레이어 탭의 오른쪽에 있는 'N' 버튼을 클릭하면 블렌딩 모드를 설정할 수 있습니다. 어둡게, 색상 번, 선형 번, 밝게, 스크린, 색상 닷지, 추가 등 원하는 블렌딩 모드를 설정하고 불투명도를 조절할 수 있습니다. 각 효과마다 보여지는 느낌이 다릅니다. 흑백의 경우는 큰 차이가 없지만 색상이 들어가고 다양한 브러시가 적용되었을 경우 특별한 변화를 볼 수 있습니다. 다음은 레이어 2에 빨강색을 부어준 후, 'N' 버튼을 클릭하여 블렌딩 모드를 [차이] 모드로 변경해준 모습입니다.

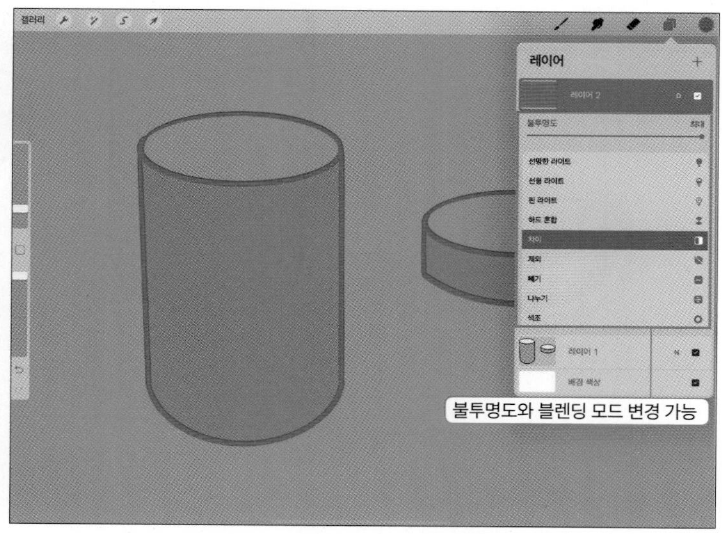

4 | 레이어의 설정 접근하기

[레이어] 탭의 레이어를 한 번 클릭하면 레이어 설정 팝업창이 열립니다. 이름변경, 클리핑 마스크, 아래 레이어와 병합 등의 옵션을 적용할 수 있습니다.

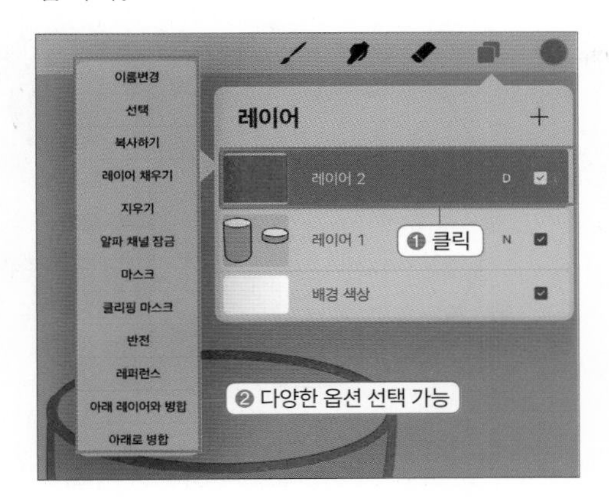

5 | 채색 방법 알아보기

❶ 프로크리에이트의 '컬러 드롭' 채색 방법

프로크리에이트는 채색 방식이 매우 독특합니다. 보통의 드로잉 앱의 경우는 색을 채우는 [버킷 툴]이 있고 색을 지정한 후, 화면을 클릭하면 색이 자동으로 채워지는 '클릭 채색' 방식을 사용하고 있습니다. 하지만 프로크리에이트에서는 외곽선의 안으로 색을 끌어다 놓으면, 색이 채워지는 '컬러 드롭(Color Drop)' 채색 방식이 사용됩니다.

컬러 드롭 채색 방법 따라하기

1 [색상] 탭에서 검정색을 클릭하고, [브러시 라이브러리]에서 [잉크]–[테크니컬 펜]을 클릭한 후 캔버스에 동그란 원을 그립니다.

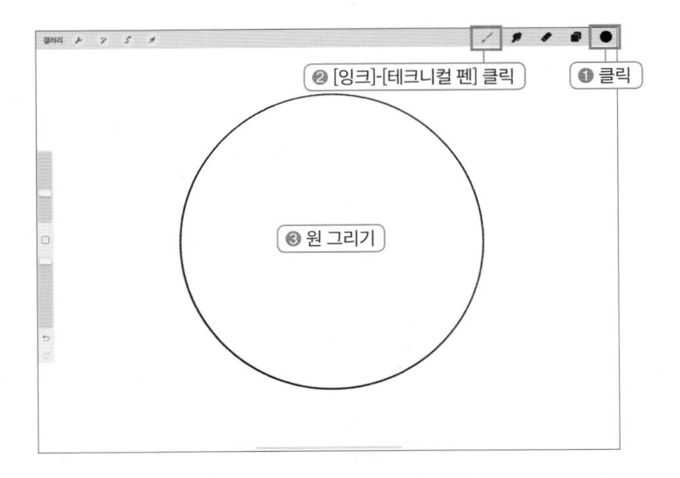

TIP : 원을 그린 상태로 1초간 기다리면, 매끈한 원의 형태로 보정됩니다.

2 오른쪽 상단의 [색상] 탭을 클릭해 하늘색을 선택합니다.

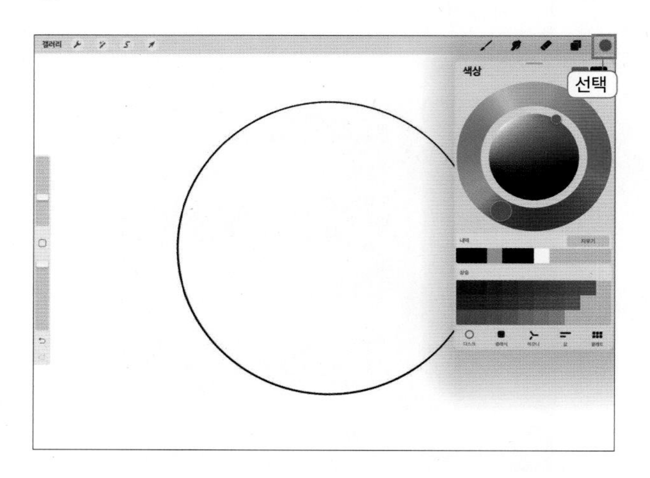

TIP : 색상을 고르는 5가지 방법

[색상] 탭의 하단에는 색상을 고르는 5가지의 방식이 나와 있습니다. 여기서 편한 방법으로 선택하여 사용합니다.

- **디스크**: 원형으로 색상이 나와 있는 형태
- **클래식**: 사각형으로 색상이 나와 있는 형태
- **하모니**: 보색 관계의 색을 찾아주는 탭
- **값**: 색상값을 HSB, RGB, 16진수(예: #ffffff) 형태로 입력할 수 있는 형태
- **팔레트**: 콘셉트별로 색을 모아둔 팔레트

3 하늘색이 선택된 상태에서 [색상] 아이콘을 클릭한 채로 원 안으로 드래그합니다.

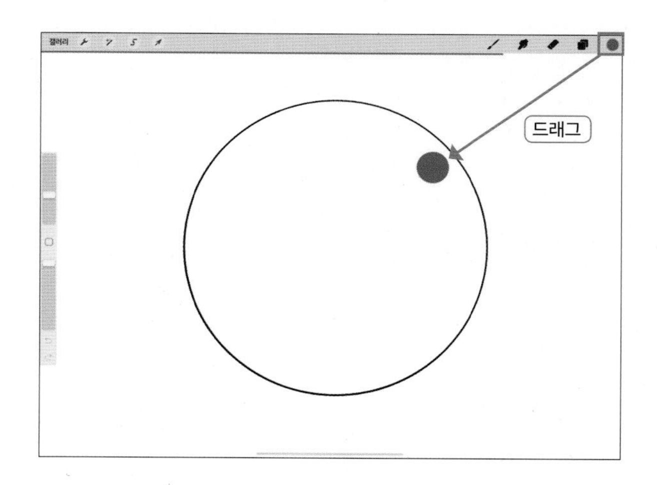

4 원 안이 하늘색으로 채색된 것을 확인할 수 있습니다.

TIP : 색이 원 안으로 안 들어가는 이유

원에 구멍이 나 있으면 색이 채워지지 않습니다. 선이 잘 이어져 있는지 확인해 보세요.

1 컬러 드롭 한계값을 설정합니다. 색을 드래그한 상태에서 2초간 펜촉을 떼지 않고 기다리면 하단에 'Color Drop 한계값 100%' 라는 창이 나타납니다.

2 이때 펜을 누른 상태에서 왼쪽으로 드래그하면 컬러 드롭 한계값이 줄어들면서 색이 선 안으로 들어갑니다. 이렇게 값을 조절하며 외곽선 안에 채색을 해줄 수 있습니다. 왼쪽으로 드래그할수록 한계값이 작아집니다.

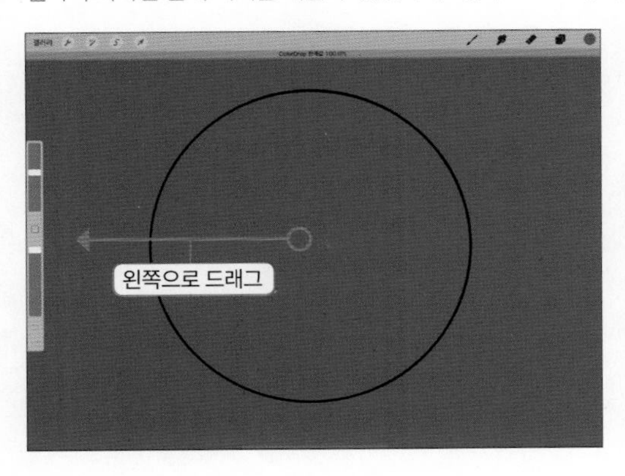

PART 2

기초 드로잉 따라하기

프로크리에이트의 기본 사용 방법을 이해했다면
이제는 기초적인 그림들을 그려보도록 하겠습니다.
먼저 간단한 선과 도형을 그려본 뒤,
귀여운 과일과 채소들을 그려보겠습니다.
우리에게 익숙한 것들을 그리다 보면,
그림 과정이 훨씬 쉽고 재미있게 느껴집니다.
초보자의 경우, 어렵고 복잡한 그림보다는
쉽고 간단한 그림부터 그려보는 것이 좋습니다.

: 프로크리에이트 시작하기

프로크리에이트를 설치했다면, 지금부터 60개의 예제를 따라할 수 있는 환경을 만들어 보겠습니다. 환경을 만든 다음에는 기본적인 선과 도형을 그려보겠습니다.

01 새 캔버스 만들기

1 아이패드에 설치되어 있는 Procreate(프로크리에이트) 앱을 클릭합니다.

2 프로크리에이트가 실행되면 갤러리 화면이 나옵니다. 여기서 [새 캔버스 생성 +] 버튼을 클릭하고 [스크린 크기]를 선택합니다.

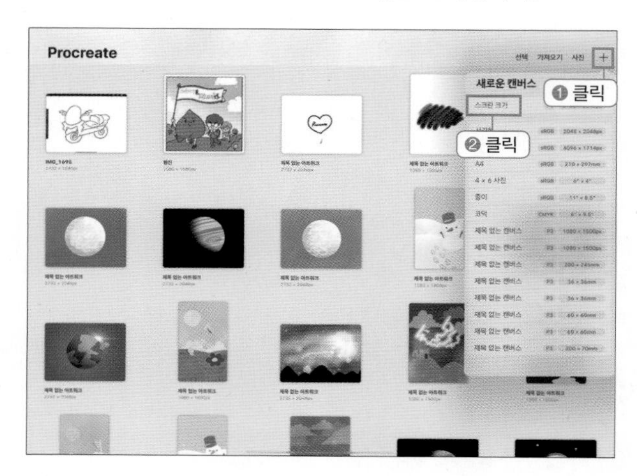

❸ 스크린 크기의 커다란 새 캔버스가 생겼습니다. 이제 여기서 그림을 그릴 수 있습니다.

❹ 수업에서는 주로 [테크니컬 펜]이라는 브러시를 기본 펜으로 사용합니다. [브러시 라이브러리]에서 [잉크]–[테크니컬 펜]을 선택하여 실습을 시작합니다.

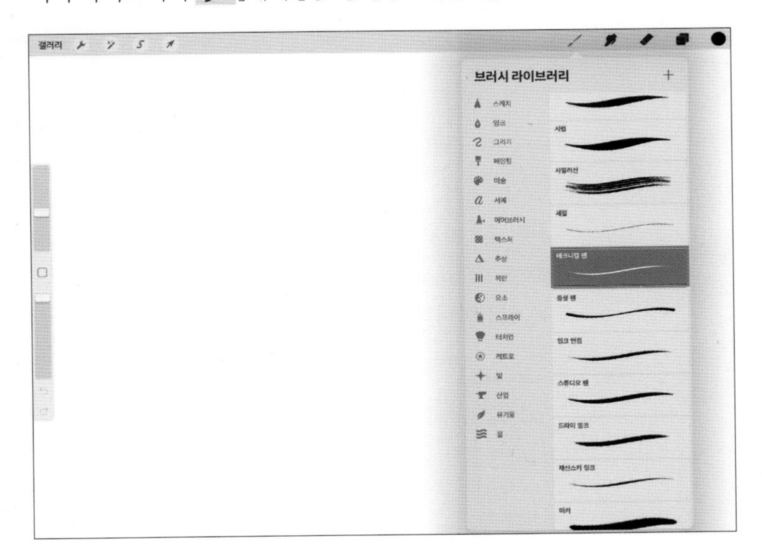

02 테크니컬 펜의 설정 변경하기

이 책에서 자주 사용되는 외곽선 브러시는 [잉크]-[테크니컬 펜]입니다. 테크니컬 펜으로 그릴 때의 손떨림을 매끄럽게 잡아주기 위하여 다음과 같이 두 가지 설정을 추가하여 사용하고 있습니다.

1 [브러시 라이브러리]의 [잉크]-[테크니컬 펜]이 선택된 상태에서 한 번 더 클릭합니다.

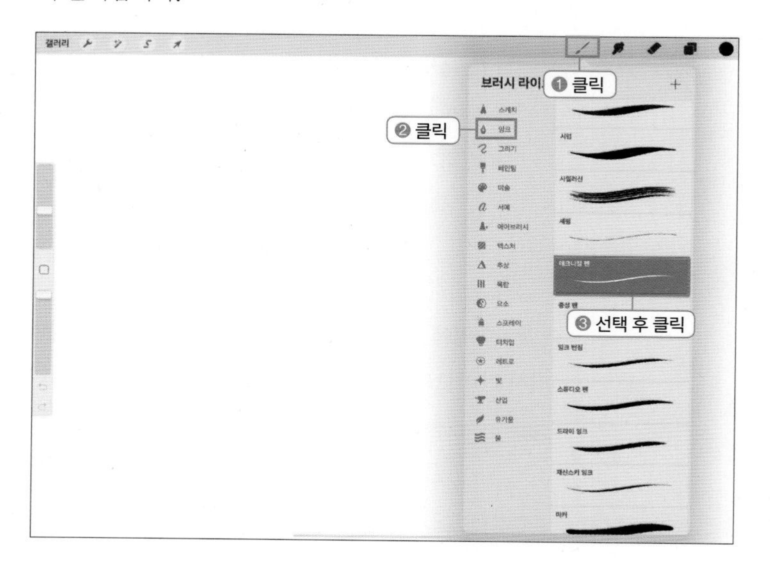

2 [브러시 스튜디오]가 열리면 브러시의 상세 설정을 변경할 수 있습니다. [획 속성]-[StreamLine]의 값을 77% 정도로 높여서 선이 부드럽고 깔끔하게 잡히도록 설정합니다.

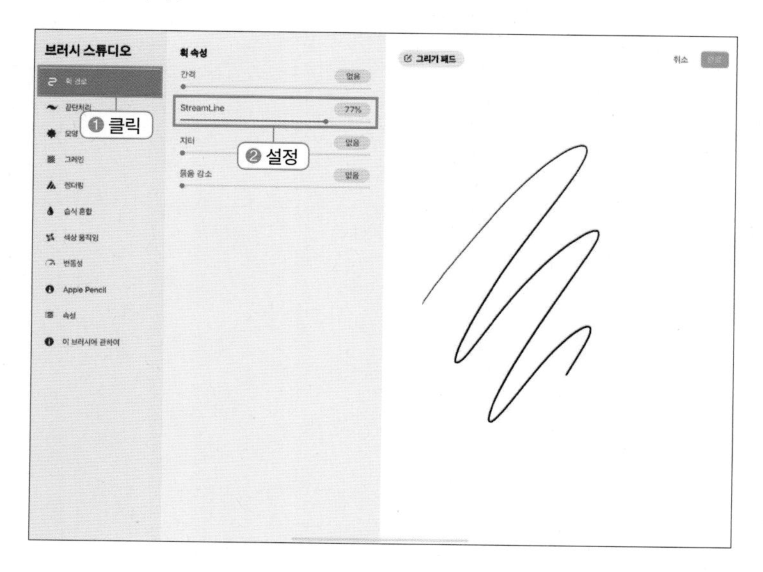

③ [Apple Pencil]–[흐름]의 값을 51% 정도로 조절하여 조금 더 균일하고 부드러운 선이 연출되도록 설정합니다.

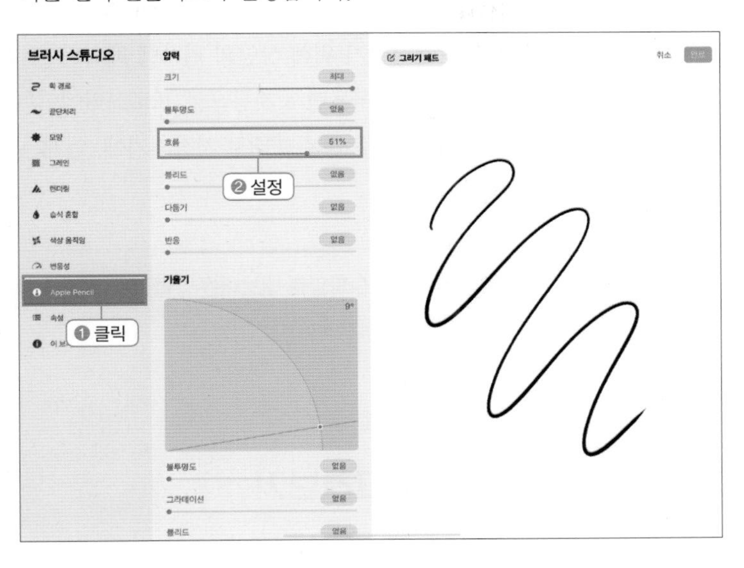

TIP : 이 값들을 추가하면 손떨림 방지가 잘 되는 테크니컬 펜을 사용할 수 있습니다.

03 프로크리에이트 제스처 익혀두기

프로크리에이트에서 필요한 제스처를 다음과 같이 알아봅니다.

- 두 손가락으로 화면 탭하기: 실행 취소(뒤로 가기)
- 세 손가락으로 화면 탭하기: 다시 실행(앞으로 가기)
- 두 손가락으로 화면 탭한 후 벌리기: 화면 배율 높이기
- 두 손가락을 벌려서 화면 탭한 후 오므리기: 화면 배율 줄이기
- 두 손가락으로 화면 꼬집어 돌리기: 화면 회전
- 세 손가락으로 화면 위에서 아래로 쓸기: 옵션 열기

04 완성 후 캔버스를 저장하는 방법

캔버스를 저장하기 위해 상단의 왼쪽에 배치된 [갤러리 갤러리] 버튼을 클릭합니다. 화면이 줄어들면서 자동으로 프로크리에이트 갤러리에 파일이 저장됩니다. 레이어가 모두 원본 형태로 저장되기에, 언제든지 편리하게 수정 작업을 할 수 있습니다.

TIP : JPG, PNG 파일로 내보내는 방법

34쪽을 참고해 주세요!

05 선과 도형 그려보기

소요 시간
1분

난이도
하

- **그림에 사용된 브러시**
- [잉크]-[테크니컬 펜] 테크니컬 펜 부드럽고 균일한 선을 그릴 수 있어요.
- **그림에 사용된 주요 기능**
- 선의 보정 기능: 선을 그린 후, 펜슬촉을 떼지 않은 상태로 1초간 기다리면 선이 보정되어 매끈하게 그려져요.
- **예쁘게 그리는 Point**
- 잘못 그렸을 때는 당황하지 말고, 화면을 두 손가락으로 눌러 [뒤로 가기]를 해주세요.
- 선의 굵기는 너무 굵지 않게, 불투명도는 100%로 설정한 상태로 그려주세요.
- 검정색 혹은 좋아하는 색을 사용해서 그려도 좋아요.

1. 매끈한 선을 그리는 방법

화면에 직선을 그린 후, 1초간 펜슬촉을 떼지 않고 기다려주세요.

매끈한 직선이 완성되었습니다!

TIP : 선의 각도와 길이를 조정하는 방법

1) 펜슬촉을 떼지 않은 상태로 위로 드래그하면 선이 위로 올라갑니다.

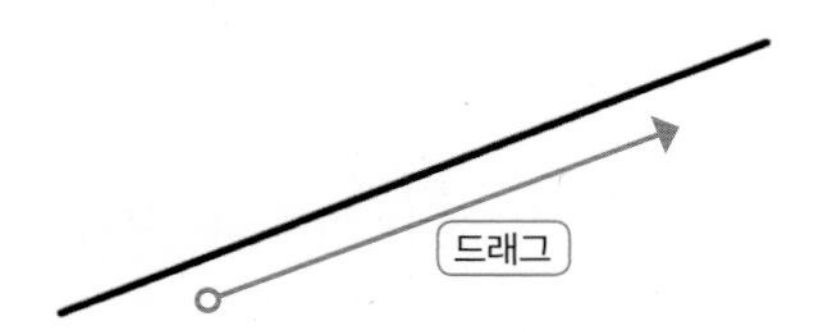

2) 펜슬촉을 떼지 않은 상태로 왼쪽으로 드래그하면 선의 길이가 줄어듭니다.

2. 매끈한 C자 곡선 그리는 방법

C를 그린 후, 1초간 펜슬촉을 떼지 않고 기다려주세요.

매끈한 C가 완성되었습니다!

TIP : 곡선의 크기 조정하기

곡선이 완성된 상태에서 펜슬촉을 떼지 않고, 바깥쪽으로 드래그하면 곡선의 크기가 커집니다. 반대로, 안쪽으로 드래그하면 곡선의 크기가 줄어듭니다.

3. 매끈한 원을 그리는 방법

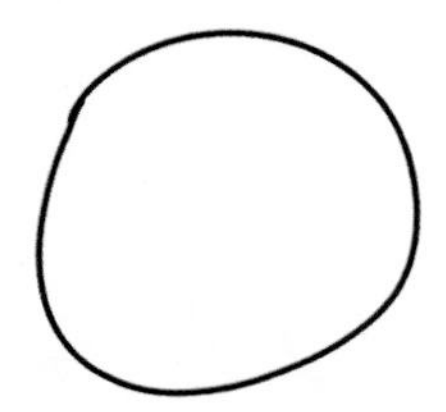

화면에 원을 그린 후, 1초간 펜슬촉을 떼지 않고 기다려주세요.

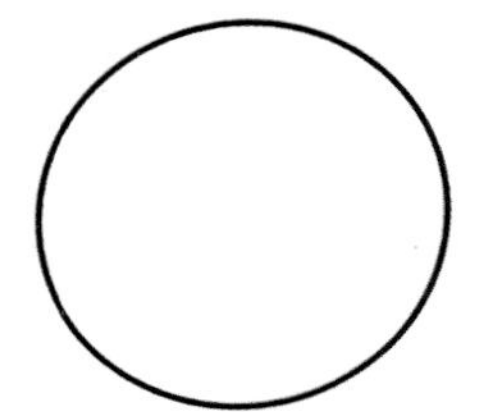

매끈한 원이 완성되었습니다!

3

이때, 조금 더 완벽한 원을 만들고 싶다면 상단에 생긴 [모양 편집]을 클릭합니다.

4

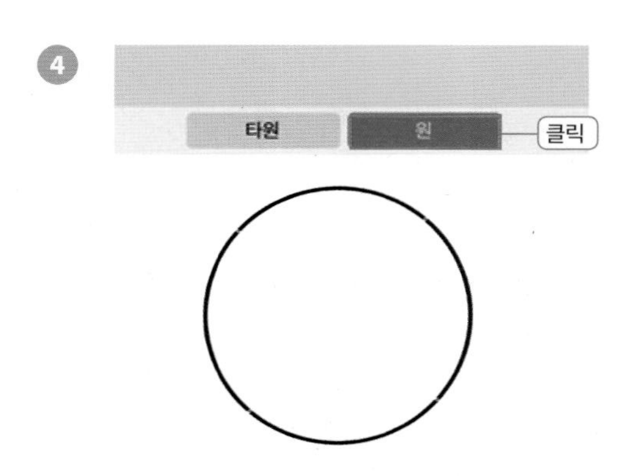

[원] 탭을 클릭하면 살짝 휘어있던 원이 완벽한 원의 형태로 보정되며, 보정 가이드가 생기기 때문에 가이드를 잡고 타원의 형태로 조정할 수도 있습니다.

5

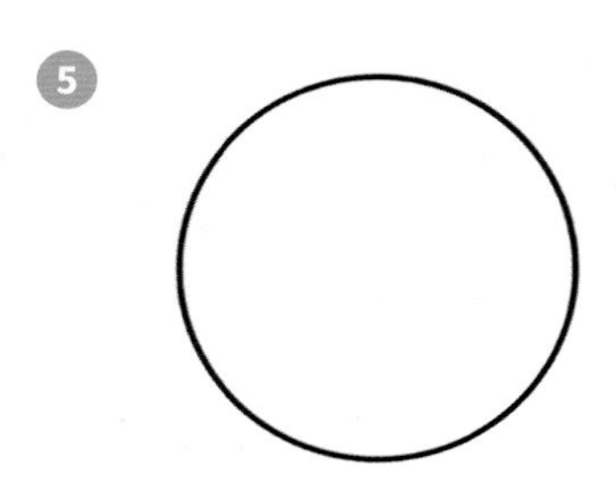

조정 작업이 끝나면 [브러시 라이브러리]를 클릭해서 조정 화면을 비활성화시켜 줍니다.

4. 원기둥 그리는 방법

1

2

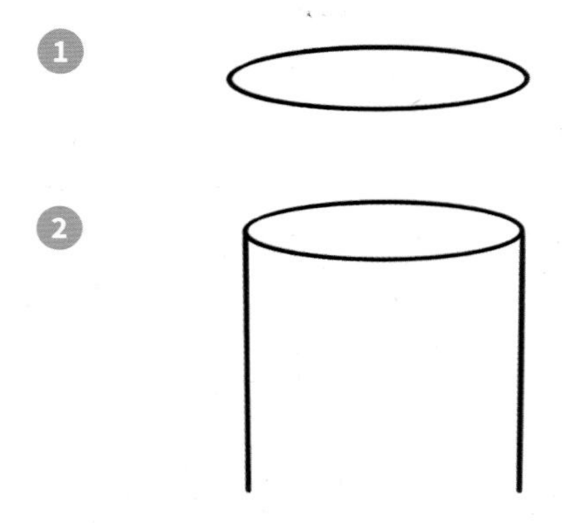

타원을 그립니다.

원의 왼쪽, 오른쪽 꼭지점에서 아래로 내려오는 두 개의 직선을 그립니다.

3

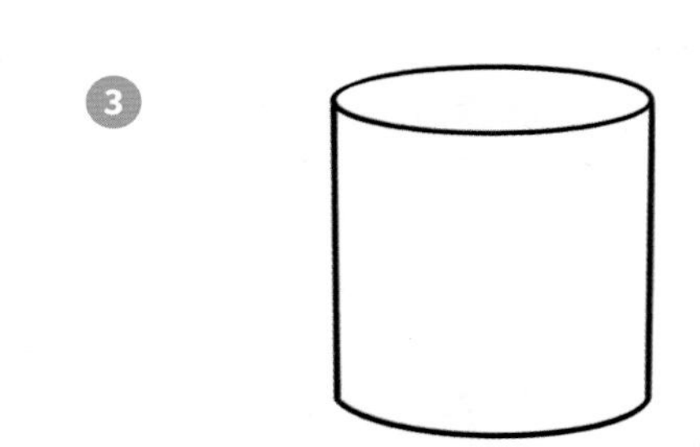

직선의 꼭지점들을 곡선으로 이어서 연결해주면 원기둥이 완성됩니다.

TIP : 다양한 도형들을 직접 그려보세요!

별, 하트, 네모, 세모, 마름모, 기둥 등의 다양한 도형들을 직접 그려보세요. 여기에 없더라도 여러분들이 좋아하는 도형이라면 뭐든지 OK! 도형을 그리는 연습을 많이 하면, 선을 쓰는 방법이 익숙해지고, 다양한 형태로 응용할 수 있습니다.

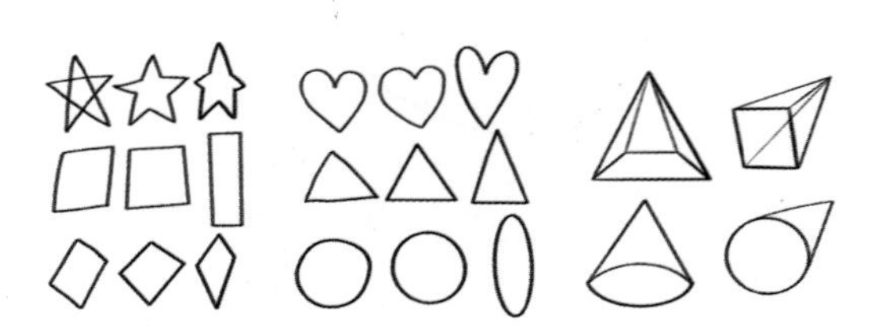

: 과일

여러분은 과일을 좋아하나요? 저는 과일을 정말 좋아합니다! 특히, 사과와 귤을 제일 좋아해요. 이번 챕터에서는 제가 좋아하는 과일인 사과, 귤, 바나나, 파인애플, 아보카도를 함께 그려보도록 하겠습니다. 가장 기본적인 도형을 기반으로 그리기 때문에 완성하기가 결코 어렵지 않을 거예요.

01 동글동글 맛있는 사과

소요 시간
3분

난이도
하

- **그림에 사용된 브러시**
  - [잉크]-[테크니컬 펜] 부드럽고 균일한 선을 그릴 수 있어요.
- **그림에 사용된 주요 기능**
  - 컬러 드롭 채색 방법: 색상에서 색을 고른 후, 색상 아이콘을 끌어 옮겨서 채색해주는 방식이에요.
- **예쁘게 그리는 Point**
  - 사과를 동그랗고 통통하게 그려줄수록 맛있어 보여요.
  - 선명한 빨강색을 골라서 채워주면 훨씬 더 싱싱해 보입니다.

그리는 법

1

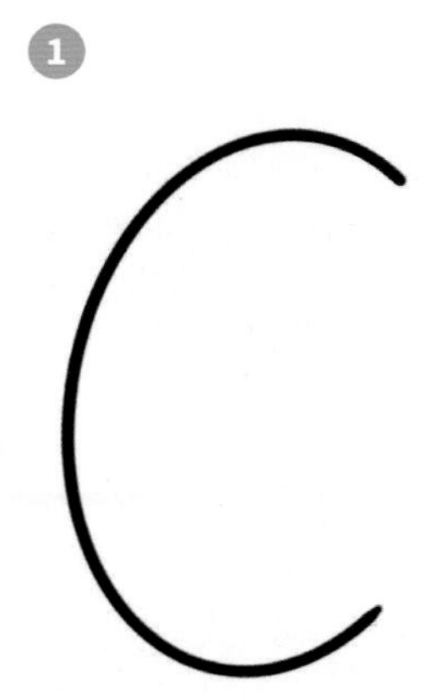

사과의 반쪽을 그립니다.

TIP : C자 곡선을 그린 후, 펜슬촉을 떼지 않고 1초간 대기하면 매끈한 C자 곡선 형태로 보정됩니다.

2

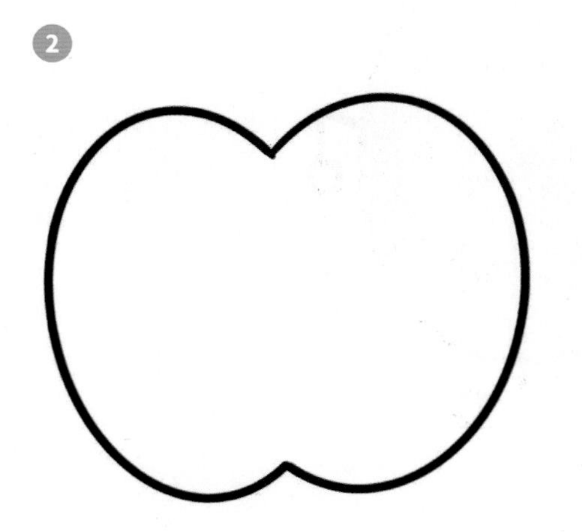

사과의 반쪽을 이어서 그립니다.

3

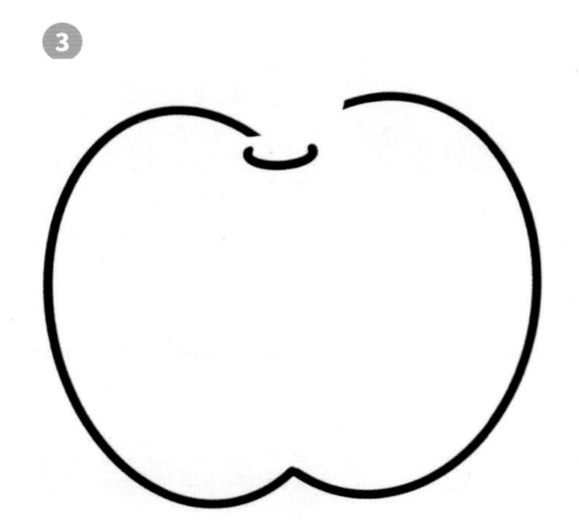

사과의 윗동 부분을 [지우개 툴]로 지워줍니다. 윗동 부분에 사과 꼭지와 잎이 들어갈 구멍을 그립니다.

4

구멍 안에 사과 꼭지와 잎을 그립니다.

TIP : 브러시의 사이즈 조절하기

손에 힘을 빼고 그리면 선이 얇게 그려집니다. 혹은 왼쪽의 브러시 크기 조절 바에서 브러시의 사이즈를 얇게 조절할 수 있습니다.

사과를 채색하겠습니다. [색상] 탭을 클릭한 후, 색상환에서 빨강색을 선택합니다.

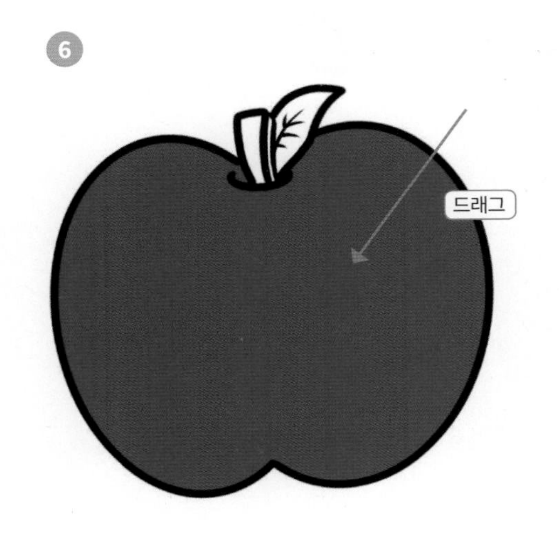

[색상] 탭의 선택된 빨강색 아이콘을 사과의 외곽선 안쪽으로 드래그하여 컬러 드롭 채색을 합니다. 사과가 빨강색으로 채색된 것을 볼 수 있습니다.

TIP : 선에 구멍이 있거나, Color Drop 한계값이 높으면 색이 채워지지 않을 수 있습니다.

5~6번과 같은 방법으로, 알맞은 색을 골라서 사과 꼭지와 잎을 채색합니다.

사과에 눈, 코, 입, 팔과 다리를 그립니다.

02 새콤달콤 조랭이 귤

소요 시간
3분

난이도
하

- **그림에 사용된 브러시**
  - [잉크]-[테크니컬 펜] 부드럽고 균일한 선을 그릴 수 있어요.
- **그림에 사용된 주요 기능**
  - 컬러 드롭 채색 방법: 색상에서 색을 고른 후, 색상 아이콘을 끌어 옮겨서 채색해주는 방식이에요.
- **예쁘게 그리는 Point**
  - 귤의 표면을 콕콕콕 찍어서 구멍을 여러 개 만듭니다.
  - 표정을 넣어주면 조금 더 귀여워 보입니다.

그리는 법

살짝 납작한 동그라미를 그립니다.

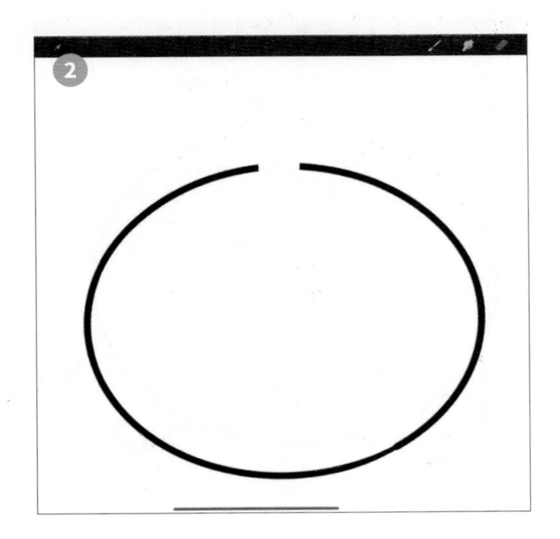

귤의 꼭지가 들어갈 부분을 [지우개 툴] 로 지워줍니다.

귤의 꼭지와 잎, 표면의 구멍들을 콕콕 찍어 그립니다.

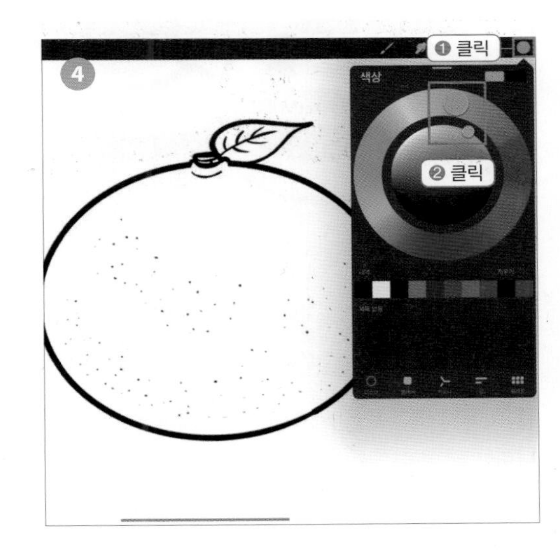

이제, 귤을 채색해 보겠습니다. [색상] 탭을 클릭한 후, 색상환에서 귤색을 클릭합니다.

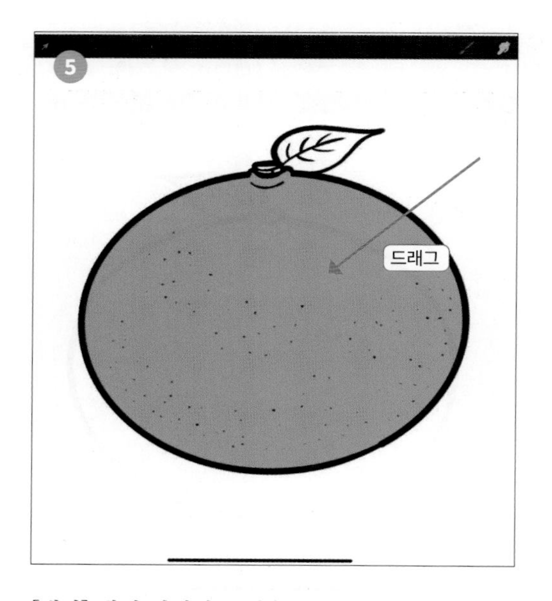

[색상] 탭에 선택된 귤색을 끌어와서 귤 외곽선 안에 넣어줍니다. 귤이 채색된 것을 볼 수 있습니다.

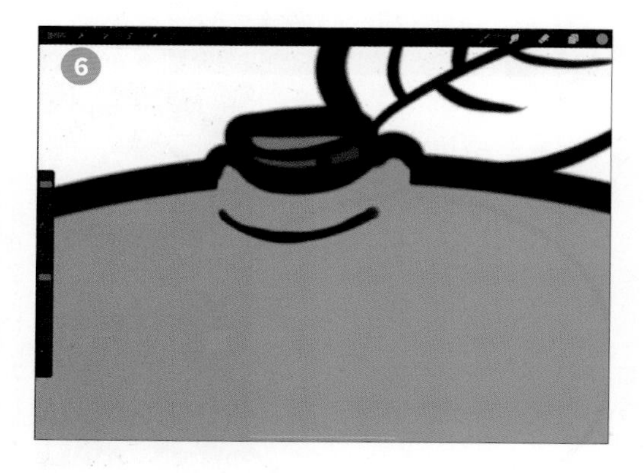

귤의 꼭지 부분은 갈색으로 컬러 드롭하여 채색합니다.

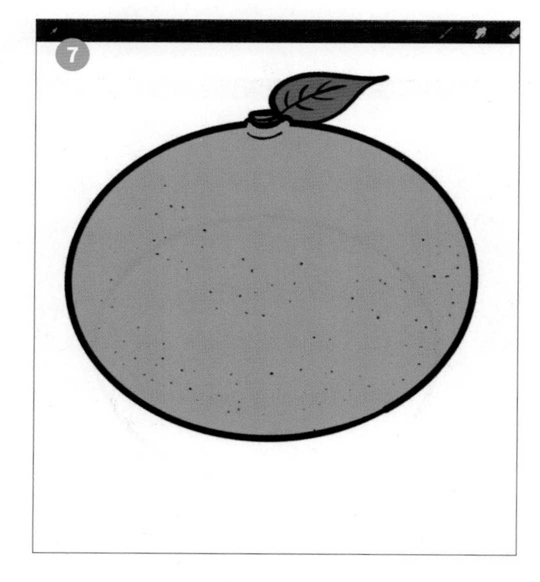

귤의 잎은 초록색으로 컬러 드롭하여 채색합니다.

귤을 조금 더 귀엽게 표현하기 위해 표정과 팔, 다리를 그립니다. [색상] 탭에서 흰색을 선택한 뒤, 귤의 외곽쪽에 윤기도 넣어줍니다. 귀여운 조랭이 귤이 완성되었습니다.

03 달고 부드러운 바나나

소요 시간
5분

난이도
하

- **그림에 사용된 브러시**
  - [잉크]-[테크니컬 펜] (테크니컬 펜) 부드럽고 균일한 선을 그릴 수 있어요.
- **그림에 사용된 주요 기능**
  - 컬러 드롭 채색 방법: 색상에서 색을 고른 후, 색상 아이콘을 끌어 옮겨서 채색해주는 방식이에요.
- **예쁘게 그리는 Point**
  - 곡선을 잘 표현해서 그려줘요.
  - 면의 색상이 빛의 방향에 따라 다르기 때문에 채도를 조절해서 넣어주는 것이 좋아요.

그리는 법

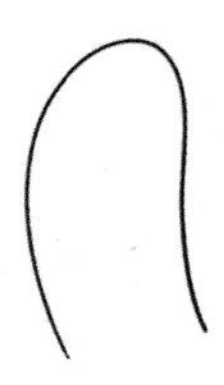

바나나의 둥근 속살을 그려줍니다.

2

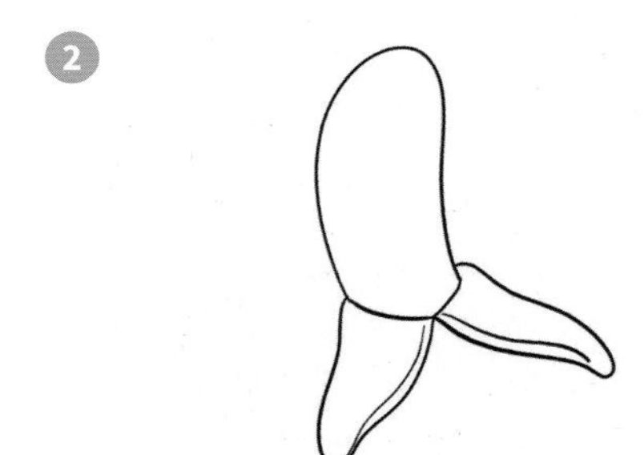

살짝 벗겨진 바나나의 껍질을 그려줍니다. 껍질에는 얇은 선을 그어서 두께감을 주도록 합니다.

3

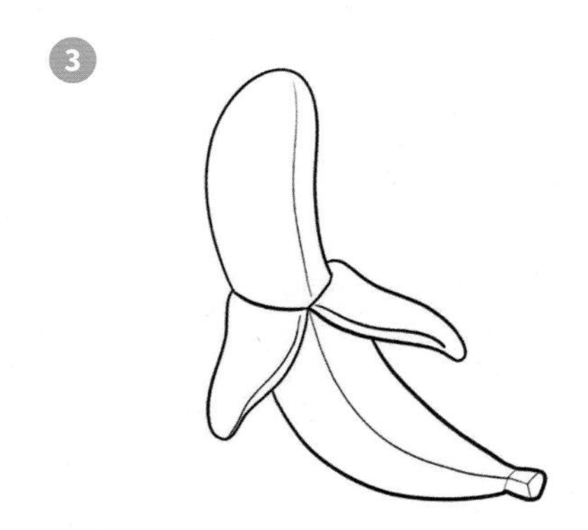

바나나 몸통의 아랫부분을 길쭉하고 통통하게 그려줍니다. 손에 힘을 빼고 얇은 선들을 바나나의 속살 부분과 껍질 부분에 그려줍니다. 이는 바나나의 두께감을 표현해주는 역할을 합니다.

4

오른쪽에는 껍질을 벗기지 않은 바나나를 그려보겠습니다. 먼저 바나나의 뿌리 부분을 그립니다.

5

바나나의 몸통 부분을 그립니다. 손에 힘을 빼고 얇은 선으로 윤곽을 잡아줍니다.

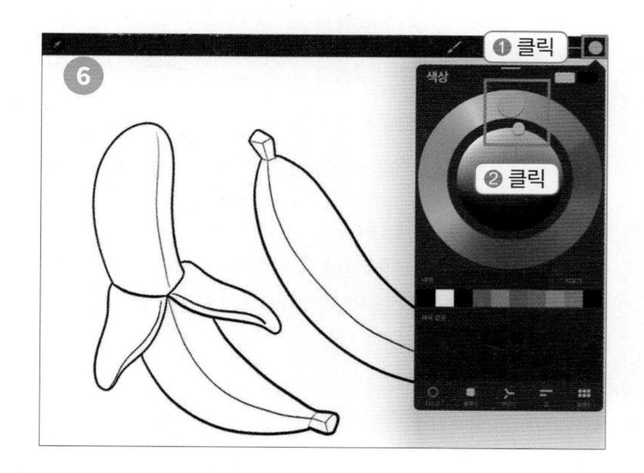

이제 두 개의 바나나를 채색해 보겠습니다. [색상] 탭을 클릭하여 색상환에서 진한 노랑색을 클릭합니다.

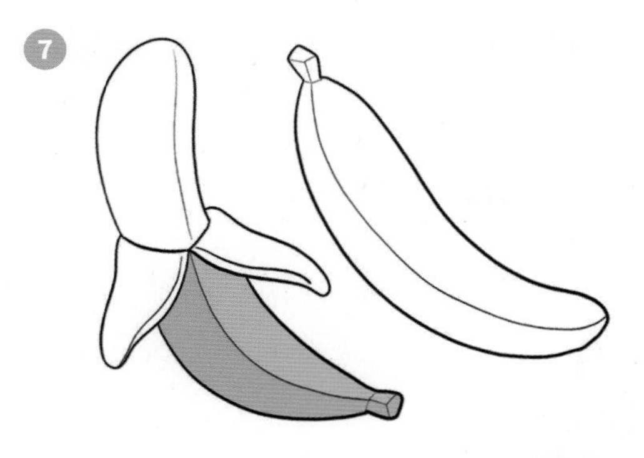

진한 노란색을 끌어와서 바나나의 껍질을 채색합니다. 껍질의 아랫부분은 조금 더 진한 노란색으로 채색합니다. 이렇게 진한 색을 아래에 두면 입체감이 조금 더 살아납니다.

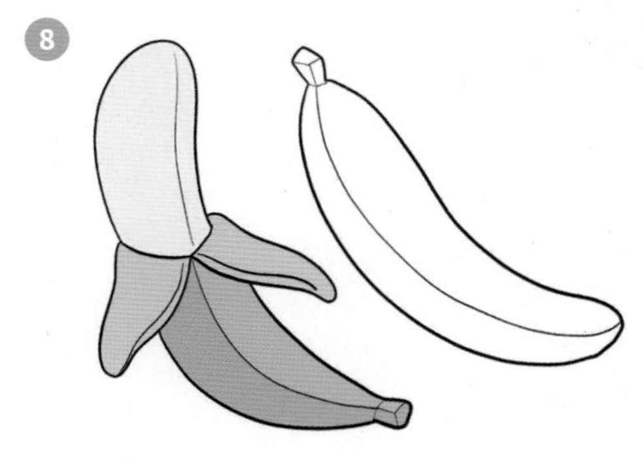

바나나 껍질의 안쪽은 옅은 노란색으로 채워줍니다. 바나나의 알맹이는 흰색에 가깝지만, 약간의 노란색이 섞인 듯한 아주 연한 우유색으로 채색합니다.

오른쪽의 바나나도 동일하게 채색합니다.

TIP : [색상] 탭의 [사용 내역]을 보면 방금 사용한 색들이 팔레트에 저장되어 있습니다. 원하는 색을 골라서 사용합니다.

04 멋쟁이 열대과일 파인애플

소요 시간
3분

난이도
하

- **그림에 사용된 브러시**
- [잉크]-[테크니컬 펜] 테크니컬 펜 부드럽고 균일한 선을 그릴 수 있어요.
- **그림에 사용된 주요 기능**
- 컬러 드롭 채색 방법: 색상에서 색을 고른 후, 색상 아이콘을 끌어 옮겨서 채색해주는 방식이에요.
- **예쁘게 그리는 Point**
- 파인애플의 줄무늬를 사선 방향으로 겹치도록 그려줘요.
- 파인애플의 잎을 위로 날카롭게 많이 그려줘요.

그리는 법

1

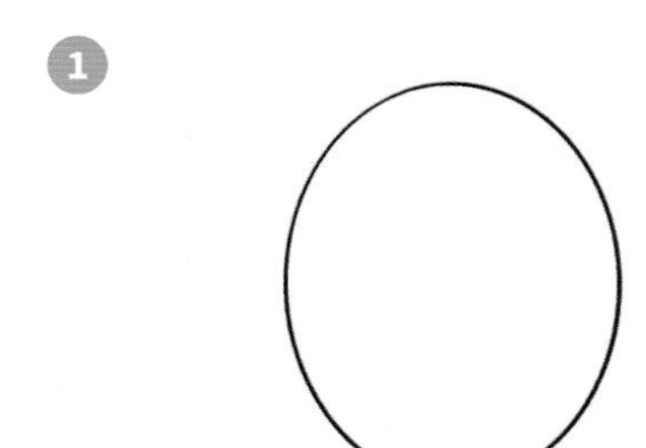

길쭉한 타원을 그립니다.

2

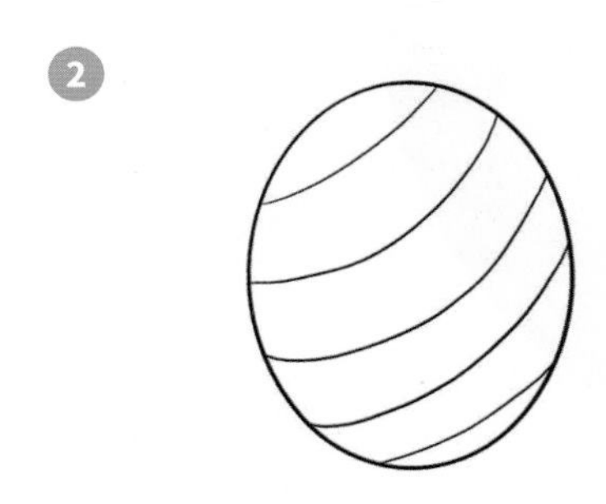

파인애플의 몸통에 사선 줄무늬를 그립니다.

3

파인애플의 잎을 길고 날카롭게 그립니다. 잎이 위에 겹겹이 쌓이도록 그립니다.

이제 채색을 해보겠습니다. 파인애플의 몸통을 노란색으로 컬러 드롭하여 채워줍니다. 파인애플의 잎은 초록색으로 컬러 드롭하여 채워주고 잎은 위쪽으로 갈수록 진한 녹색으로 칠합니다.

파인애플 몸통에 있는 사선 줄무늬에 반대쪽으로 향하는 줄무늬를 넣어줍니다. 마치 그물을 그리듯 표현합니다.

[색상] 탭에서 검정색을 선택한 후, 선글라스와 8분 음표를 그립니다. 멋지고 힙한 파인애플이 완성되었습니다.

05 영양만점 떼쟁이 아보카도

소요 시간
5분

난이도
하

- **그림에 사용된 브러시**
- [잉크]-[테크니컬 펜] 부드럽고 균일한 선을 그릴 수 있어요.
- [에어브러시]-[소프트 브러시] 부드러운 색의 변화를 넣어줄 수 있어요.

- **그림에 사용된 주요 기능**
- 컬러 드롭 채색 방법: 색상에서 색을 고른 후, 색상 아이콘을 끌어 옮겨서 채색해주는 방식이에요.
- 레이어를 나눠서 작업하기: 선 레이어와 채색 레이어를 구분하여 작업했어요.

- **예쁘게 그리는 Point**
- 아보카도 껍질에 돌기를 많이 그려줘요.
- [소프트 브러시]로 부드러운 색의 변화를 넣어줬어요.

그리는 법

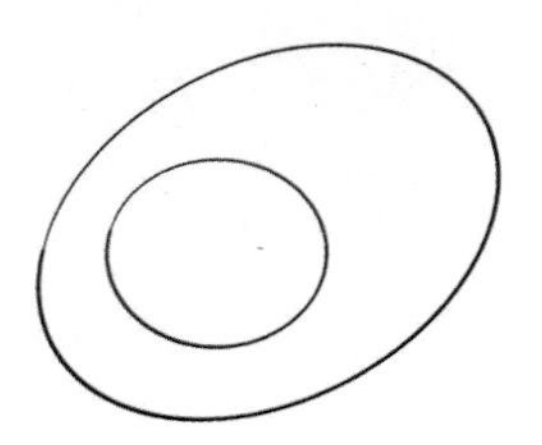

오른쪽으로 살짝 눕혀져 있는 타원을 그립니다. 가운데에 크고 동그란 씨앗을 그립니다.

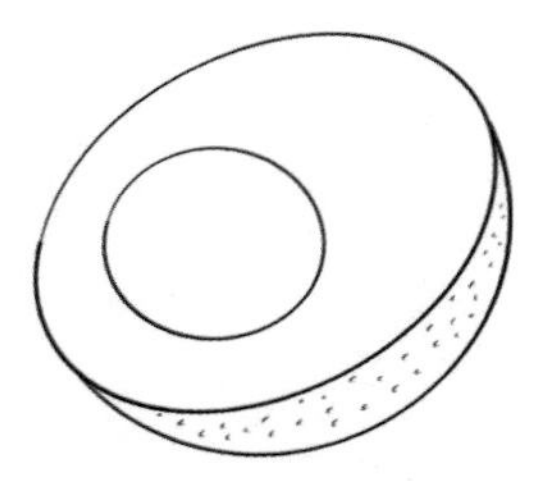

바깥쪽에 아보카도의 껍질 부분을 그립니다. 아보카도의 껍질 부분에는 작은 돌기들을 그립니다.

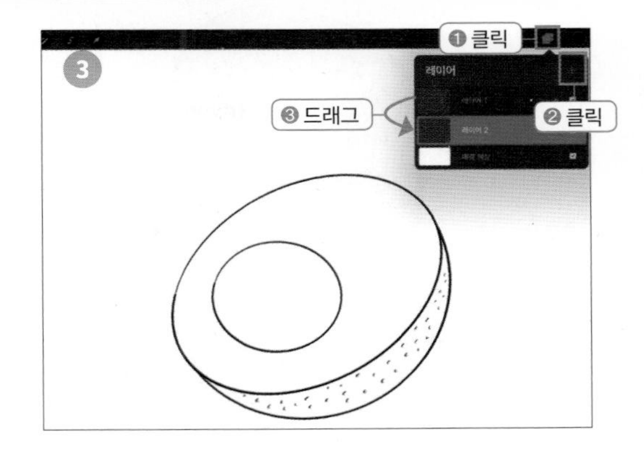

[레이어] 탭에서 '+' 버튼을 클릭해 레이어를 하나 더 추가합니다. '레이어 2'가 생성됩니다. '레이어 2'는 채색을 하는 레이어로 사용할 예정이기에, 클릭한 채로 '레이어 1' 아래로 이동합니다.

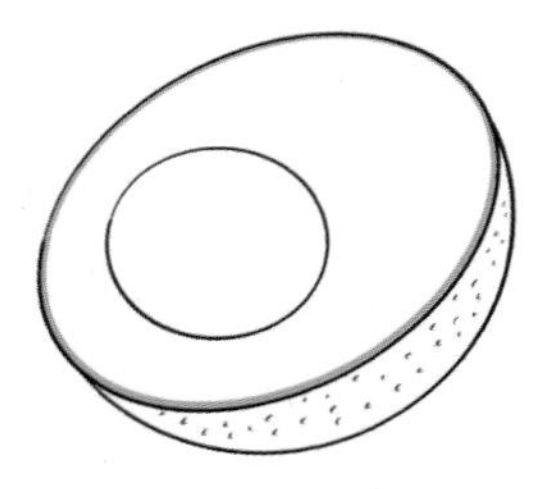

'레이어 2'에서 채색을 진행하겠습니다. [색상] 탭의 색상환에서 아보카도의 단면에 들어갈 부드러운 녹색을 선택합니다. 아보카도의 단면 부분을 칠하기 위해 동그란 내각선을 그려주겠습니다.

5

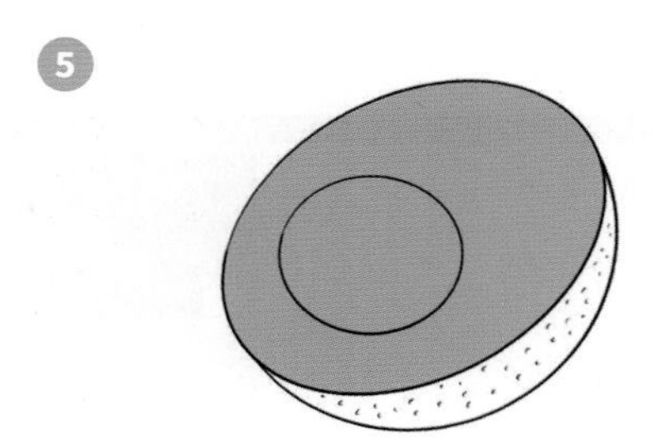

내각선 안쪽으로 아까 골라놓은 부드러운 녹색을 컬러 드롭하여 채색합니다.

6

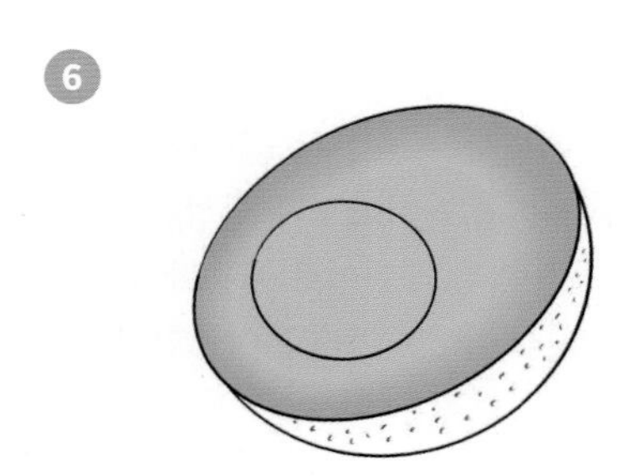

[소프트 브러시]로 아보카도 단면 안쪽의 부드러운 노란색 영역을 채색합니다. [색상] 탭의 색상환에서 부드러운 노란색을 선택한 아보카도 단면의 가운데 쪽으로 부드럽게 칠합니다.

TIP : [브러시 라이브러리]에서 [에어브러시]-[소프트 브러시]를 선택합니다.

7

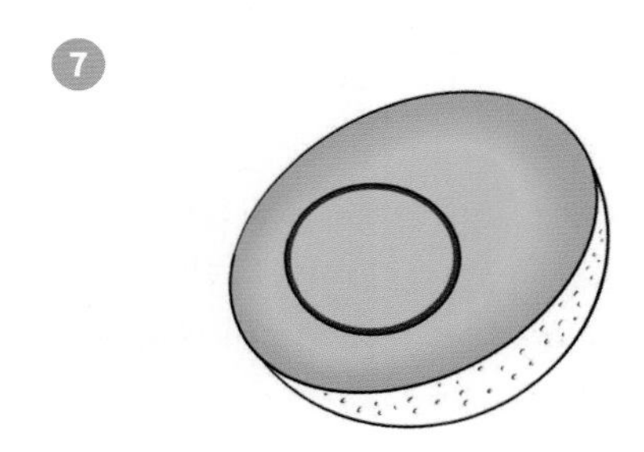

아보카도의 씨앗 부분을 채색해 보겠습니다. [색상] 탭을 선택한 뒤 색상환에서 진한 고동색을 선택합니다. 씨앗 부분을 깔끔하게 채색하기 위해, 씨앗 안쪽에 [테크니컬 펜]으로 내각선을 그려주겠습니다.

TIP : [브러시 라이브러리]에서 [잉크]-[테크니컬 펜]을 선택합니다.

8

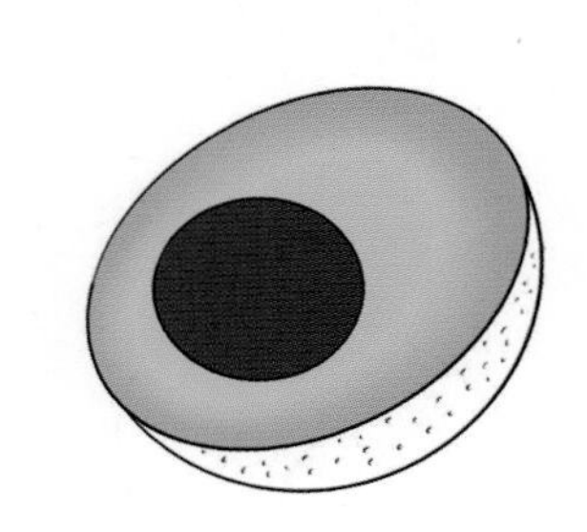

씨앗 안쪽 내각선에 동일한 고동색을 컬러 드롭하여 채색합니다.

9

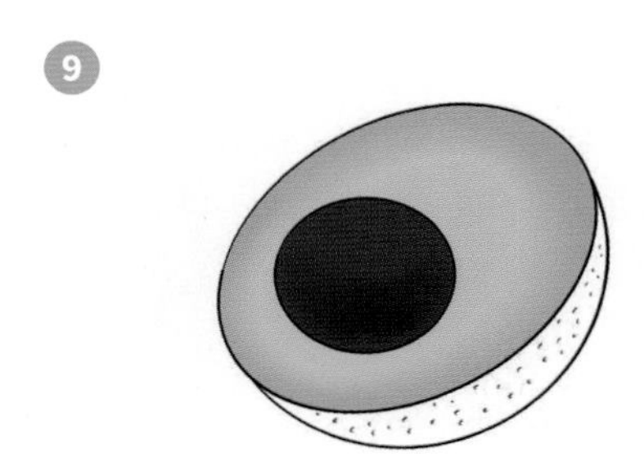

[에어브러시]를 선택한 후, 씨앗의 아래쪽에 조금 더 어두운 고동색을 덧칠합니다. 이는 씨앗의 둥근 형태를 더해주기 위해 음영을 넣는 과정입니다.

TIP : [브러시 라이브러리]에서 [에어브러시]-[소프트 브러시]를 클릭합니다. 씨앗의 아래쪽에 작은 크기로 부드럽게 덧칠합니다.

10

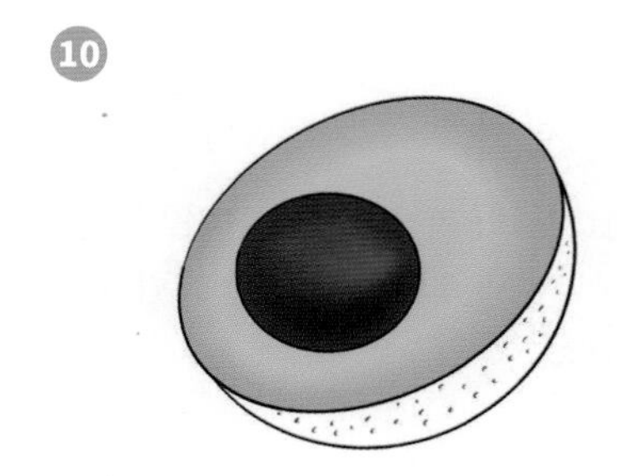

씨앗의 밝은 부분을 표현해보겠습니다. 밝은 아몬드 색을 선택한 뒤, 씨앗 가운데 쪽에 윤기를 넣어줍니다. 브러시의 사이즈를 작게 조절하여 덧칠해주면 좋습니다.

11

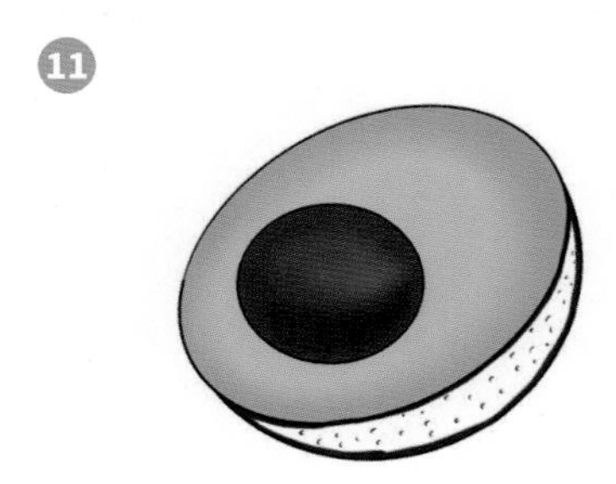

[색상] 탭에서 아보카도의 껍질 색인 진한 청록색을 선택하여 내각선 영역을 그립니다.

TIP : [브러시 라이브러리]에서 [잉크]-[테크니컬 펜]을 선택합니다.

12

아보카도의 껍질 부분을 컬러 드롭하여 채색합니다.

13

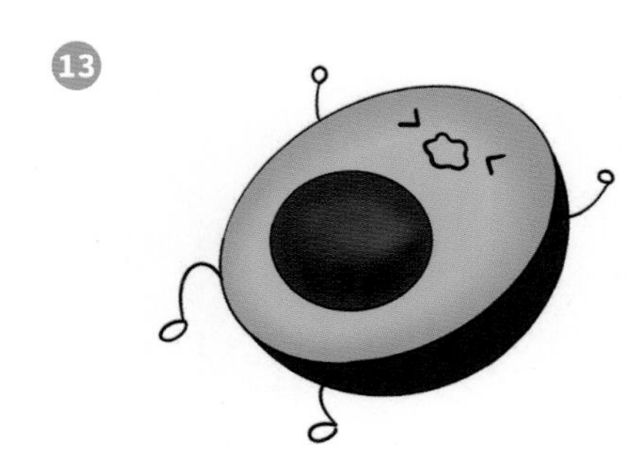

선택되어 있는 [테크니컬 펜]으로 아보카도의 표정을 그려보겠습니다. [색상] 탭에서 검정색을 선택한 후, 얼굴에 귀여운 표정을 그려줍니다.

14

[색상] 탭에서 코랄색을 선택한 후, 아보카도의 입 안을 컬러 드롭하여 채색합니다. 영양만점 떼쟁이 아보카도가 완성되었습니다.

: 채소

이번 시간부터는 우리의 건강을 지켜주는 건강한 채소들을 그려볼 거예요. 채소 중에서도 건강에 좋다는 슈퍼푸드들을 그려보겠습니다. 어쩌면 과일보다 쉽게 그릴 수 있을지도 몰라요! 비타민이 가득한 당근, 호박, 오이, 배추를 저와 함께 그려볼까요?

01 비타민B가 가득한 당근

소요 시간
3분

난이도
하

- **그림에 사용된 브러시**
- [잉크]-[테크니컬 펜] 부드럽고 균일한 선을 그릴 수 있어요.
- **그림에 사용된 주요 기능**
- 컬러 드롭 채색 방법: 색상에서 색을 고른 후, 색상 아이콘을 끌어 옮겨서 채색해주는 방식이에요.
- **예쁘게 그리는 Point**
- 당근 표면에 많은 가로줄들을 그려서 주름들을 표현해 줘요.
- 당근의 잎들을 푸슬푸슬하게 많이 그려주면 좋아요.

그리는 법

1

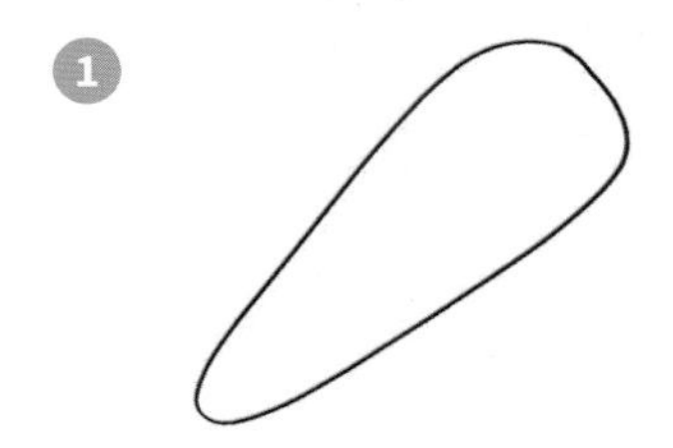

당근의 몸통을 둥그런 역삼각형 모양으로 그립니다.

2

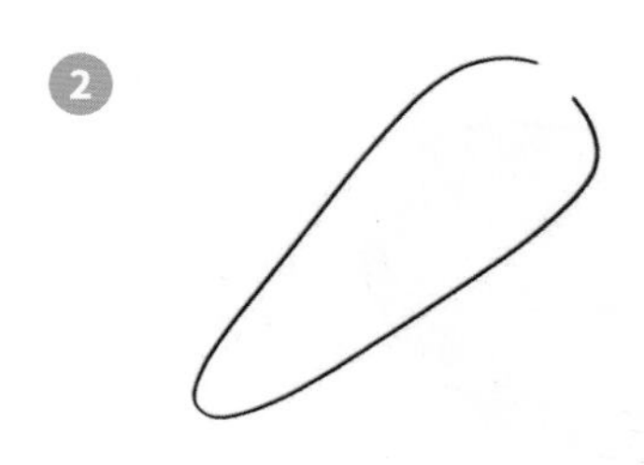

[지우개 툴]로 당근의 윗 꼭지 부분을 지워줍니다.

3

당근 꼭지에 달린 잎자루 부분과 잎을 4장 정도 푸슬푸슬하게 그립니다.

4

당근 몸통에 당근의 주름들을 가로선으로 쭉쭉 그립니다. 손에 힘을 빼고 얇게 그려주는 것이 좋습니다.

5

[색상] 탭에서 당근을 상징하는 주황색을 골라서 당근 몸통에 컬러 드롭하여 채색합니다.

TIP : 채색이 바깥쪽으로 새어 나간다면, 검정색으로 외곽선을 잘 막아주거나 컬러 드롭한 상태에서 2초 정도 꾹 누릅니다. 그 다음 Color Drop 조절 창이 나오면, 왼쪽으로 펜을 끌어서 외곽선 안으로 색이 들어가도록 조절합니다.

6

당근의 잎사귀는 [색상] 탭에서 녹색을 선택한 뒤, 잎사귀 안으로 컬러 드롭하여 채색합니다. 뒤에 있는 잎일수록 어두운 녹색으로 채색하면 조금 더 입체감이 살아납니다. 이렇게 비타민B가 가득한 당근이 완성되었습니다.

02 시원하고 상큼한 오이

소요 시간
3분

난이도
하

- **그림에 사용된 브러시**
  - [잉크]-[테크니컬 펜] 테크니컬 펜 부드럽고 균일한 선을 그릴 수 있어요.
  - [에어브러시]-[소프트 브러시] 소프트 브러시 부드러운 색의 변화를 넣어줄 수 있어요.
- **그림에 사용된 주요 기능**
  - 컬러 드롭 채색 방법: 색상에서 색을 고른 후, 색상 아이콘을 끌어 옮겨서 채색하는 방식이에요.
- **예쁘게 그리는 Point**
  - 동글동글하고 휘어진 오이의 형태를 잘 잡아줘요.
  - 오이 단면은 수분감이 충분하도록 표현해 줘요.

그리는 법

❶

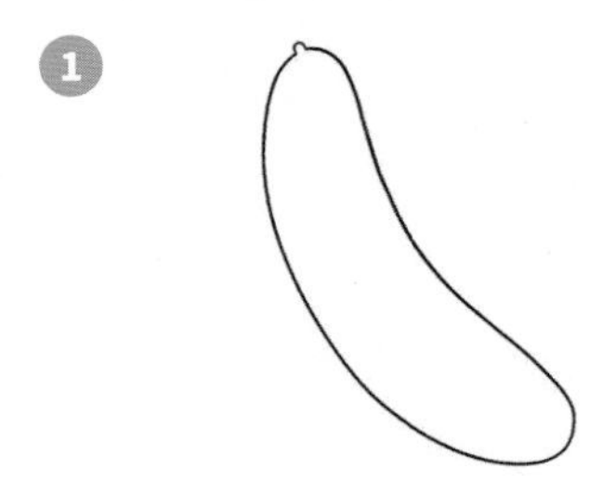

오이의 몸통을 길쭉하게 그립니다.

❷

오이 껍질의 주름선과 돌기를 오이의 표면에 그려줍니다.

❸

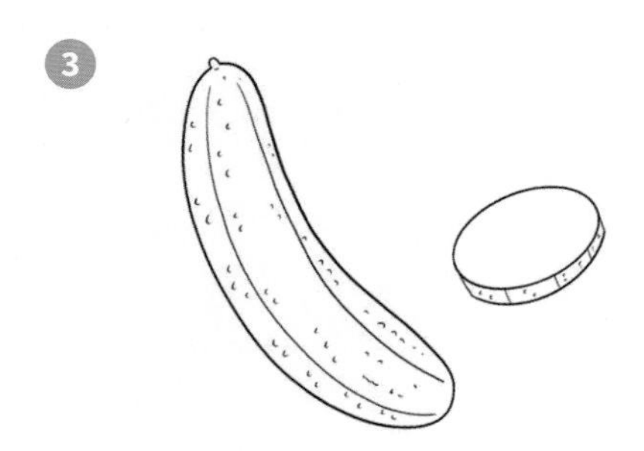

오이의 오른쪽에 오이를 자른 단면도 그려줍니다. 오이 단면의 껍질 쪽에, 오이의 껍질 주름과 돌기를 살짝 그려줍니다.

❹

[색상] 탭에서 초록색을 선택한 후, 오이의 껍질을 컬러 드롭하여 채색합니다. 오이의 안쪽 단면 부분은 조금 진한 연두색으로 컬러 드롭하여 채색합니다.

❺

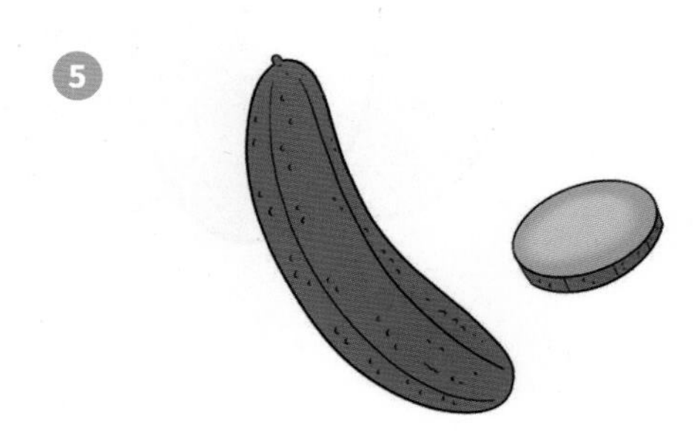

조금 더 연한 연두색을 선택한 뒤, [소프트 브러시]로 오이의 단면 안에 작은 원을 부드럽게 그립니다.

TIP : [브러시 라이브러리]에서 [에어브러시]-[소프트 브러시]를 선택합니다. 브러시 사이즈를 작게 조절한 후 사용해 주세요.

❻

오이의 단면 안에 수분막과 씨앗을 그립니다. 시원하고 상큼한 오이 그림이 완성되었습니다.

TIP : [브러시 라이브러리]에서 [잉크]-[테크니컬 펜]을 선택합니다.

03 장엄한 늙은 호박과 작고 달콤한 단호박

소요 시간
3분

난이도
하

- **그림에 사용된 브러시**
  - [잉크]-[테크니컬 펜] 부드럽고 균일한 선을 그릴 수 있어요.
- **그림에 사용된 주요 기능**
  - 컬러 드롭 채색 방법: 색상에서 색을 고른 후, 색상 아이콘을 끌어 옮겨서 채색해주는 방식이에요.
  - [선택]-[올가미]로 선택 영역 지정하기: 선택에서 올가미를 선택한 후, 원하는 영역을 드래그하여 선택 영역으로 만들어줘요.
  - [복사하기 및 붙여넣기] 기능으로 객체를 복사하고 붙여넣기: 그려 둔 그림을 복사하고 붙여넣어 하나를 또 만들어줘요.
  - [변형]-[균등] 기능으로 이동하고 사이즈 조절하기: 변형 기능을 눌러서 객체의 위치를 이동시킨 후, 균등 기능을 선택해서 객체의 사이즈를 조절해 줘요.
- **예쁘게 그리는 Point**
  - 동글동글하고 두꺼운 껍질을 그려줘요.
  - 호박의 종류에 알맞은 색상을 넣어주면 좋아요.

그리는 법

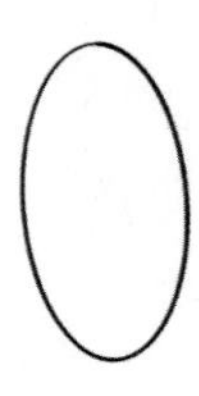

늙은 호박을 먼저 그려보겠습니다. 동그랗고 길쭉한 타원을 그립니다.

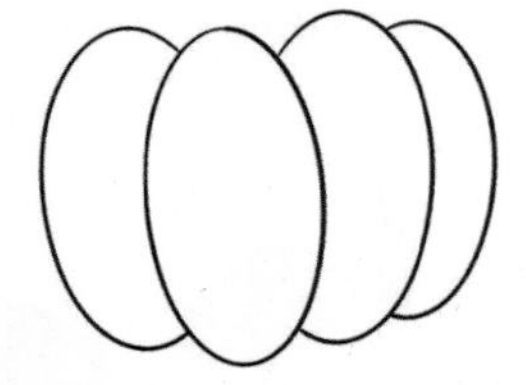

길쭉한 타원 옆에 원들을 연결하여 그려줍니다.

호박의 가운데 부분에 호박 꼭지를 그립니다. 호박 꼭지의 뒷부분에 보이지 않는 호박 껍질들과 안쪽으로 이어지는 껍질 부분들을 그립니다.

4

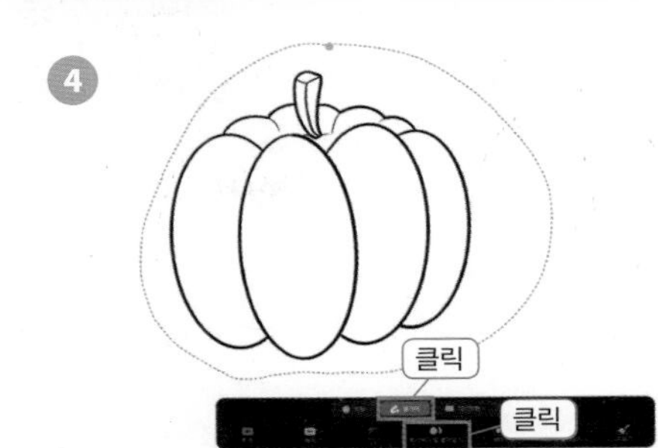

[선택 영역 툴]–[올가미]를 클릭한 뒤, 늙은 호박의 영역을 드래그합니다. [복사하기 및 붙여넣기]를 클릭하여, 호박을 두 개로 만듭니다.

TIP : 영역을 잘못 선택했을 때는 화면을 두 손가락으로 클릭하여 실행 취소를 합니다.

5

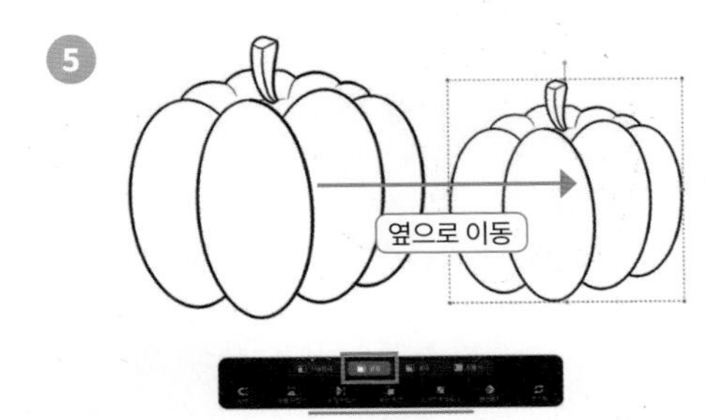

복제된 호박을 이동하기 위해 [변형 툴]을 클릭합니다. 복제된 호박을 옆으로 이동한 후, 단호박의 앙증맞은 형태로 크기를 조절합니다. 이때 비율의 변화가 없도록 [균등]을 체크하고 조절합니다. 크기는 생성된 점선 박스의 동그라미 부분을 클릭한 후, 조절합니다.

[레이어] 탭을 클릭하면 레이어 1에는 '늙은 호박'이 있고, '선택 영역에서' 레이어에는 단호박이 있는 것을 확인할 수 있습니다.

늙은 호박을 채색해 보겠습니다. [색상] 탭에서 늙은 호박의 껍질을 상징하는 밝은 황토색을 선택한 후, 컬러 드롭하여 뒷부분까지 꼼꼼하게 채색합니다. 늙은 호박의 꼭지 부분도 더욱 밝고 노란 황토색을 선택하여, 꼼꼼하게 채색합니다.

두 호박의 레이어가 다르기 때문에 이제 단호박이 있는 레이어를 선택하겠습니다. [레이어] 탭을 클릭한 뒤 '선택 영역에서' 레이어를 선택합니다.

[색상] 탭에서 단호박의 껍질색인 진한 녹색을 골라 컬러 드롭하여 채색합니다. 단호박의 꼭지 부분은 조금 더 진한 갈색으로 컬러 드롭하여 채색합니다. 이렇게 장엄한 늙은 호박과 작고 달콤한 단호박이 완성되었습니다.

04 아삭아삭 통통한 배추

소요 시간
4분

난이도
하

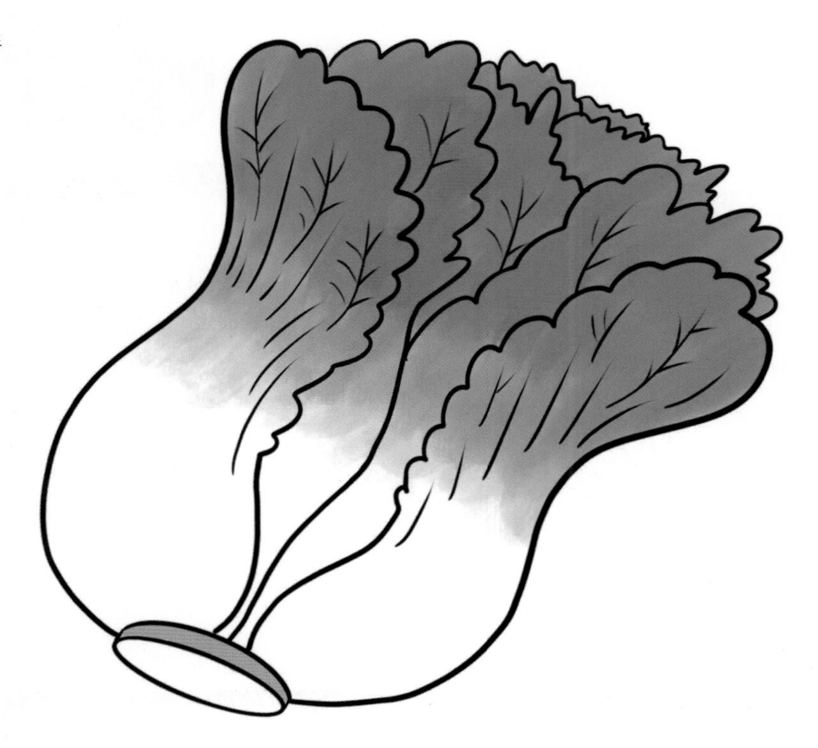

- **그림에 사용된 브러시**
- [잉크]-[테크니컬 펜] 테크니컬 펜 부드럽고 균일한 선을 그릴 수 있어요.
- [페인팅]- [둥근 브러시] 둥근 브러시 연하고 부드럽게 색을 얹어줄 수 있어요.

- **그림에 사용된 주요 기능**
- 컬러 드롭 채색 방법: 색상에서 색을 고른 후, 색상 아이콘을 끌어 옮겨서 채색해주는 방식이에요.
- [선택 영역 툴] - [자동 툴 자동] 기능으로 선택 영역 지정하기: 외곽선 안쪽에 선택 영역을 만들어줘요.

- **예쁘게 그리는 Point**
- 노란색과 연두색, 녹색을 적절하게 얹어서 색의 변화를 표현해줘요.
- 배추의 형태를 살려 안쪽으로 갈수록 살짝 들어가는 듯한 느낌을 더해줘요.

그리는 법

배추의 밑동을 동그랗고 넓적하게 그립니다.

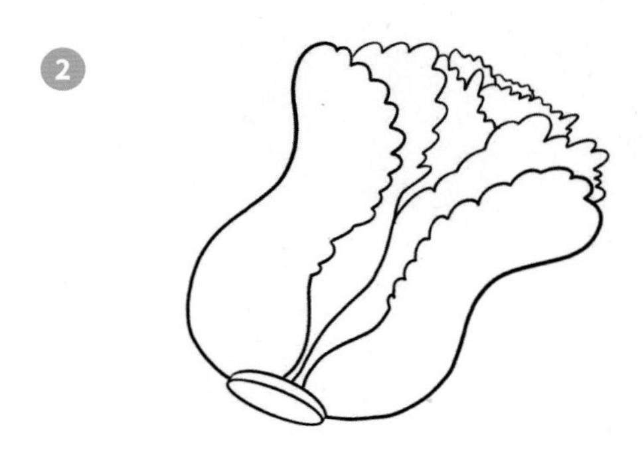

배춧잎을 동그랗고 넓적하게 그립니다. 안쪽으로 들어갈수록 포개지도록 빽빽하게 그립니다.

TIP : 선을 모두 꼼꼼하게 연결해 줘야 나중에 채색을 할 때 문제가 없습니다.

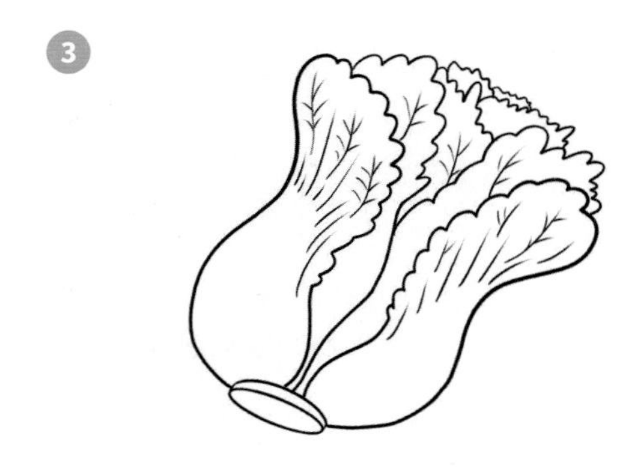

배춧잎의 잎맥을 얇고 가늘게 그립니다.

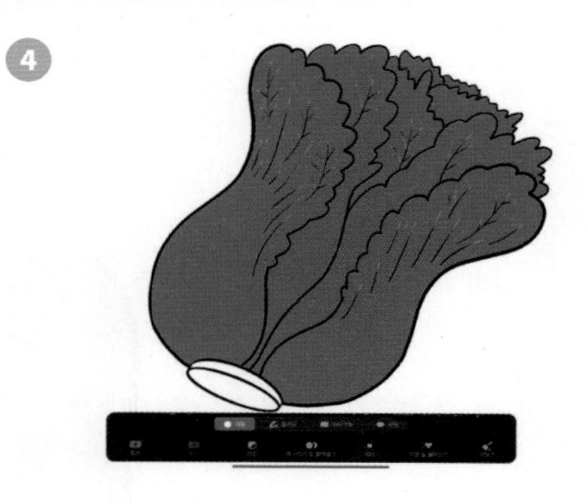

[선택 영역 툴]–[자동 툴 자동]을 클릭한 후, 배춧잎의 안쪽 영역을 모두 선택합니다. 선택이 되면 파란색으로 영역이 잡힙니다.

TIP : 자동 선택 영역이 바깥까지 선택된다면 선택되어진 파란 화면을 한 번 더 클릭한 후, 펜촉을 누른 상태로 왼쪽으로 드래그하여 선택 영역을 작게 조절합니다. 혹은 선에 구멍이 뚫렸는지 확인하고 선을 모두 깔끔하게 이어줍니다.

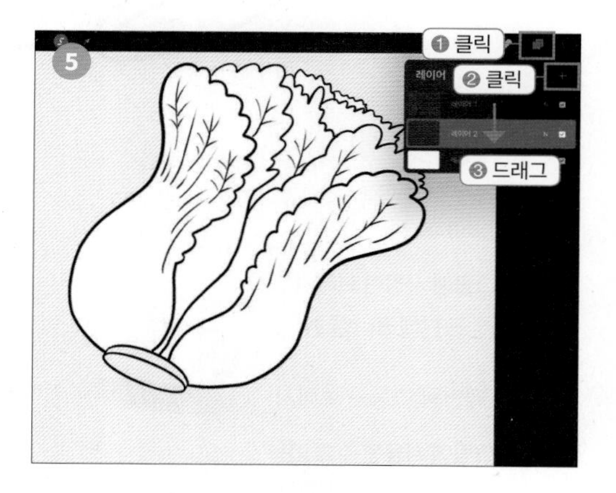

[레이어] 탭을 클릭한 후 '+' 버튼을 클릭해 새 레이어를 추가합니다. 새로 추가된 레이어는 채색을 하는 용도로 사용됩니다. 추가된 채색용 레이어인 '레이어 2'를 클릭한 후 '레이어 1'의 아래로 드래그합니다.

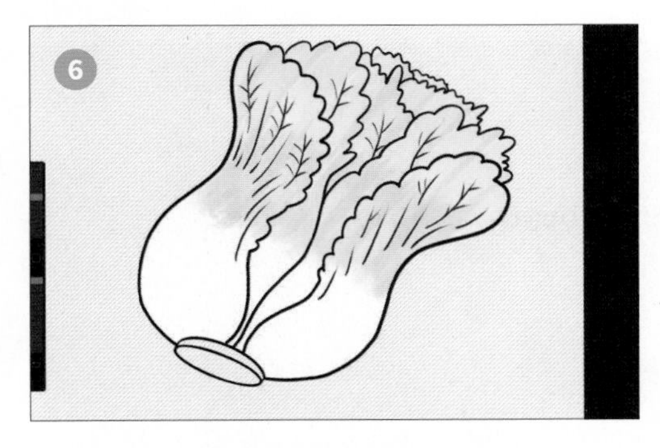

[색상] 탭에서 노란색을 선택합니다. 배춧잎의 가장 기본이 되는 밑색인 노란색을 옅게 덮듯 색을 칠합니다.

TIP : [브러시 라이브러리]에서 [페인팅]-[둥근 브러시]를 선택합니다.

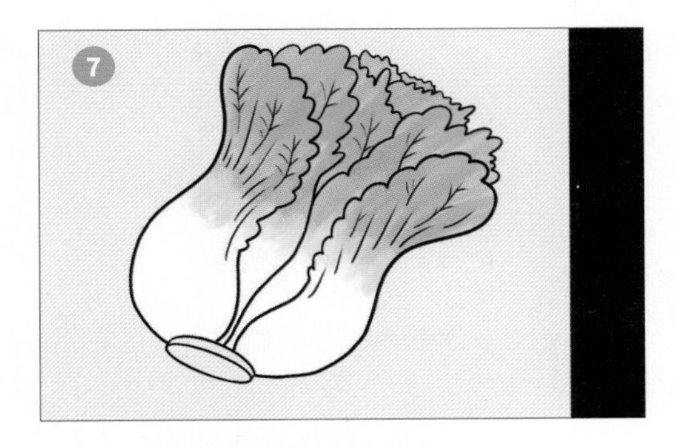

밝은 연두색을 선택하여 그 위에 색을 얹듯 칠합니다. 위에서 아래로 내려가는 방향으로 덮어줍니다.

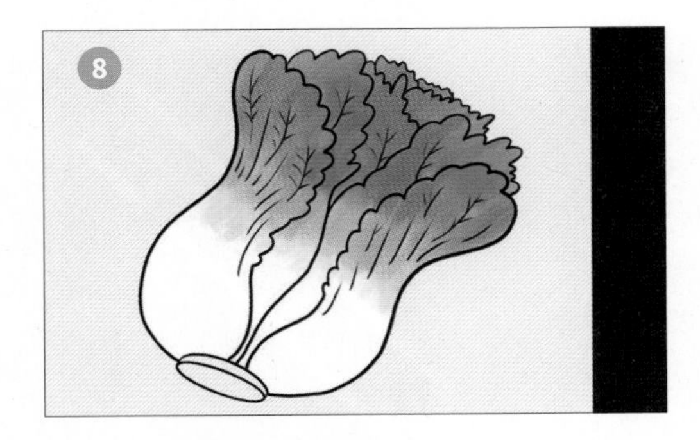

조금 더 진한 녹색을 선택하여 그 위에 색을 덮어주듯 칠합니다. 위에서 아래로 내려가는 방향으로 칠해줍니다.

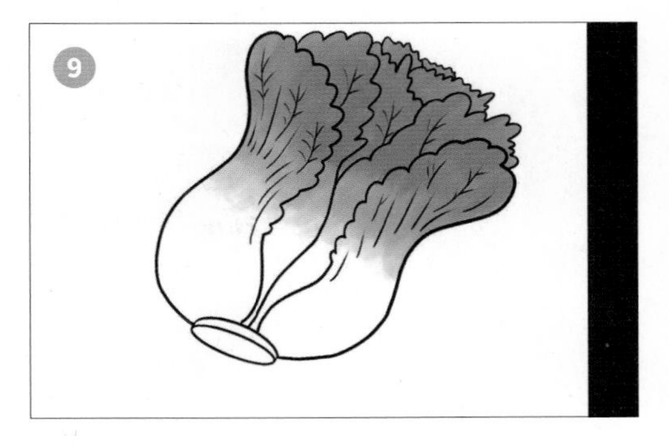

진한 녹색으로 노란색 영역까지 색을 덮어줍니다. 손에 힘을 빼고 색을 섞어주듯 전체적으로 색을 부드럽게 블렌딩합니다.

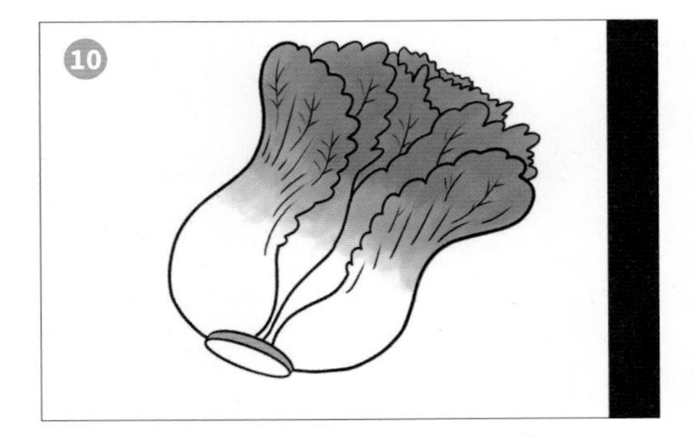

옅은 녹색을 선택한 뒤, 배추의 밑동 부분을 컬러드롭하여 채색합니다. 이렇게 아삭아삭하고 통통한 배추 그림이 완성되었습니다.

PART

3

초급 드로잉 따라하기

이제 프로크리에이트의 기본적인 기능들을
모두 사용할 수 있게 되었습니다.
이제부터는 조금 더 복잡하고 다양한 브러시나
레이어를 활용하는 드로잉을 시작해 보겠습니다.
먼저 간식을 그려보고, 맛있는 음식들,
귀여운 동물까지 그려보겠습니다.

: 간식

하루를 행복하게 만들어주는 맛있는 간식 5종류를 함께 그려보겠습니다. 달콤하고 바삭한 초코칩 쿠키, 짭짤한 핫도그와 소떡소떡, 차가운 아이스크림과 부드러운 샌드위치까지! 5분 이내로 완성할 수 있는 간식 그림들만 모아보았습니다.

01 익살스러운 초코칩 쿠키

소요 시간
5분

난이도
하

- **그림에 사용된 브러시**

- [잉크]-[테크니컬 펜] 부드럽고 균일한 선을 그릴 수 있어요.

- **그림에 사용된 주요 기능**

- 컬러 드롭 채색 방법: 색상에서 색을 고른 후, 색상 아이콘을 끌어 옮겨서 채색해주는 방식이에요.
- 블렌딩 모드 [어둡게] 사용: 음영을 주기 위해 추가한 레이어의 블렌딩 모드를 [어둡게]로 변경하여 약간의 어두운 느낌을 더해줄 거예요.

- **예쁘게 그리는 Point**

- 쿠키 특유의 바삭바삭한 느낌을 살릴 수 있도록, 얇은 선을 사용해서 거친 표면을 그려주도록 해요.
- 쿠키의 밝은 부분과 어두운 부분을 선과 면으로 표현해 줘요.

그리는 법

귀여운 눈, 코, 입이 그려진 쿠키를 그립니다. 쿠키의 표면에 초코칩들을 그립니다.

쿠키 표면의 균열과 부스러진 가루를 그립니다.

이제 채색을 진행해 보겠습니다. [색상] 탭에서 쿠키 표면에 어울리는 부드러운 갈색을 선택한 후, 컬러 드롭하여 채색합니다.

[색상] 탭에서 쿠키 표면에 박힌 초코칩에 어울리는 진한 갈색을 선택한 후, 컬러 드롭하여 채색합니다. 쿠키 부스러기와 쿠키 안쪽 부분도 부드러운 갈색 톤을 사용하여 꼼꼼히 채색합니다.

쿠키에 음영을 넣어주기 위해 레이어를 하나 더 추가하겠습니다. [레이어] 탭에서 '+' 버튼을 클릭하여 '레이어 2'를 만듭니다.

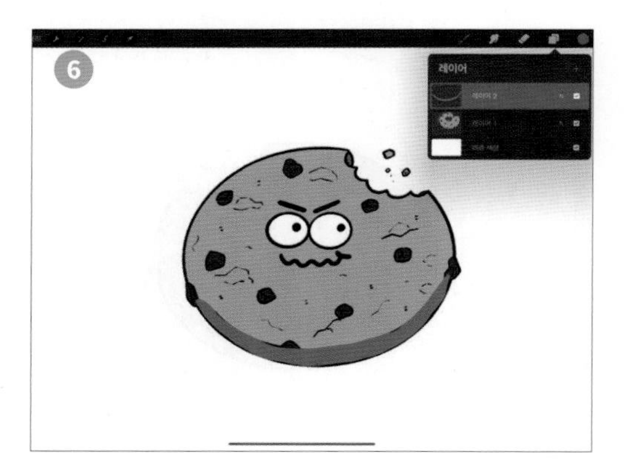

쿠키의 아래쪽에 음영이 들어갈 영역을 반달 모양으로 그립니다. 이때 [색상] 탭에서 조금 더 진한 갈색을 선택한 뒤 그립니다.

[레이어] 탭에서 'N' 버튼을 클릭하여 블렌딩 모드로 변경합니다. 불투명도는 73%, 블렌딩 모드는 '어둡게'를 선택합니다.

[레이어] 탭을 클릭한 후, '레이어 1'을 선택한 상태에서 쿠키의 왼쪽에 밝은 흰색의 윤기나는 곡선을 그립니다. 입체감 있는 쿠키 그림이 완성되었습니다.

02 국민 간식 핫도그

소요 시간
3분

난이도
하

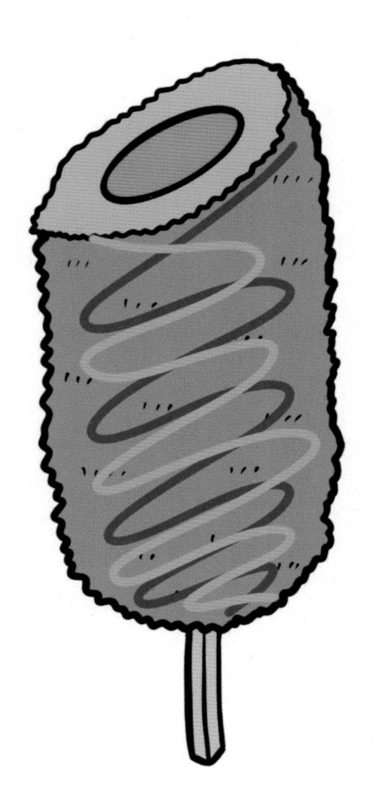

- **그림에 사용된 브러시**
  - [잉크]-[테크니컬 펜] 부드럽고 균일한 선을 그릴 수 있어요.
- **그림에 사용된 주요 기능**
  - 컬러 드롭 채색 방법
- **예쁘게 그리는 Point**
  - 튀김옷을 그릴 때, 삐뚤삐뚤한 선을 그려줘요.
  - 좋아하는 소스의 색들을 고른 후, 소스를 뿌리듯 부드러운 곡선으로 표현해 줘요.

그리는 법

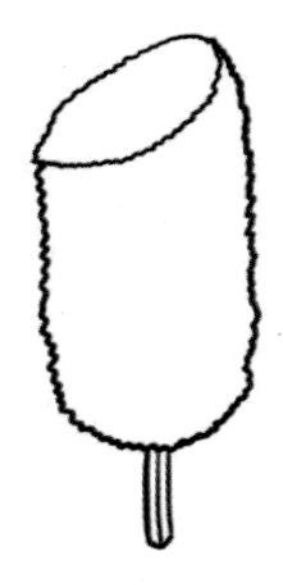

단면이 썰려있는 핫도그를 그립니다. 빵의 외곽선은 오돌토돌하고 삐쭉삐쭉하게 그립니다.

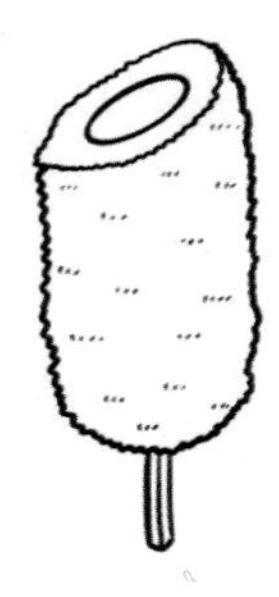

핫도그 빵 가운데에 찌그러진 타원을 그립니다. 핫도그 안에 들어가는 소시지가 완성되었습니다. 빵 겉면의 바삭한 질감을 점선으로 표현합니다.

TIP : 손에 힘을 뺀 채로 그리면 얇은 점선을 그릴 수 있습니다.

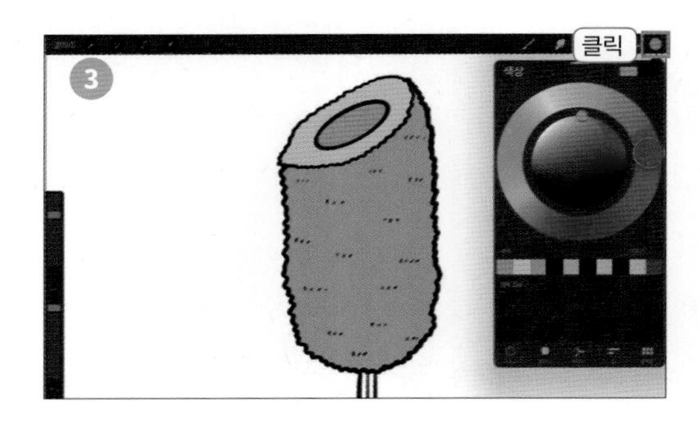

[색상] 탭에서 핫도그와 잘 어울리는 색들을 고른 뒤, 컬러 드롭하여 채색합니다.

TIP : 색상을 추천해 드릴게요.

빵의 겉면: 주황색 계열의 황토색 / 빵의 속살: 노릇노릇한 노랑색 / 소시지: 다홍색 또는 분홍색

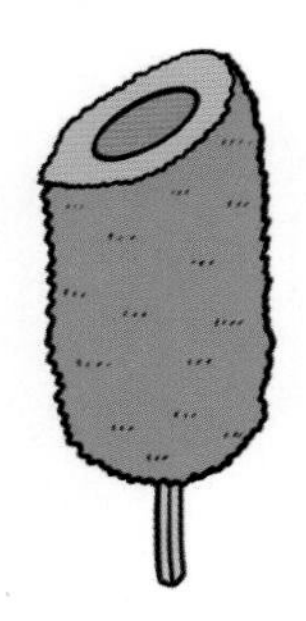

핫도그의 꼬치 부분을 밝은 황토색으로 채색합니다.

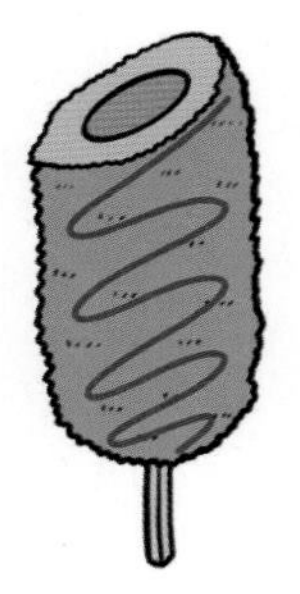

케첩을 뿌려주듯 빨간색으로 지그재그 형태의 곡선을 그립니다.

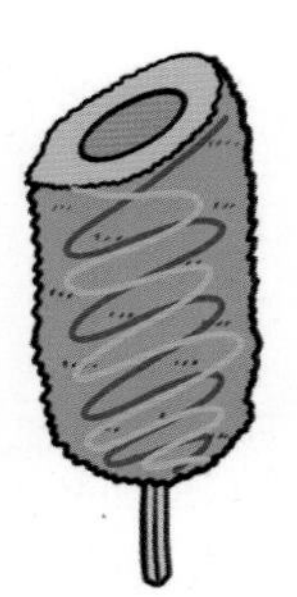

머스타드를 뿌려주듯 노란색으로 지그재그 곡선을 그립니다. 여러분이 원하는 소스의 색을 자유롭게 골라서 넣어줘도 됩니다.

03 휴게소 1등 간식 소떡소떡

소요 시간
4분

난이도
중하

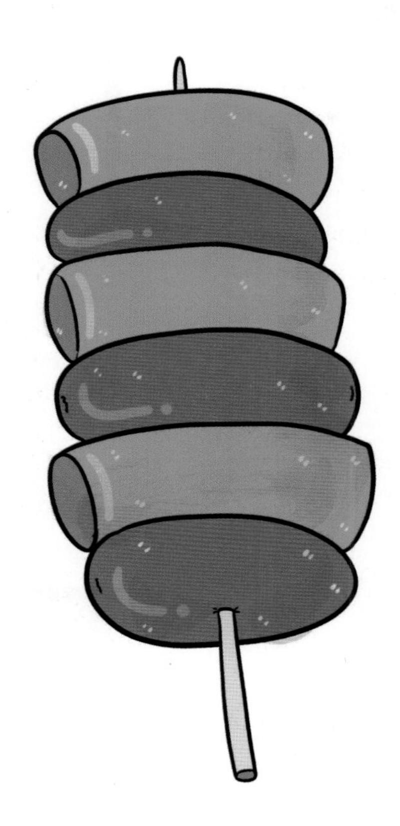

- **그림에 사용된 브러시**
- [잉크]-[테크니컬 펜] 부드럽고 균일한 선을 그릴 수 있어요.
- [페인팅]- [아크릴]  꾸덕한 아크릴로 칠한 느낌을 낼 수 있어요.
- [페인팅]-[물에 젖은 아크릴]  물기가 들어간 아크릴 느낌을 더해줄 수 있어요.

- **그림에 사용된 주요 기능**
- 컬러 드롭 채색 방법
- 블렌딩 모드 [어둡게] 사용: 새 레이어를 추가하여 텍스처가 있는 브러시로 색상을 입히고, 블렌딩 모드를 [어둡게]로 변경합니다.

- **예쁘게 그리는 Point**
- 토핑들을 아래에서부터 위로 한 개씩 차곡차곡 그려주면 편해요.
- 레이어의 블렌딩 모드를 사용해서 소스가 발린 듯한 느낌을 더해줘요.

그리는 법

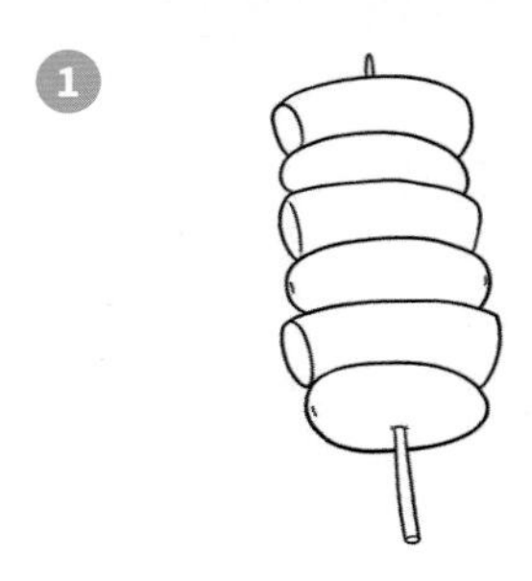

동글동글 통통한 소떡소떡의 외곽선을 그립니다.

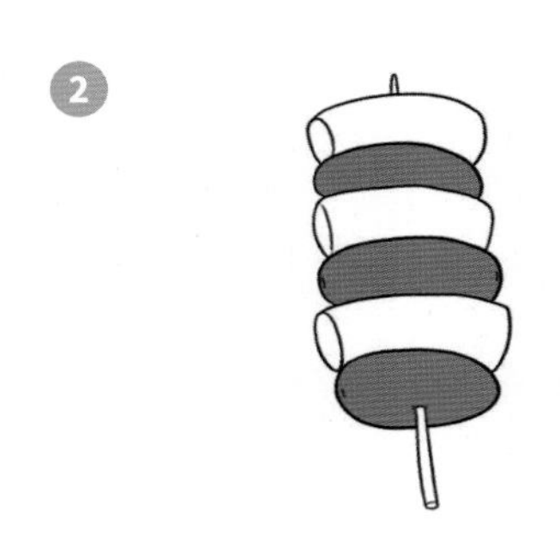

이제 채색을 진행해 보겠습니다. [색상] 탭을 클릭한 후, 다홍색을 선택하여 소시지 부분을 컬러 드롭하여 채색합니다.

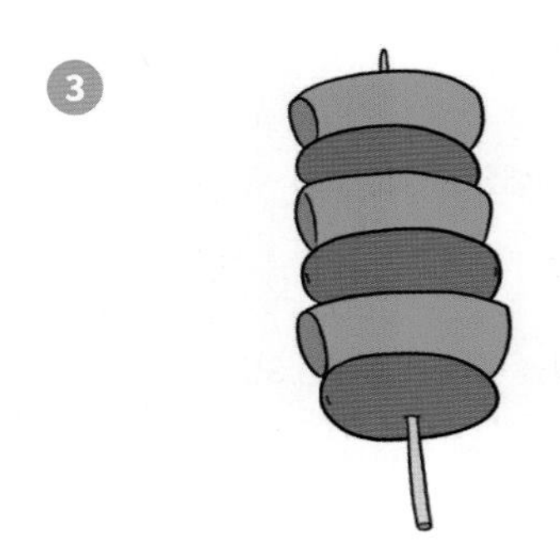

떡 부분은 흰색 혹은 주황색으로 채색합니다.

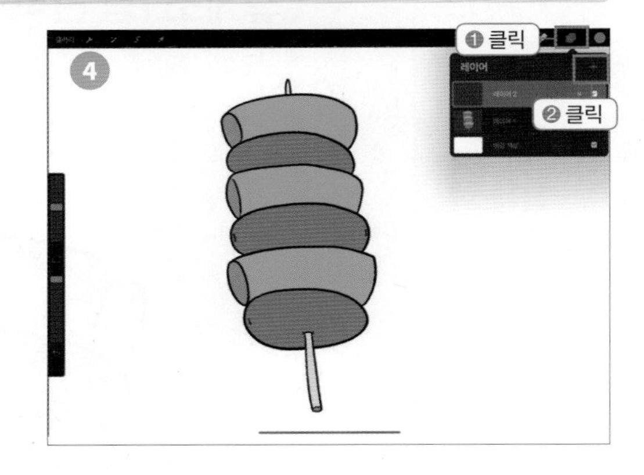

소스가 발려져 윤기가 생긴 질감을 표현해 보겠습니다. [레이어] 탭을 클릭한 뒤 '+' 버튼을 클릭하여 새 레이어를 추가합니다. '레이어 2'가 생성됩니다.

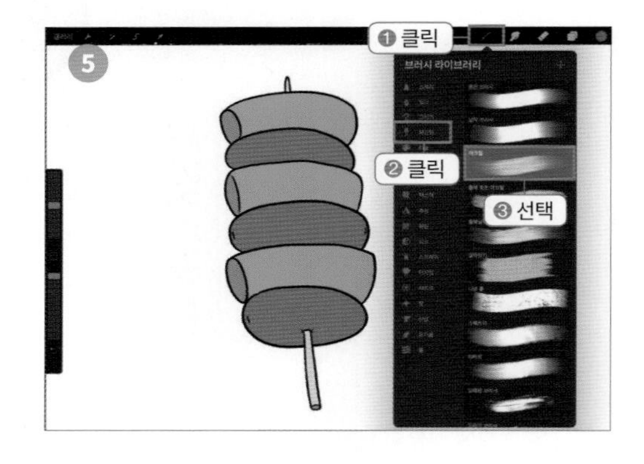

[브러시 라이브러리]에서 질감을 표현할 수 있는 브러시를 선택하여 소스의 질감과 윤기를 표현해 보겠습니다. [페인팅]–[아크릴]을 선택합니다.

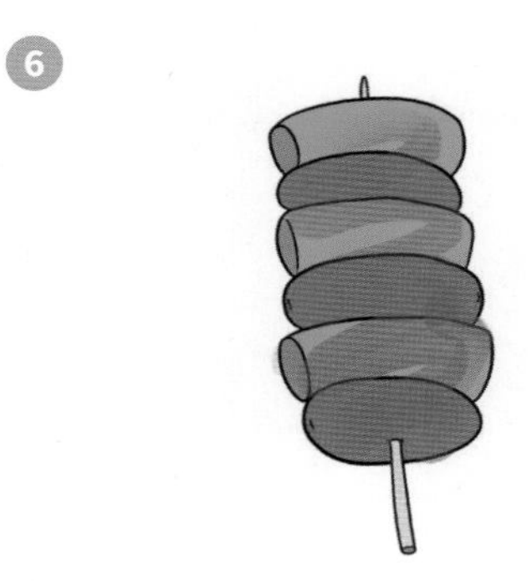

[색상] 탭에서 빨강색을 선택한 뒤, 소스를 바르듯 자연스럽게 소떡소떡 위에 색을 얹어줍니다. 곡선으로 발라주면 자연스럽게 표현할 수 있습니다.

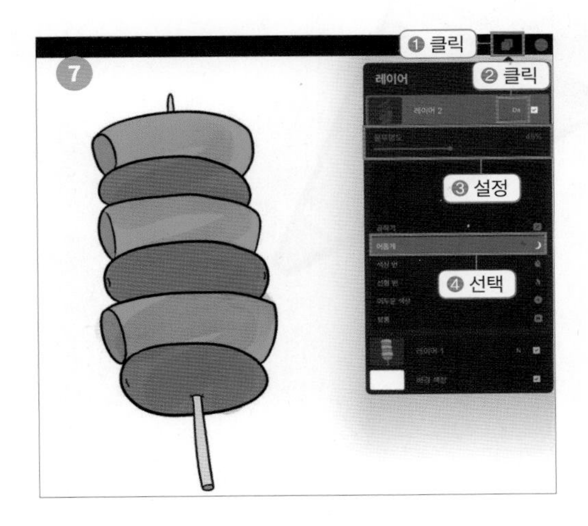

자연스럽게 색이 어우러지게 하기 위해 [레이어] 탭을 클릭한 후, 소스가 발려진 '레이어 2'의 블렌딩 모드를 변경해 보겠습니다. 'N' 버튼을 클릭한 뒤, 불투명도는 '45%', 모드는 '어둡게'를 선택합니다.

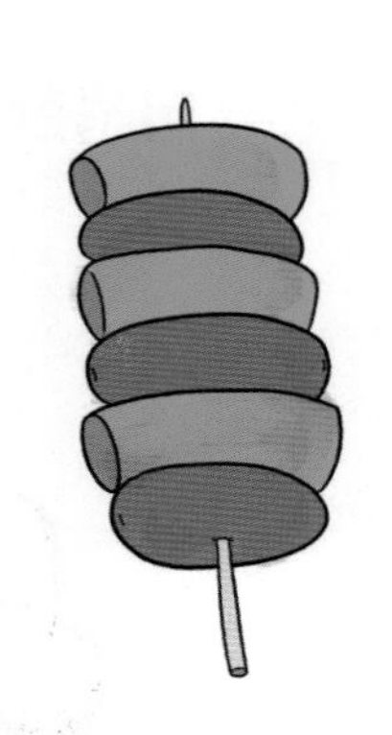

[색상] 탭에서 밝은 주황색을 선택합니다. 발려진 소스 위로 색을 풀어주듯 조금씩 색을 칠합니다.

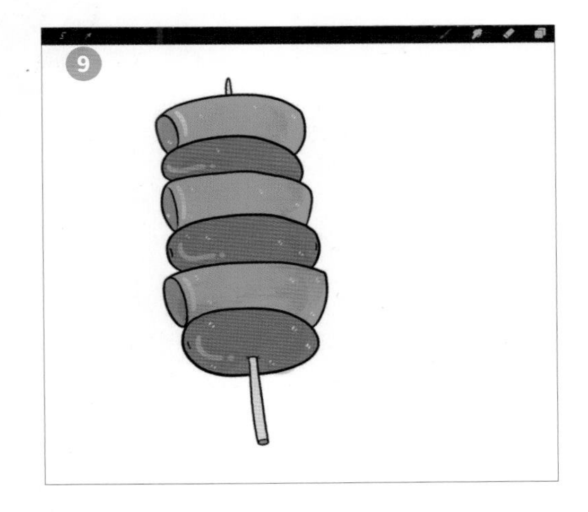

[레이어] 탭을 클릭하여 '레이어 1'을 선택한 후, 떡과 소시지에 자연스러운 윤기 선을 그립니다. 작은 점을 찍어서 꼬들꼬들한 느낌의 윤기도 더해줍니다. 휴게소 인기간식 소떡소떡이 완성되었습니다.

TIP : [브러시 라이브러리]에서 [잉크]-[테크니컬 펜]을 선택합니다.

04 달콤한 아이스크림

소요 시간
5분

난이도
중하

- **그림에 사용된 브러시**
- [잉크]-[테크니컬 펜] 부드럽고 균일한 선을 그릴 수 있어요.
- [잉크]-[시럽] 시럽을 뿌린 듯한 느낌을 줄 수 있어요.

- **그림에 사용된 주요 기능**
- 컬러 드롭 채색 방법

- **예쁘게 그리는 Point**
- 동그랗게 떠낸 아이스크림 스쿱 모양을 잘 표현해 주세요.
- 체리와 설탕 가루로 조금 더 화려한 아이스크림 느낌을 더해주세요.
- 와플 무늬는 마지막에 얇은 선으로 그려주면 편해요.

그리는 법

1

달콤한 콘 아이스크림의 외곽선을 그립니다.

2

첫 번째 아이스크림 위쪽 외곽선을 [지우개 툴]로 지운 후에 체리 한 알을 그립니다.

3

채색을 진행해 보겠습니다. [색상] 탭을 클릭한 후, 위쪽부터 알맞은 색을 골라 채색합니다. 체리는 체리색, 위의 아이스크림은 분홍색, 아래 아이스크림은 갈색을 선택하여 컬러 드롭하여 채색합니다.

4

[색상] 탭에서 흰색을 선택한 후, [시럽] 브러시로 아이스크림에 밝은 윤기를 넣어줍니다.

TIP : [브러시 라이브러리]에서 [잉크]-[시럽]을 클릭합니다.

5

연한 갈색으로 얇은 와플 무늬를 그립니다.

TIP : [브러시 라이브러리]에서 [잉크]-[테크니컬 펜]을 클릭합니다.

6

아이스크림의 윗부분에 빨강색, 주황색, 노랑색, 초록색, 하늘색, 분홍색 등 다양한 색들을 사용하여 설탕 가루를 뿌려주듯 작은 점을 콕콕 찍어줍니다. 드디어 달콤한 아이스크림이 완성되었습니다.

05 피크닉에 어울리는 삼각 샌드위치

소요 시간
6분

난이도
중하

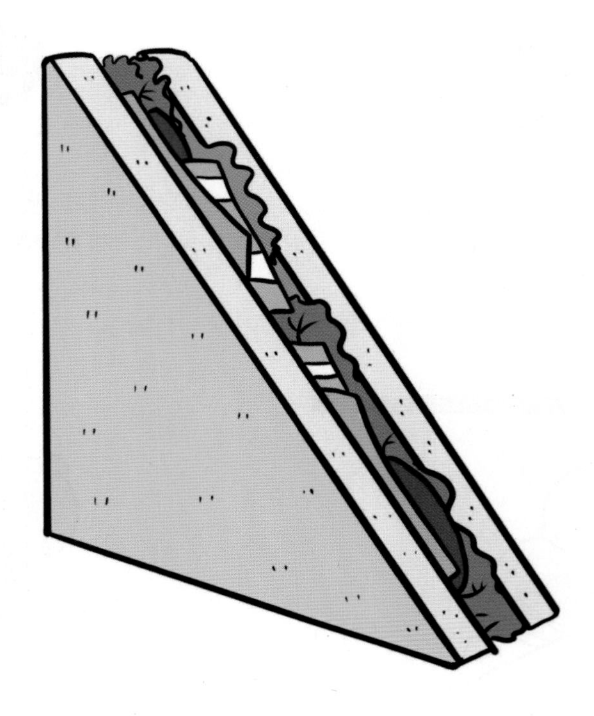

- **그림에 사용된 브러시**
  - [잉크]-[테크니컬 펜] 부드럽고 균일한 선을 그릴 수 있어요.
- **그림에 사용된 주요 기능**
  - 컬러 드롭 채색 방법
  - 레이어 추가하기: [레이어] 탭에서 '+' 버튼을 클릭해 새로운 레이어를 추가한 후, 채색용 레이어로 사용하는 방법이에요.
- **예쁘게 그리는 Point**
  - 각을 잘 살려서 그려줘요.
  - 샌드위치 안에 들어가는 토핑을 다양하게 그려주면 더욱 맛있어 보여요.

그리는 법

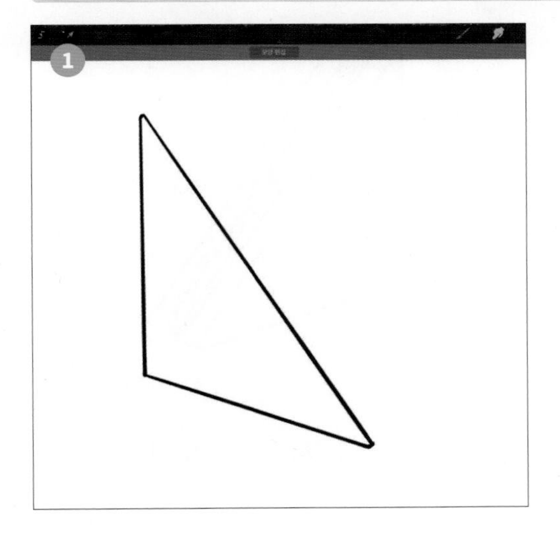

직각 삼각형을 그립니다.

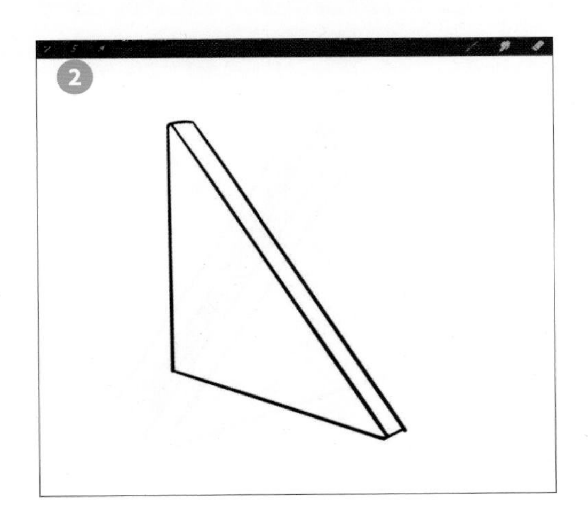

굵은 빵의 두께감을 표현하기 위해, 3개의 직선을 그립니다.

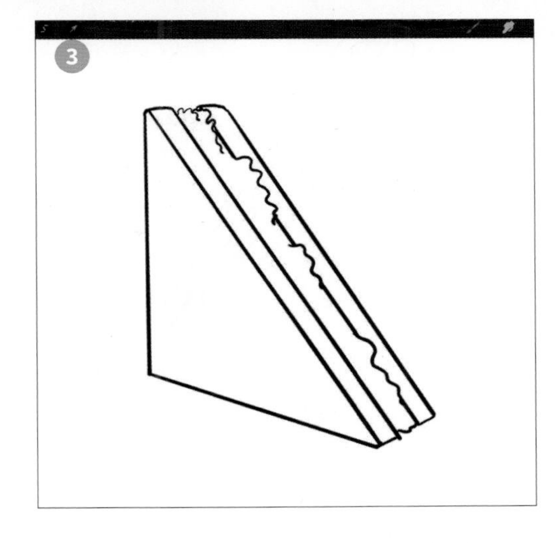

빵을 한 겹 더 만들어 준 후, 안쪽에 양상추를 그립니다.

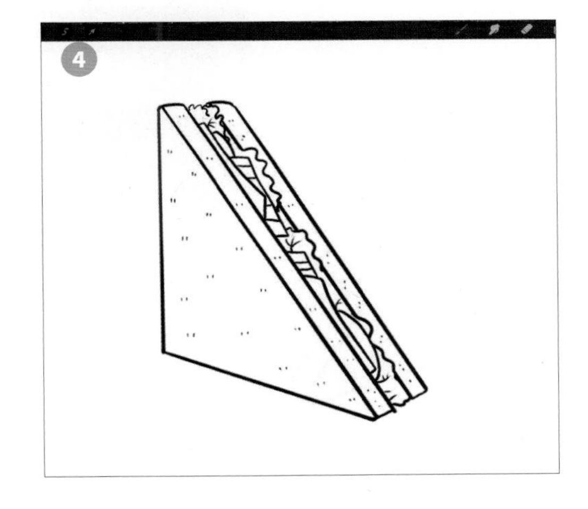

토마토, 베이컨, 치즈 등의 재료를 속 안에 그려 넣어 줍니다.

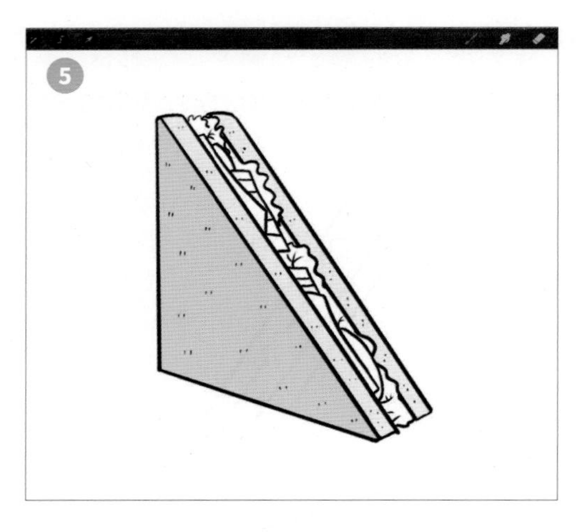

이제 채색을 해보겠습니다. [색상] 탭을 클릭한 후, 빵과 어울리는 옅은 노랑색을 선택하여 컬러 드롭하여 채색합니다. 샌드위치의 윗부분은 조금 더 밝고 옅은 노랑색을 선택하여 채색합니다.

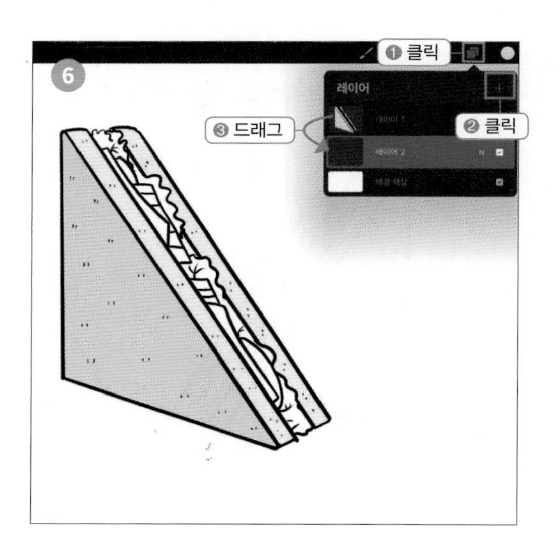

[레이어] 탭을 클릭한 후 새 레이어를 추가하기 위해 '+' 버튼을 클릭합니다. 추가된 '레이어 2'는 샌드위치 안의 속을 채색하는 레이어로 사용할 것입니다. '레이어 2'를 클릭한 상태에서 아래로 드래그해 레이어의 위치를 변경합니다. '레이어 2'가 '레이어 1'의 아래에 있도록 해줍니다.

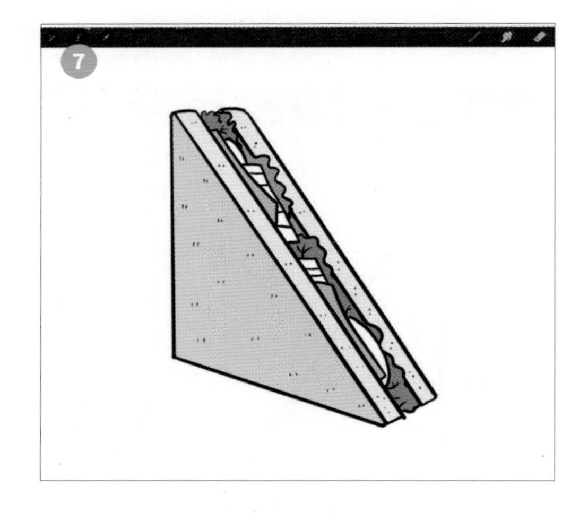

샌드위치의 속을 꼼꼼하게 채색해줍니다.

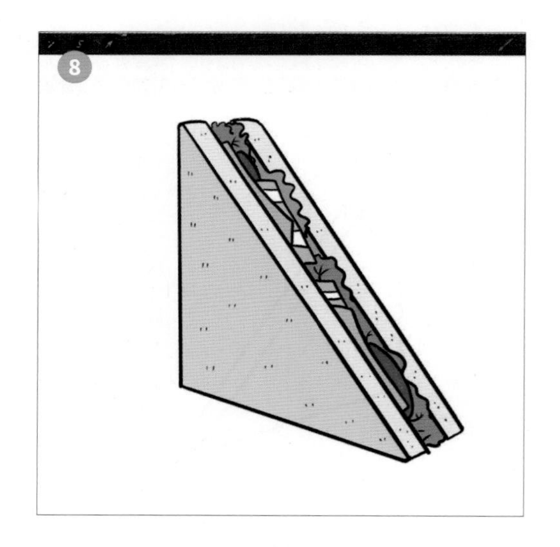

베이컨과 토마토도 알맞은 색상으로 쓱쓱 칠해줍니다. 피크닉에 어울리는 맛있는 샌드위치가 완성되었습니다.

: 음식

저녁에 외식을 한다면, 어떤 음식을 먹고 싶으신가요? 저는 가족들과 함께 먹고 싶은 4가지의 음식들을 골라보았어요. 치즈가 쭉 늘어나는 피자, 육즙이 가득한 스테이크, 토마토&미트 소스 스파게티와 담백한 아보카도 명란 덮밥까지. 음식이 눈 앞에 있는 것처럼 생생하고 귀엽게 그려 보도록 하겠습니다.

01 치즈가 쭈욱 늘어나는 피자

소요 시간
4분

난이도
중하

- **그림에 사용된 브러시**
  - [잉크]-[테크니컬 펜] 부드럽고 균일한 선을 그릴 수 있어요.
- **그림에 사용된 주요 기능**
  - 컬러 드롭 채색 방법
- **예쁘게 그리는 Point**
  - 동글동글한 역삼각형 모양을 그려줘요.
  - 좋아하는 피자 토핑을 적당한 간격으로 넣어주면 훨씬 맛있어 보여요.

그리는 법

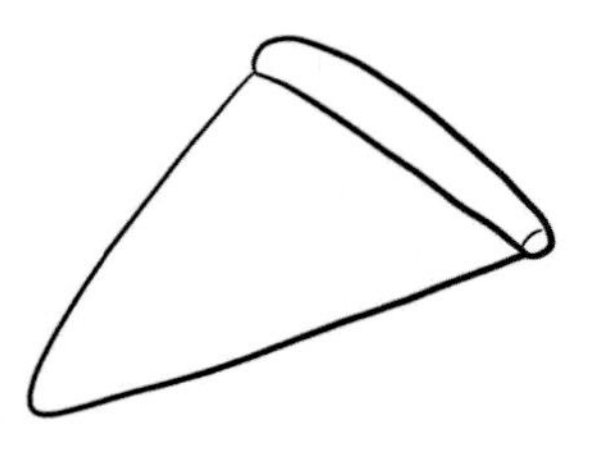

역삼각형 모양의 피자 한 조각을 그립니다.

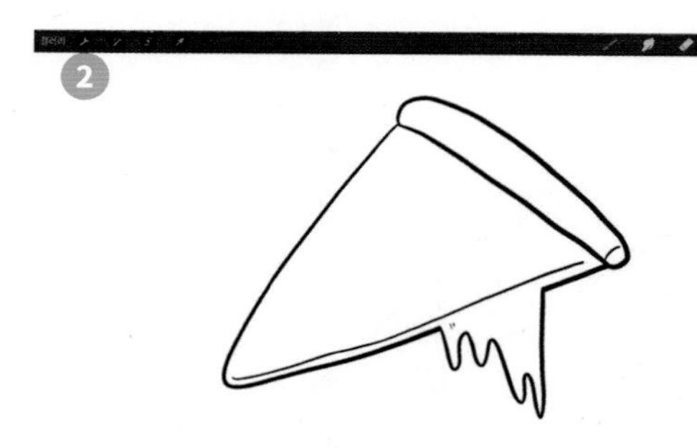

[지우개 툴]을 사용하여 피자의 아랫부분 외곽선을 지워준 후, 흘러내리는 피자 치즈를 그립니다. 피자의 두께를 보여줄 수 있는 얇은 선을 그립니다.

피자 도우 안에 좋아하는 토핑을 잔뜩 그려넣습니다. 저는 버섯, 피망, 올리브, 페페로니를 넣었습니다. 크러스트 부분에 약간의 얇은 선들을 넣어서 표면의 바삭바삭 구워진 느낌을 더해줍니다.

채색을 진행해 보겠습니다. [색상] 탭에서 치즈처럼 보이는 밝은 노랑색을 선택한 후, 컬러 드롭하여 채색합니다. 크러스트 부분은 진한 황토색으로 채색합니다.

그려놓은 토핑에 알맞은 색상을 컬러 드롭하여 채색합니다.

[색상] 탭에서 흰색에 가까운 노랑색을 선택한 후, 피자 치즈에서 윤기가 들어갈 부분에 얇은 선으로 광택을 넣어줍니다. 맛있는 피자가 완성되었습니다.

02 고급스러운 한우 스테이크

소요 시간
6분

난이도
중하

- **그림에 사용된 브러시**
- [잉크]-[테크니컬 펜] 부드럽고 균일한 선을 그릴 수 있어요.
- [에어브러시]-[소프트 브러시] 부드러운 색의 변화를 넣어줄 수 있어요.

- **그림에 사용된 주요 기능**
- 컬러 드롭 채색 방법

- **예쁘게 그리는 Point**
- 고기의 단면에 맺힌 부드러운 육즙을 표현해 줘요.
- 스테이크 옆에 좋아하는 가니쉬들을 추가하면 훨씬 맛있어 보여요.

그리는 법

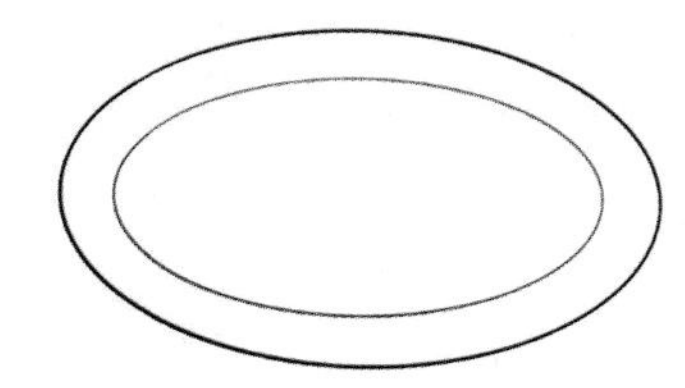

접시를 그려보겠습니다. 가로로 길쭉한 타원을 그립니다. 안쪽에는 조금 더 얇은 선으로 타원을 그립니다.

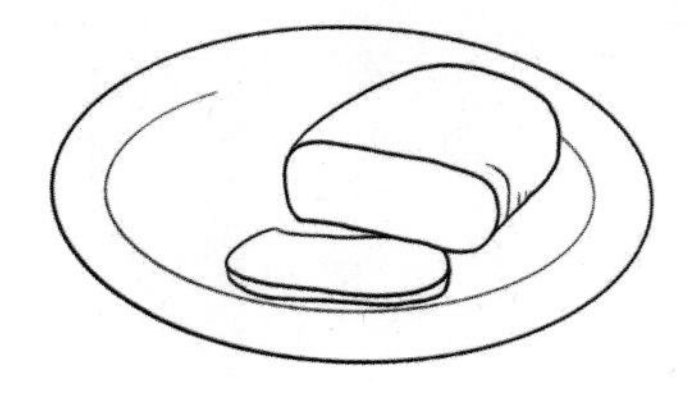

먼저 스테이크 한 덩이와 살짝 잘려진 스테이크 한 쪽의 외곽선들을 그립니다.

스테이크의 형태를 꼼꼼하게 그립니다. 노릇노릇하게 익은 스테이크의 겉부분, 살짝 올려진 허브를 표현해 주고, 가니쉬인 토마토와 샐러드, 바질 페스토, 감자튀김을 그립니다.

스테이크를 채색해 보겠습니다. [색상] 탭에서 스테이크에 어울리는 진한 갈색을 선택한 후, 컬러 드롭하여 겉부터 채색합니다. 안쪽의 껍질층은 탁한 분홍색으로, 속살층은 조금 더 밝은 분홍색으로 채색합니다.

스테이크의 속살층에 육즙과 핏기를 표현해줍니다. [색상] 탭에서 조금 더 탁한 분홍색을 선택한 후 살짝 문지르듯 색을 더해줍니다.

TIP : [브러시 라이브러리]에서 [에어브러시]-[소프트 브러시]를 선택합니다.

토마토와 샐러드도 꼼꼼하게 채색합니다.

접시를 원하는 색상으로 채색해줍니다. 고급스러운 한우 스테이크가 완성되었습니다.

03 새콤한 토마토 & 미트 소스 스파게티

소요 시간
5분

난이도
중하

- **그림에 사용된 브러시**
  - [잉크]-[테크니컬 펜] 부드럽고 균일한 선을 그릴 수 있어요.
- **그림에 사용된 주요 기능**
  - 컬러 드롭 채색 방법
- **예쁘게 그리는 Point**
  - 스파게티의 면은 가장 나중에 그려주면 편해요.
  - 스파게티 소스에 들어갔으면 하는 토핑을 더욱 다양하게 그려줘도 좋아요.
  - 마지막에 흰색으로 윤기를 더해주면 완성도가 높아져요.

그리는 법

1

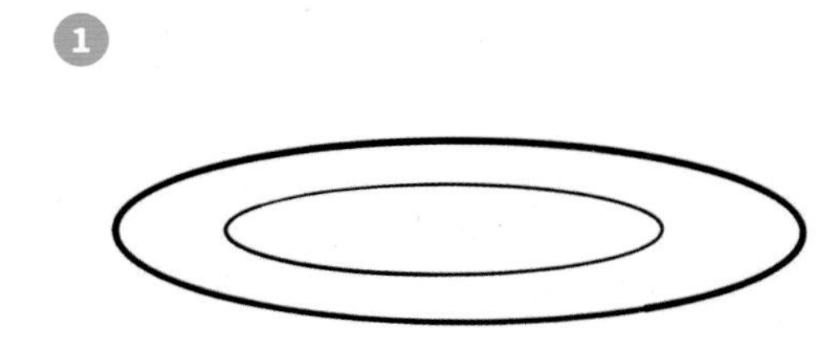

납작한 원 두 개를 그려 접시를 그립니다.

2

스파게티 면이 들어갈 자리를 만들어 주기 위해, [지우개 툴]로 접시의 일부 영역을 지워준 뒤 스파게티를 그려줍니다.

3

소스 부분에 허브 잎과 작은 고기, 후추 가루를 점으로 콕콕 찍어서 표현합니다.

4

이제 채색을 진행해 보겠습니다. [색상] 탭에서 스파게티에 어울리는 색상을 골라서 채색합니다.

5

[색상] 탭에서 연한 갈색을 선택한 후, 얇은 선으로 스파게티 면을 그립니다. 세밀하고 꼼꼼하게 그려 주는 것이 좋습니다.

6

[색상] 탭에서 흰색을 선택한 후, 스파게티 소스와 토핑 부분에 윤기를 표현합니다. 얇고 작은 곡선을 외곽선의 방향에 따라서 자연스럽게 그려 넣어줍니다. 토마토 미트 소스 스파게티가 완성되었습니다.

04 담백한 아보카도 명란 덮밥

소요 시간
6분

난이도
중

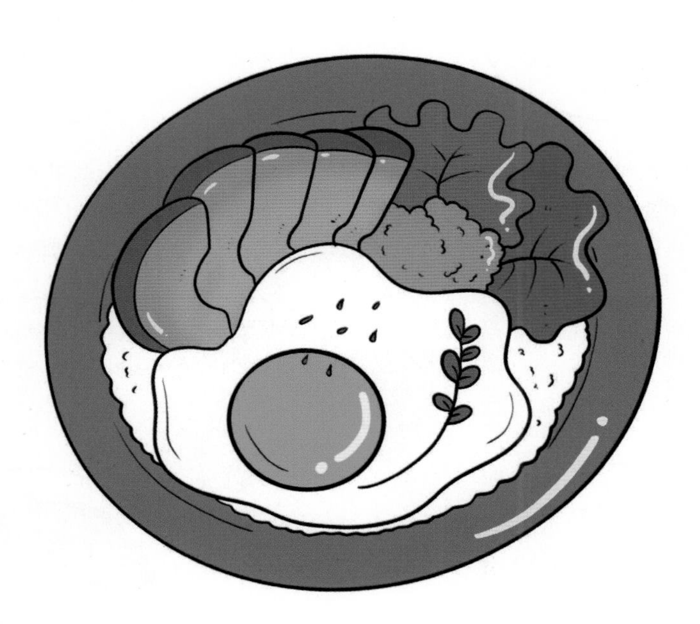

- **그림에 사용된 브러시**
  - [잉크]-[테크니컬 펜] 부드럽고 균일한 선을 그릴 수 있어요.
  - [에어브러시]-[소프트 브러시]  부드러운 색의 변화를 넣어줄 수 있어요.
- **그림에 사용된 주요 기능**
  - 컬러 드롭 채색 방법
  - [선택 영역 툴] - [자동 툴 자동] 기능으로 선택 영역 지정하기: 외곽선 안쪽에 선택 영역을 만들어줘요.
- **예쁘게 그리는 Point**
  - 토핑들을 가운데에 모여 있는 느낌으로 정갈하게 그려줘요.
  - 아보카도 속살의 부드러운 느낌을 더해주기 위해, 소프트 브러시를 사용하여 밝고 자연스러운 그러데이션을 넣어줘요.

그리는 법

동그란 접시를 그린 후 하단 부분에 계란 프라이를 하나 그립니다. 깨소금을 살짝 뿌려주면 좋습니다.

아보카도, 명란 젓갈, 상추, 밥, 새싹 잎을 그립니다.

3

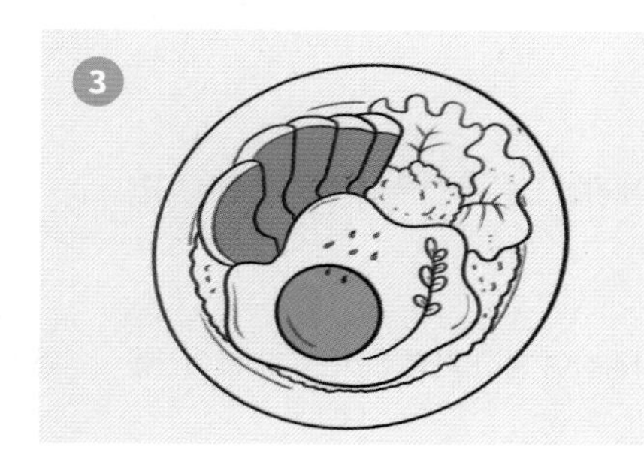

계란 노른자와 아보카도의 속살을 컬러 드롭하여 채색합니다.

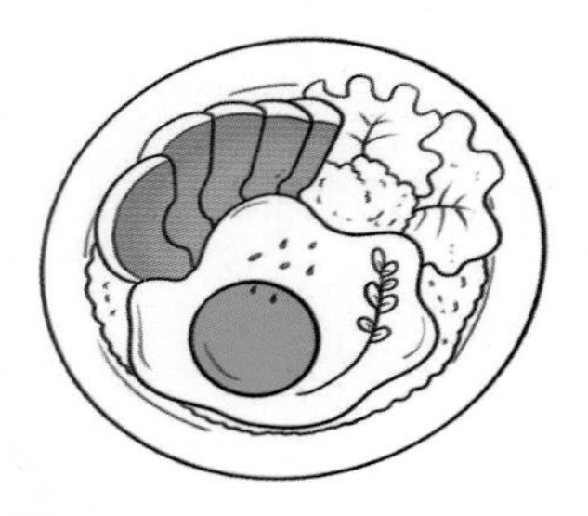

[선택 영역 툴]로 아보카도의 속살 부분을 모두 선택한 후, [에어브러시]로 아보카도의 속살 부분을 조금 더 밝은 연두색으로 부드럽게 칠해줍니다.

TIP : [브러시 라이브러리]에서 [에어브러시]-[소프트 에어브러시]를 선택합니다.

아보카도의 껍질, 명란 젓갈, 상추, 새싹 잎을 컬러 드롭하여 채색합니다.

6

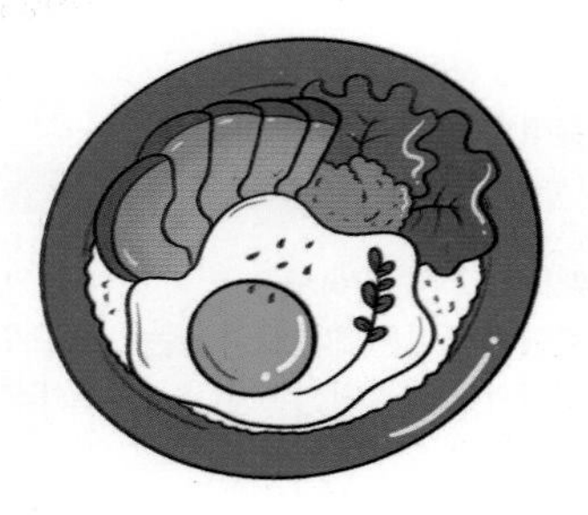

그릇을 파랑색으로 컬러 드롭하여 채색한 후, [테크티컬 펜]으로 흰색 윤기를 넣어줍니다.

TIP : [브러시 라이브러리]에서 [잉크]-[테크니컬 펜]을 선택합니다.

: 동물

이제는 귀엽고 사랑스러운 동물들을 그려볼까요? 아직은 초급 단계이니까 난이도가 쉬운 동물들을 위주로 모아보았습니다. 강아지, 고양이, 닭, 코끼리, 다람쥐, 고슴도치 상상만 해도 귀엽지 않나요? 이번엔 자동선택 툴과 레이어 사용이 많아지니까 과정을 천천히 따라와 주세요.

01 깜찍한 아기 웰시코기

소요 시간
6분

난이도
중

- **그림에 사용된 브러시**
  - [잉크]-[테크니컬 펜]  부드럽고 균일한 선을 그릴 수 있어요.
- **그림에 사용된 주요 기능**
  - 컬러 드롭 채색 방법
  - [선택 영역 툴] - [자동 툴 자동] 기능으로 선택 영역 지정하기: 외곽선 안쪽에 선택 영역을 만들어줘요.
- **예쁘게 그리는 Point**
  - 요즘 트렌드는 멈뭄미! 살짝 각이 진 듯한 느낌으로 그려주면 귀여워져요.
  - 웰시코기는 주황빛 갈색의 털이 생명이에요. 살짝 얼룩이 덮인 느낌으로 표현해 주세요.

그리는 법

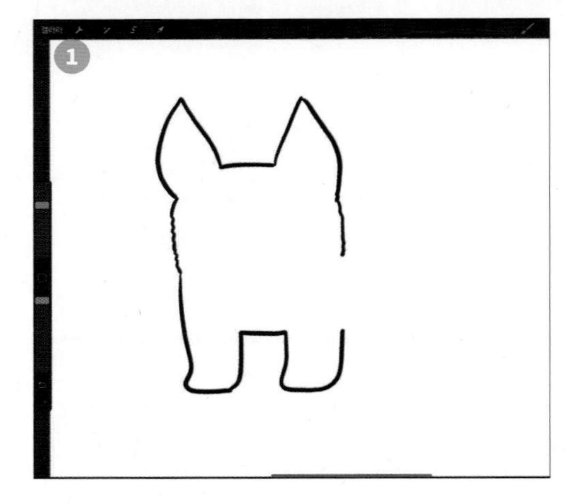

웰시코기의 머리와 앞발을 그립니다.

등과 뒷발, 꼬리를 그립니다.

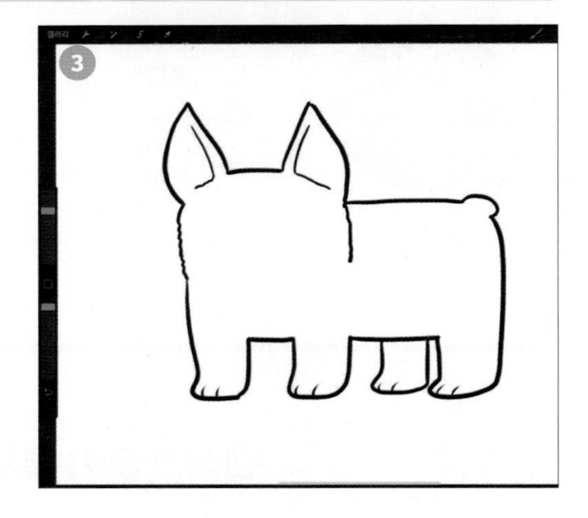

손에 힘을 빼고, 발에 얇은 선을 두 개씩 그립니다. 귀 안에 얇은 선을 그립니다.

귀여운 눈, 코, 입과 턱살을 그립니다.

[레이어] 탭을 클릭하고 '+' 버튼을 클릭해 새로운 레이어를 추가합니다. 새로 추가된 레이어는 '레이어 2'가 되며, 이 레이어는 채색용 레이어로 사용할 것입니다. '레이어 2'를 클릭한 뒤, '레이어 1'의 아래로 드래그하여 위치를 변경합니다.

웰시코기는 흰색과 주황 + 갈색빛의 털이 섞여있는 견종입니다. [색상] 탭에서 주황 + 갈색빛이 섞인 듯한 색을 선택한 뒤, 얼룩이 들어갈 부분의 영역을 선이 이어지도록 깔끔하게 그립니다.

선과 동일한 색으로 컬러 드롭하여 채색합니다. 웰시코기의 혀는 분홍색으로 꼼꼼하게 칠해줍니다.

웰시코기의 귀 안쪽 살은 선홍빛으로 채색합니다. 귀 안쪽의 구멍은 조금 더 진한 선홍빛으로 채색합니다. 깜찍한 아기 웰시코기가 완성되었습니다.

02 통통한 회색 고양이

소요 시간
6분

난이도
중

- **그림에 사용된 브러시**
  - [잉크]-[테크니컬 펜] 부드럽고 균일한 선을 그릴 수 있어요.
- **그림에 사용된 주요 기능**
  - 컬러 드롭 채색 방법
  - [선택 영역 툴] - [자동 툴 자동] 기능으로 선택 영역 지정하기: 외곽선 안쪽에 선택 영역을 만들어줘요.
- **예쁘게 그리는 Point**
  - 고양이 몸의 부드러운 곡선들을 잘 살려서 그려주세요.
  - 살짝 화난 듯 새침해 보이는 고양이 눈매를 날렵하게 표현해 주세요.

그리는 법

고양이의 통통한 몸을 그립니다.

고양이의 날렵한 눈, 코, 입과 볼의 수염, 턱살과 가슴 털을 차례대로 그립니다. 수염이나 털과 같은 부분은 최대한 얇은 선으로 그려주면 예쁩니다. 손에 힘을 빼고 그리거나 브러시의 굵기를 조절하여 그립니다.

[색상] 탭에서 진한 회색을 선택한 뒤, 고양이의 몸과 꼬리 부분에 컬러 드롭하여 채색합니다.

[선택 영역 툴]을 클릭한 뒤, 아래에 활성화되는 메뉴에서 [자동] 모드를 선택합니다. 고양이의 몸과 꼬리 부분을 모두 클릭합니다.

[색상] 탭에서 흰색을 선택합니다. 선택 영역으로 지정된 고양이의 몸 안쪽에 흰색 영역을 선으로 잡아준 후, 흰색으로 컬러 드롭하여 채색합니다. 통통한 회색 고양이 그림이 완성되었습니다.

03 물을 뿜는 아기 코끼리

소요 시간
4분

난이도
하

- **그림에 사용된 브러시**
  - [잉크]-[테크니컬 펜] 부드럽고 균일한 선을 그릴 수 있어요.
- **그림에 사용된 주요 기능**
  - 컬러 드롭 채색 방법
  - [선택 영역 툴] - [자동 툴 자동] 기능으로 선택 영역 지정하기: 외곽선 안쪽에 선택 영역을 만들어줘요.
- **예쁘게 그리는 Point**
  - 코와 귀를 크게 그려줘요.
  - 물을 뿜는 모습을 더해주면 훨씬 더 귀여워 보여요.

그리는 법

1

코끼리의 귀여운 얼굴을 그립니다.

2

코끼리의 몸과 꼬리, 뿜어져 나오는 물을 그립니다.

3

[색상] 탭에서 회색을 선택한 후, 코끼리의 얼굴과 몸에 컬러 드롭하여 채색합니다.

4

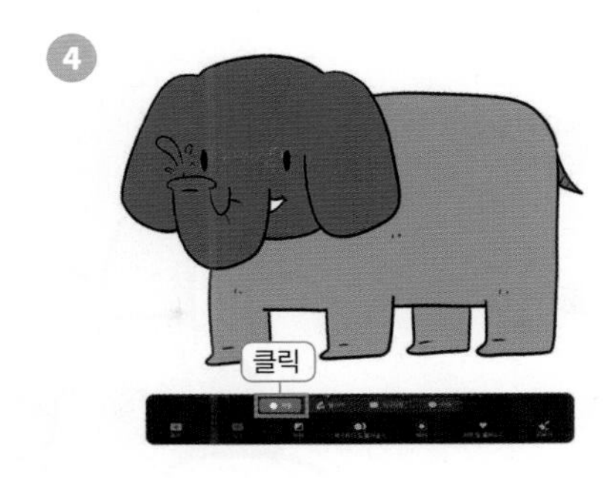

[선택 영역 툴]을 클릭한 뒤, 아래에 활성화되는 메뉴에서 [자동] 모드를 선택합니다. 그 다음 코끼리의 얼굴 부분을 클릭합니다.

5

[색상] 탭에서 하늘색을 선택한 후, 코끼리가 뿜어낸 물줄기 부분을 꼼꼼하게 칠해줍니다.

6

귀여운 아기 코끼리 그림이 완성되었습니다.

04 화려한 털을 지닌 수탉

소요 시간
6분

난이도
중

- **그림에 사용된 브러시**
  - [잉크]-[테크니컬 펜] 부드럽고 균일한 선을 그릴 수 있어요.
- **그림에 사용된 주요 기능**
  - 컬러 드롭 채색 방법
  - [선택 영역 툴] - [자동 툴 자동] 기능으로 선택 영역 지정하기: 외곽선 안쪽에 선택 영역을 만들어줘요.
- **예쁘게 그리는 Point**
  - 수탉은 다양한 색상의 털을 갖고 있기 때문에, 하나의 색보다는 여러 가지의 색을 사용해 주는 것이 좋아요.
  - 수탉은 머리와 목에 붉은 볏이 있어요. 이 볏을 동글동글하고 멋있게 그려줘요.

그리는 법

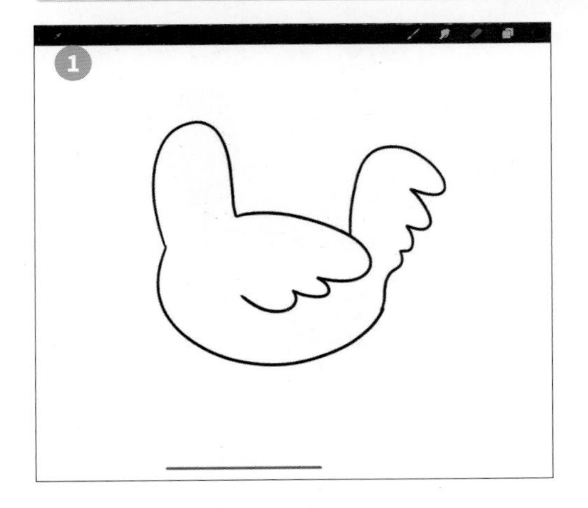

수탉의 동글동글한 몸을 그립니다.

닭의 윗볏, 눈, 입, 아랫볏을 순서대로 그립니다.

[지우개 툴]로 다리가 들어갈 부분을 살짝 지워준 뒤, 닭발을 자연스럽게 이어서 그립니다. 허벅지 살을 살짝 두툼하게 그려주면 좋습니다.

[색상] 탭에서 닭의 몸에 알맞은 색상을 선택한 후, 컬러 드롭하여 채색합니다. 저는 볏은 붉은색, 몸은 주황색, 부리는 노랑색으로 채색했습니다.

[선택 영역 툴]을 클릭한 뒤, 아래에 활성화되는 메뉴에서 [자동] 모드를 선택합니다. 닭의 몸 부분을 클릭합니다.

[색상] 탭에서 흰색을 선택한 뒤, 얼룩이 들어갈 부분의 영역을 선이 이어지도록 깔끔하게 그립니다. 컬러 드롭하여 채색하면 흰털 영역이 완성됩니다.

[색상] 탭에서 검정색을 선택한 뒤, 꼬리의 영역을 선이 이어지도록 깔끔하게 그려줍니다. 컬러 드롭하여 채색하면 검정색 털 영역이 완성됩니다.

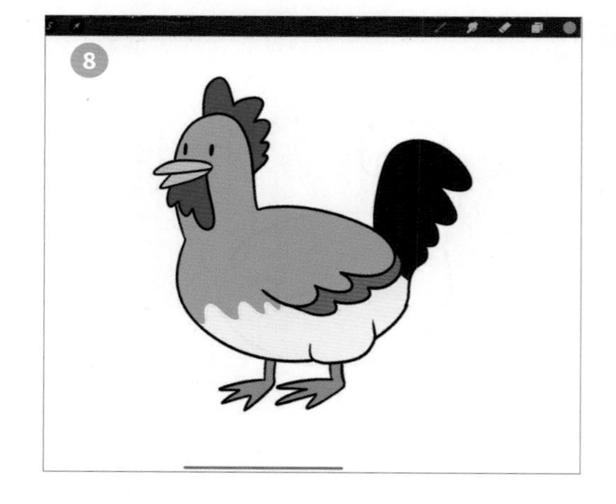

닭의 날개 아래쪽 부분과 발 부분을 갈색 계열의 색으로 채색합니다. 화려한 털을 지닌 수탉이 완성되었습니다.

05 동그란 꼬마 고슴도치

소요 시간
6분

난이도
중

- **그림에 사용된 브러시**
  - [잉크]-[테크니컬 펜] 부드럽고 균일한 선을 그릴 수 있어요.
- **그림에 사용된 주요 기능**
  - 컬러 드롭 채색 방법
- **예쁘게 그리는 Point**
  - 고슴도치가 배를 보이며 누워있는 포즈로 그려줘요.
  - 고슴도치의 가시는 바깥쪽을 향하고, 살짝 내려져 있도록 그려주세요. 경계를 풀 때 고슴도치의 가시는 아래 방향으로 내려가거든요.

그리는 법

고슴도치의 귀여운 두 귀를 동그랗게 그립니다. 귀 사이의 가시는 작은 선으로 촘촘히 그려넣습니다.

고슴도치의 몸의 크기만큼 가시를 촘촘하게 그려줍니다. 가시는 바깥쪽을 향하는 것이 좋습니다.

고슴도치의 귀여운 눈, 코, 입과 팔, 다리, 배꼽을 그립니다.

[레이어] 탭을 클릭하고 '+' 버튼을 클릭해 새로운 레이어를 추가합니다. 새로 추가된 레이어는 '레이어 2'가 되며, 이 레이어는 채색용 레이어로 사용할 것입니다. '레이어 2'를 클릭한 뒤, '레이어 1'의 아래로 드래그하여 위치를 변경합니다.

5

[색상] 탭에서 갈색을 선택한 후, 고슴도치의 가시 영역 부분을 동글동글하게 선으로 이어 그립니다.

6

컬러 드롭하여 채색합니다.

7

고슴도치의 배 영역은 흰색으로 동그랗게 잡아서 선을 그립니다.

8

선을 그린 흰색을 컬러 드롭하여 채색합니다.

9

귀 부분은 조금 더 진한 고동색으로 깔끔하게 칠합니다.

10

고슴도치의 머리와 귀 부분을 조금 더 동글동글하고 자연스럽게 보이도록 정해줍니다. 그 다음 고슴도치 볼의 홍조와 팔, 다리 부분을 채색합니다.

11

[레이어] 탭을 클릭한 후 '레이어 1'을 선택한 상태에서 [지우개 툴]로 고슴도치의 배 안쪽 가시 부분을 살짝 지워가며 깔끔하게 다듬어 줍니다. 작고 귀여운 고슴도치가 완성되었습니다.

06 산 속의 친구 다람쥐

소요 시간
8분

난이도
중

- **그림에 사용된 브러시**
  - [잉크]-[테크니컬 펜] 부드럽고 균일한 선을 그릴 수 있어요.
- **그림에 사용된 주요 기능**
  - [선택 영역 툴] - [자동 툴 자동] 기능으로 지정하기: 지정된 부분에만 덧칠을 해줄 수 있어요.
- **예쁘게 그리는 Point**
  - 앞니를 크게 그립니다.
  - 꼬리가 몸통만큼 크게 그려지면 더욱 귀엽게 표현됩니다.

그리는 법

호두를 들고 있는 다람쥐의 상체를 그립니다.

다람쥐의 배와 발을 그립니다. 이때 발은 길쭉하게 그려주면 좋습니다. 꼬리가 들어갈 부분은 지워서 그릴 공간을 준비해 둡니다.

꼬리를 몸통만큼 크게 그립니다. 이때 꼬리의 끝을 그리는 선이 안쪽으로 골뱅이처럼 빙그르르 들어가게 그립니다. 꼬리 안에 길다란 S자의 줄무늬를 하나 그립니다.

카라멜이 생각나는 부드러운 황토색을 색상환에서 고른 후 컬러 드롭하여 채색합니다.

머리 위의 줄무늬와 꼬리 쪽의 줄무늬에 초콜릿이 떠오르는 갈색을 채워줍니다. 호두와 귀도 꼼꼼하게 색칠합니다.

배를 선택 영역으로 지정하겠습니다. [선택 영역 툴]–[자동 툴 자동]을 선택하여 다람쥐의 배 부분의 영역을 클릭합니다.

브러시를 선택한 후, 배의 한가운데 부분에 흰색의 영역을 그립니다.

흰색 영역의 안쪽을 흰색으로 컬러 드롭하여 채워줍니다. 앙증맞은 다람쥐 그림이 완성되었습니다.

PART 4

중급 드로잉 따라하기

우리 주변에 가까이 있는 컴퓨터, 핸드폰, 자동차
그리고 우산, 소파, 침대 등의 사물을 그린 후에
귀여운 아기와 소년, 소녀들도 그려보겠습니다.

: 가구 & 소품

01 편안한 거실 소파

소요 시간
4분

난이도
중하

- **그림에 사용된 브러시**
- [잉크]-[테크니컬 펜] 부드럽고 균일한 선을 그릴 수 있어요.
- **그림에 사용된 주요 기능**
- 컬러 드롭 채색 방법
- [선택 영역 툴] - [자동 툴 자동] 기능으로 선택 영역 지정하기: 외곽선 안쪽에 선택 영역을 만들어 줘요.
- **예쁘게 그리는 Point**
- 휴식을 취하는 가구인 만큼 푹신푹신하게, 편안하게 그려주세요.
- 화려한 원색의 색상보다는 단조로운 녹색 / 회색 톤의 색상이 잘 어울려요.

그리는 법

1

소파의 외곽선을 그립니다.

2

의자의 등받이 부분에 얇은 선으로 안으로 들어간 듯한 굴곡을 그립니다.

3

쿠션이 들어갈 자리를 [지우개 툴]로 지워줍니다. 지우개의 사이즈를 작게 줄인 후 지워줘야 합니다.

4

작은 사이즈의 쿠션을 그려 넣습니다.

5

[색상] 탭에서 옥색을 선택한 후, 소파의 전체적인 부분에 컬러 드롭하여 채색합니다.

6

[색상] 탭에서 밝은 연두색을 선택한 뒤, 쿠션을 컬러 드롭하여 채색합니다. 거실의 편안한 소파가 완성되었습니다.

02 꽃무늬 장우산

소요 시간
7분

난이도
중

- **그림에 사용된 브러시**
- [잉크]-[테크니컬 펜] 부드럽고 균일한 선을 그릴 수 있어요.

- **그림에 사용된 주요 기능**
- 컬러 드롭 채색 방법
- [선택 영역] - [복사하기 및 붙여넣기]: 그려놓은 그림을 복사하기 및 붙여넣기 기능으로 복제합니다.
- [레이어] - [복제]: 레이어 탭에서 레이어를 왼쪽으로 살짝 밀어주면 복제 버튼이 나와요. 복제 버튼을 누르면 레이어가 하나 더 복제됩니다.

- **예쁘게 그리는 Point**
- 접힌 우산과 펴진 우산을 같이 그려줘요.
- 우산에 무늬를 넣으면 훨씬 더 화려해져요. 여러분이 좋아하는 무늬를 추가해 보세요.

그리는 법

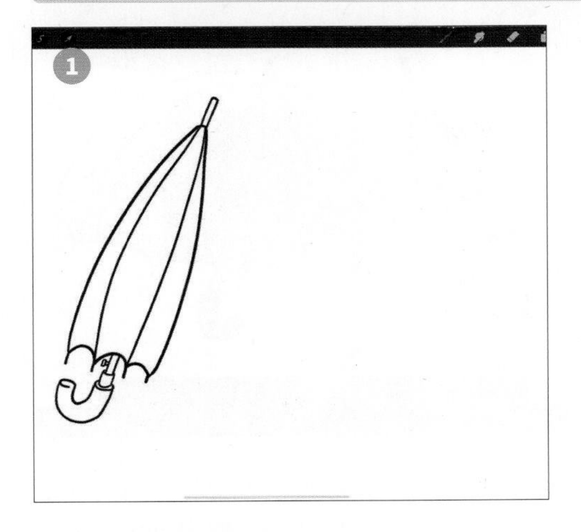

접혀져있는 우산을 그립니다.

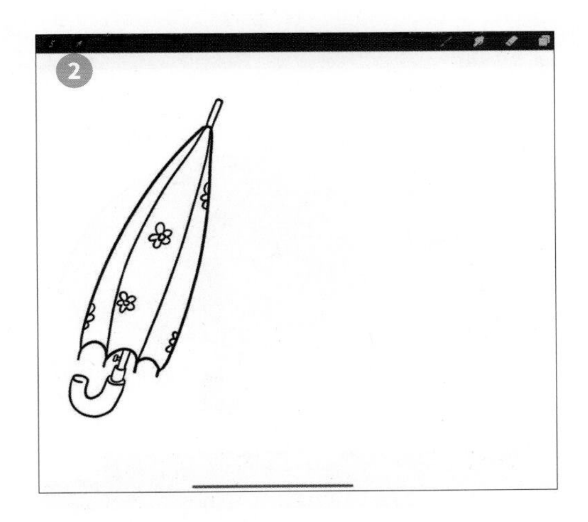

작고 귀여운 꽃무늬를 더해줍니다. 이때 다른 무늬를 넣어도 좋습니다.

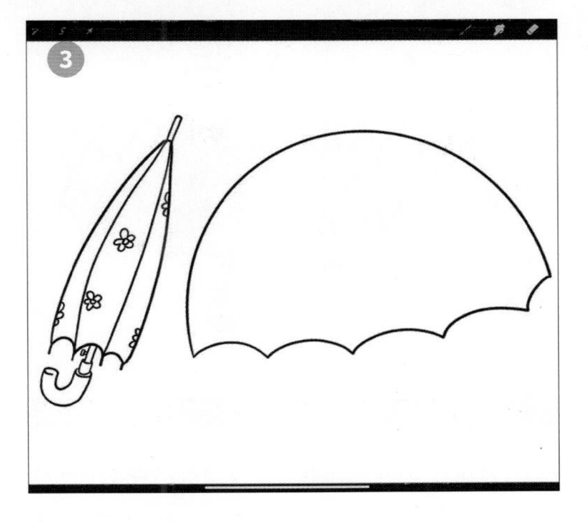

접혀진 우산 옆에 활짝 펴져있는 우산도 그려주겠습니다.

우산의 꼭지와 손잡이 부분을 그립니다. 왼쪽 우산과 동일하게, 우산을 펴는 수동 버튼과 봉 부분을 세밀하게 표현합니다.

이제 채색을 진행하겠습니다. [색상] 탭에서 우산의 각 면에 들어갈 색상을 골라준 뒤, 컬러 드롭하여 채색합니다. 저는 무지개 색 우산을 표현하기 위해 빨강색, 주황색, 노랑색 등을 넣었습니다.

우산 옆에 귀여운 크기의 꽃을 하나 그립니다. [색상] 탭에서 알맞은 색을 골라서 꽃을 컬러 드롭하여 채색합니다. 이때 꽃의 흰부분은 흰색을 넣어 채색해야 합니다.

TIP : 흰색의 꽃을 만들 때 배경에 흰색을 넣어줘야 꽃의 잎이 보입니다.

[선택 영역 툴]을 클릭한 뒤, 아래의 활성화되는 메뉴에서 [올가미] 모드를 선택합니다. 복제할 영역을 동그랗게 그려서 잡아줍니다.

아래의 활성화되는 메뉴에서 [복사하기 및 붙여넣기] 버튼을 클릭합니다.

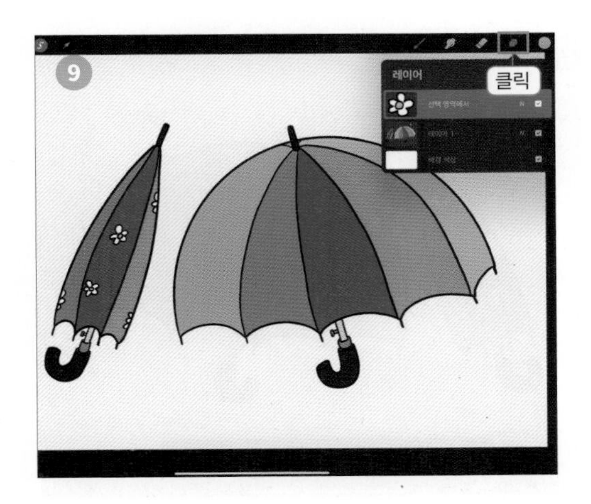

[레이어] 탭을 클릭하면 꽃이 복제된 것을 볼 수 있습니다.

복제된 꽃을 [변형 툴]을 클릭하여 원하는 위치에 옮겨줍니다. 이동을 끝낸 후에는 [변형 툴]을 한 번 더 클릭해서 비활성화를 해줍니다.

이제 더욱 간편하게 복제해 보겠습니다. 꽃이 붙여넣기 되어 있는 '선택 영역에서' 레이어를 왼쪽으로 밀어줍니다. 그러면 세 개의 버튼이 활성화됩니다. 여기서 [복제]를 클릭합니다.

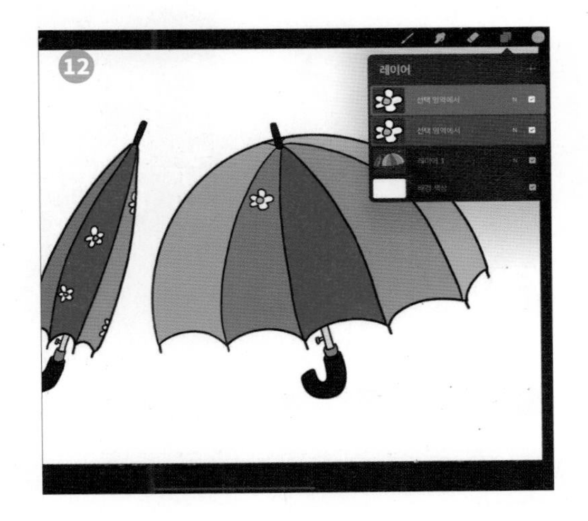

'선택 영역에서' 레이어가 복제된 것을 볼 수 있습니다.

복제된 꽃을 [변형 툴]을 클릭하여 적절한 위치에 옮겨줍니다.

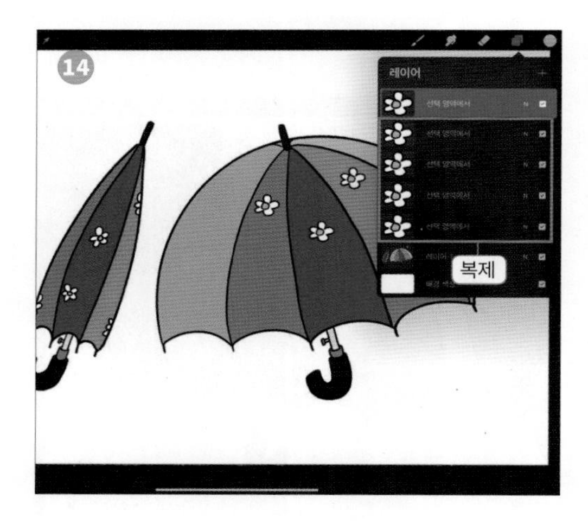

11번의 방법을 반복하여 레이어를 3~4개 더 복제합니다.

복제한 레이어들을 선택한 후, [변형 툴]로 이동하여 꽃을 알맞은 위치에 배치합니다.

[레이어] 탭을 클릭한 후, '레이어 1'에 남겨진 꽃을 [지우개 툴]로 지워줍니다. 그러면 꽃무늬 우산 그림이 완성됩니다.

03 폭신한 안방 침대

소요 시간
7분

난이도
중

- **그림에 사용된 브러시**
- [잉크]-[테크니컬 펜] 테크니컬 펜 부드럽고 균일한 선을 그릴 수 있어요.

- **그림에 사용된 주요 기능**
- 컬러 드롭 채색 방법
- [선택 영역 툴] - [자동 툴 자동] 기능으로 선택 영역 지정하기: 외곽선 안쪽에 선택 영역을 만들어 줘요.

- **예쁘게 그리는 Point**
- 침구에 주름진 느낌을 더해주기 위해 얇은 선들을 그려줘요.
- 이불에 좋아하는 무늬를 그려 넣어 주세요.

그리는 법

1

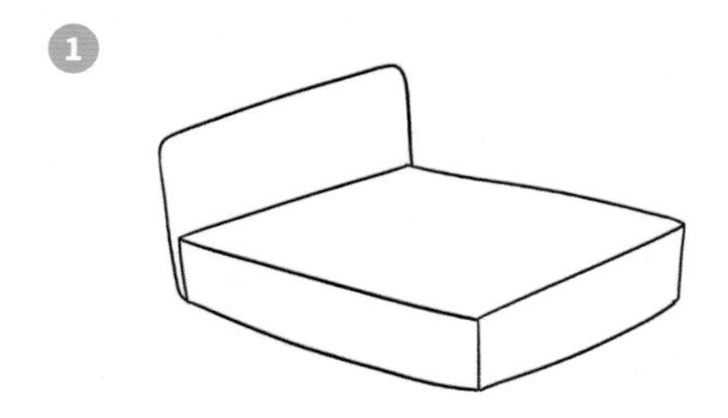

침대 헤드와 매트리스를 그립니다.

2

[지우개 툴]을 클릭하여 베개가 들어갈 부분을 지워준 뒤, 길쭉한 베개를 그려 넣습니다.

3

매트리스를 [지우개 툴]로 살짝 지운 뒤, 이불을 그립니다. 그 다음 베개와 침대 헤드, 이불 위의 잔선들을 얇은 선으로 그립니다.

4

[색상] 탭에서 침구에 어울리는 색상들을 선택한 뒤, 각 부분에 컬러 드롭하여 채색합니다.

5

[선택 영역 툴]을 클릭한 뒤, 아래에 활성화되는 메뉴에서 [자동] 모드를 선택합니다. 매트리스 부분을 클릭합니다.

6

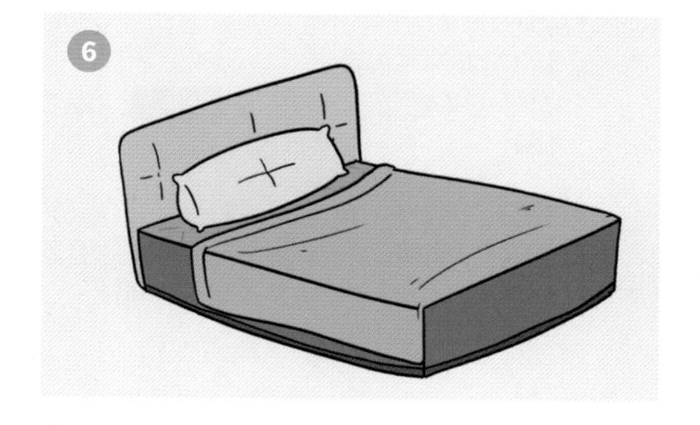

[색상] 탭에서 침대 매트리스보다 조금 더 진하고 채도가 낮은 색을 선택합니다. 저는 진한 회색을 선택한 뒤, 얇은 선으로 매트리스 위에 격자무늬를 그렸습니다.

[선택 영역 툴]을 클릭한 뒤, 아래에 활성화되는 메뉴에서 [자동] 모드를 선택합니다. 이불 부분을 클릭합니다.

[색상] 탭에서 흰색을 선택한 뒤, 이불의 상단 부분을 채색합니다.

이불 부분에 동그란 무늬를 그립니다.

다시 [선택 영역 툴]을 클릭하면 선택 영역으로 지정된 화면이 해제됩니다. 포근한 침대 그림이 완성되었습니다.

04 편안한 민트색 운동화

소요 시간
7분

난이도
중

- **그림에 사용된 브러시**
- [잉크]-[테크니컬 펜] 부드럽고 균일한 선을 그릴 수 있어요.
- **그림에 사용된 주요 기능**
- 컬러 드롭 채색 방법
- [레이어]-[복제]: 레이어 탭에서 레이어를 왼쪽으로 살짝 밀어주면 복제 버튼이 나와요. 복제 버튼을 클릭하면 레이어가 하나 더 복제됩니다.
- **예쁘게 그리는 Point**
- 신발 한 짝을 먼저 그려준 후, 복제하여 한 켤레로 완성해 줘요.
- 발을 잘 보호해 주도록 동글동글하고 푹신푹신하게 그려주세요.

그리는 법

1

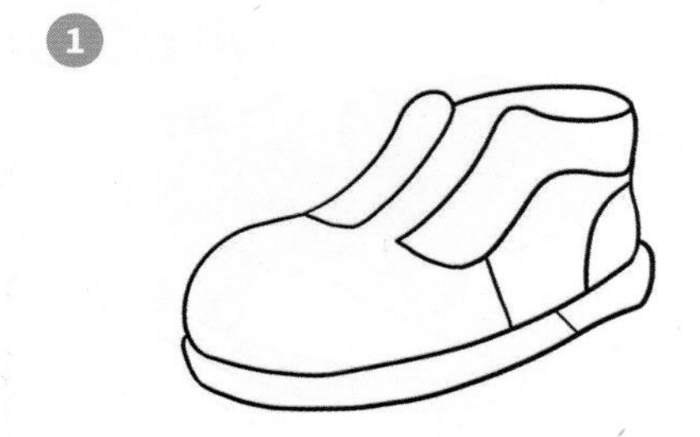

운동화 한 짝을 먼저 그립니다.

2

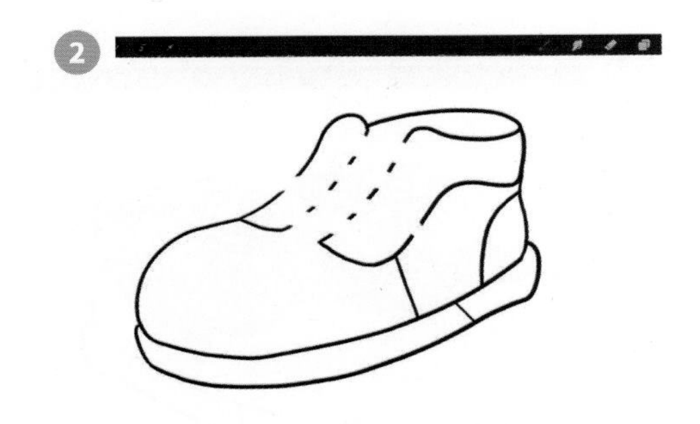

[지우개 툴]을 클릭한 후, 운동화의 신발끈이 들어갈 부분을 살짝 지워줍니다.

3

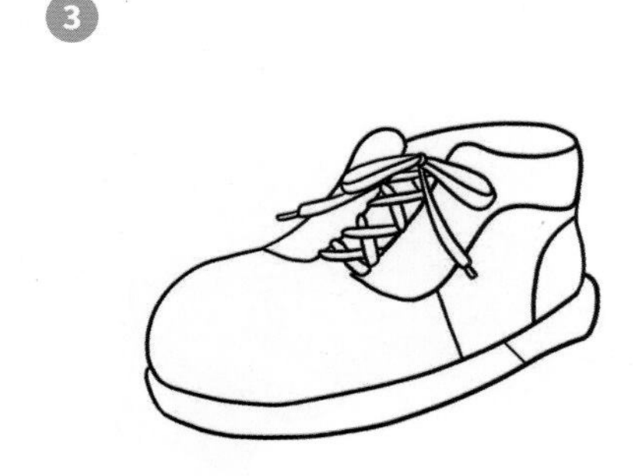

지워진 부분 사이로 운동화 끈을 그립니다.

4

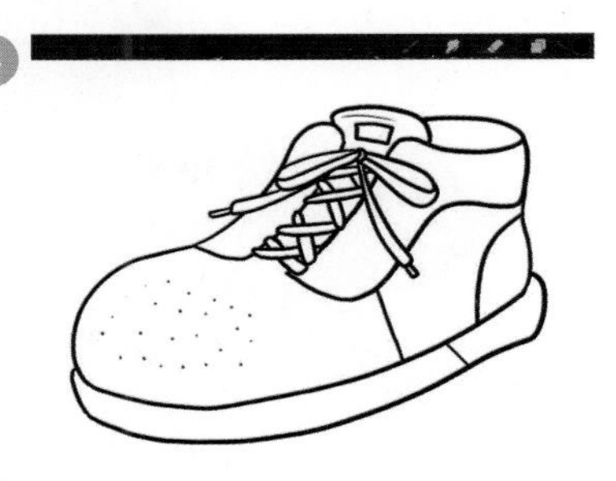

[지우개 툴]로 운동화의 윗부분을 살짝 지운 뒤 운동화의 발목 부분을 그립니다. 신발의 앞부분에 작은 구멍들을 콕 찍어 순환구를 만듭니다.

5

[색상] 탭에서 운동화에 잘 어울리는 색을 선택한 후, 운동화의 각 부분에 컬러 드롭하여 채색합니다.

6

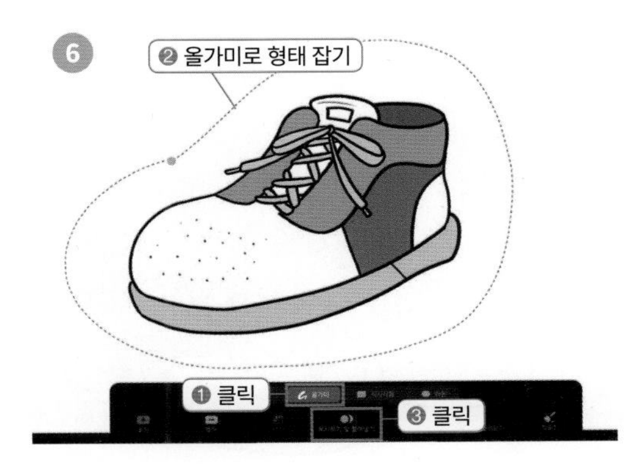

[선택 영역 툴]을 클릭한 뒤, 아래에 활성화되는 메뉴에서 [올가미] 모드를 선택합니다. 완성된 신발 영역을 동그랗게 그려서 잡아줍니다. 아래의 활성화 메뉴에서 [복사하기 및 붙여넣기] 버튼을 클릭합니다.

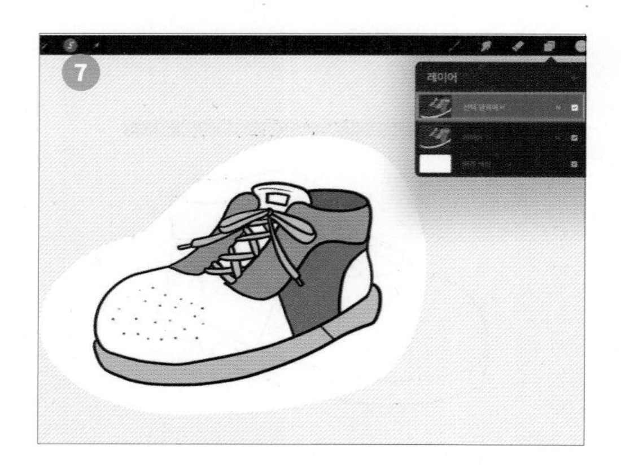

[레이어] 탭을 보면 '선택 영역에서'라는 이름으로 복제된 신발의 모습을 볼 수 있습니다.

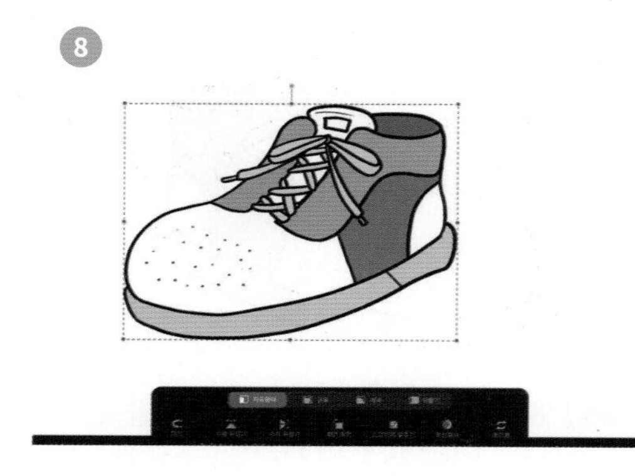

[변형 툴]을 클릭한 후 복제된 신발을 이동해 보겠습니다.

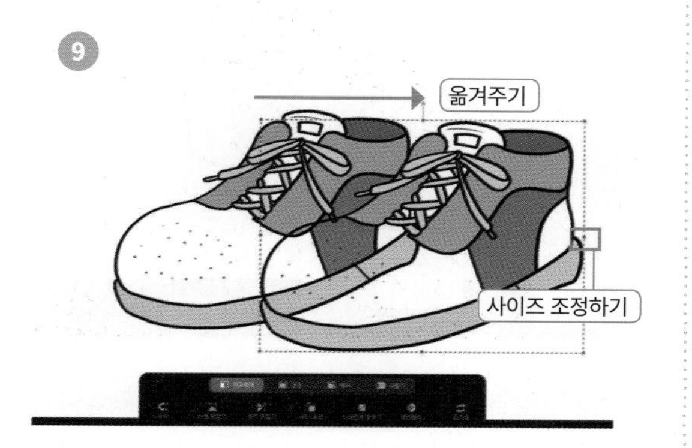

신발을 오른쪽으로 옮겨준 후, 활성화된 네모 버튼을 클릭하여 가로가 살짝 더 넓도록 사이즈를 조정합니다.

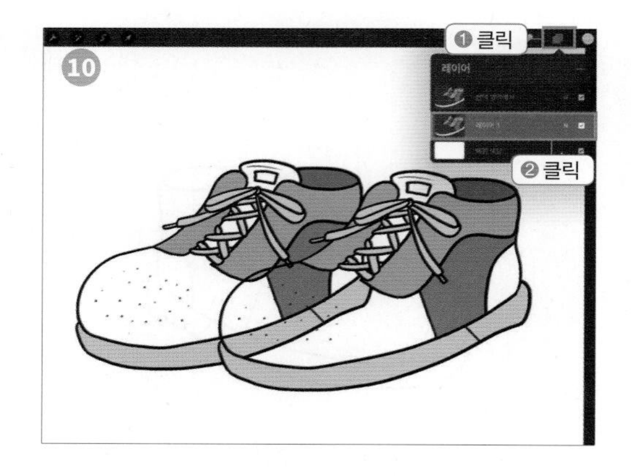

[레이어] 탭을 클릭한 뒤, '레이어 1'을 클릭합니다.

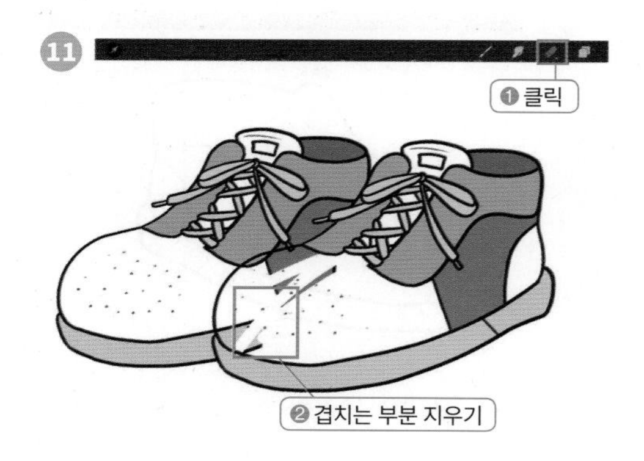

'레이어 1'과 복제된 레이어가 겹쳐지는 부분의 그림을 [지우개 툴]로 깔끔하게 지워주겠습니다.

귀여운 민트색 운동화 그림이 완성되었습니다.

05 정교한 목재 책상

소요 시간
10분

난이도
중상

- **그림에 사용된 브러시**
  - [잉크]-[테크니컬 펜] 부드럽고 균일한 선을 그릴 수 있어요.
- **그림에 사용된 주요 기능**
  - 컬러 드롭 채색 방법
  - [변형 툴]-[왜곡]으로 변형하기: 왜곡을 클릭한 후 활성화되는 박스를 조정하여 그림을 원하는 형태로 만들어 주세요.
  - [레이어]-[복제]: 레이어 탭에서 레이어를 왼쪽으로 살짝 밀어주면 복제 버튼이 나와요. 복제 버튼을 누르면 레이어가 하나 더 복제됩니다.
- **예쁘게 그리는 Point**
  - 정교한 선을 그려서 완성도를 높여줘요.
  - 복제 기능을 사용하여 책상 다리를 모두 동일한 크기로 표현해 줘요.

그리는 법

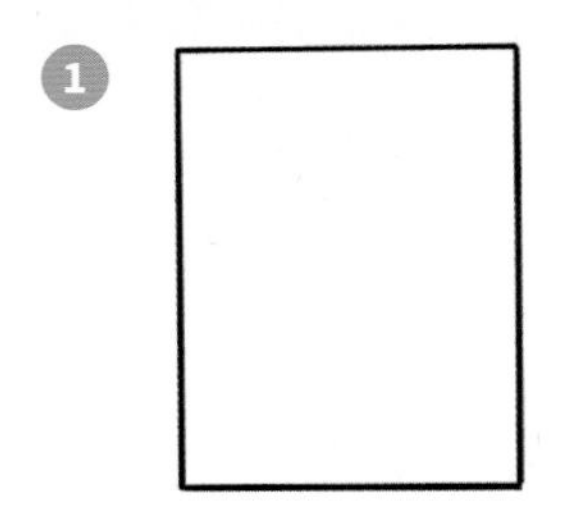

직사각형을 그립니다.

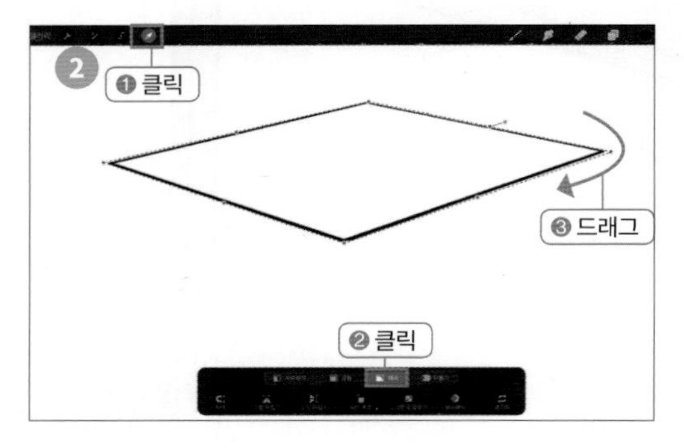

[변형 툴]을 클릭한 후, 아래의 활성화 메뉴에서 [왜곡]을 선택합니다. 활성화되는 네모 모양의 박스들을 조정하여 직사각형을 아래로 비스듬하게 눕힙니다.

> **TIP :** 크기 변형이 끝나면 [변형 툴]을 한 번 더 클릭하여 조정 화면을 해제합니다.

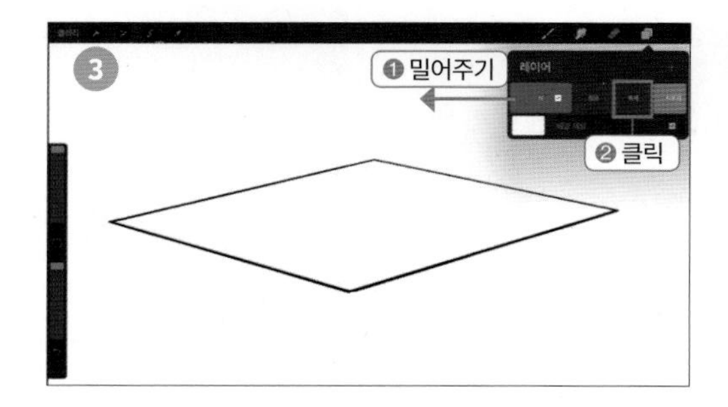

[레이어] 탭을 클릭한 후, '레이어 1' 레이어를 왼쪽으로 밀어줍니다. '복제' 버튼을 클릭합니다.

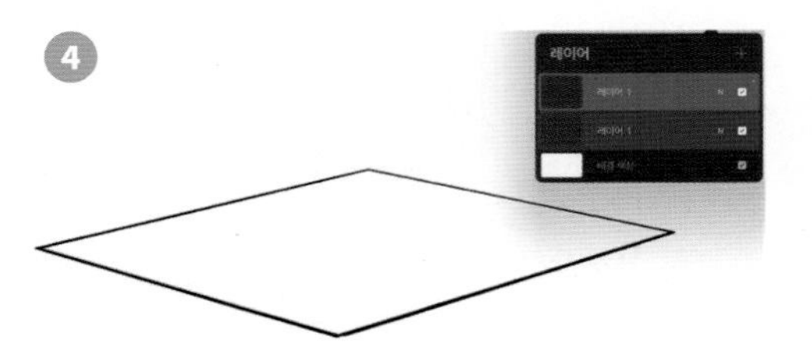

'레이어 1'의 눕혀진 직사각형 그림이 하나 더 복제된 것을 볼 수 있습니다.

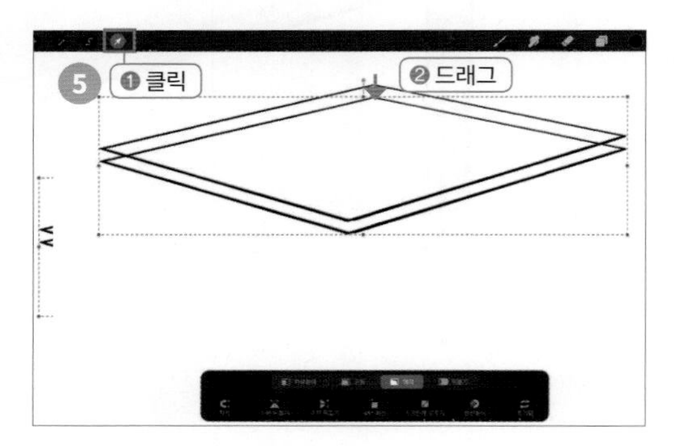

[변형 툴]을 클릭하여 복제된 '레이어 1' 하나를 조금 더 아래로 내려줍니다.

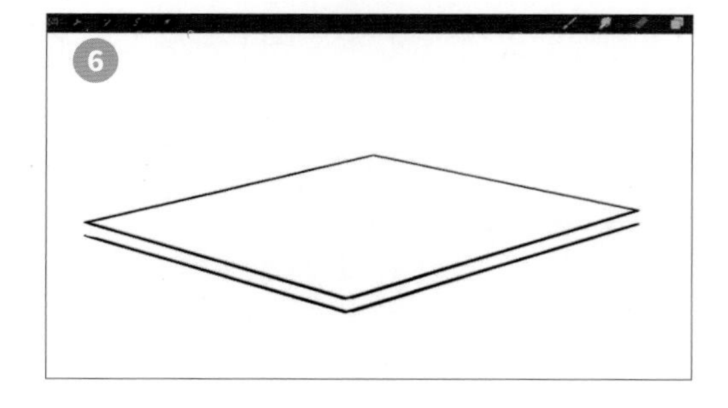

[지우개 툴]을 클릭한 후, 책상의 두께 부분에 겹치는 선들을 깔끔하게 지워줍니다.

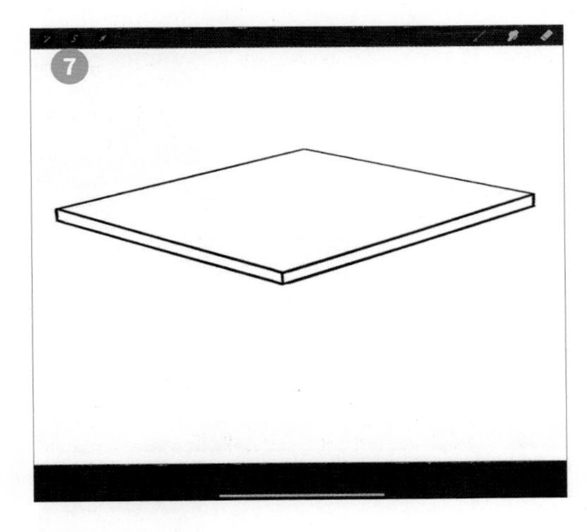

두 개의 판 사이를 직선으로 연결합니다.

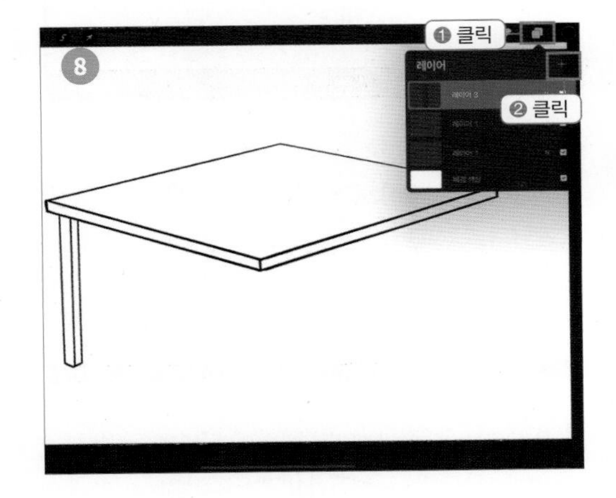

[레이어] 탭을 클릭한 후 '+' 버튼을 클릭하여 새로운 레이어인 '레이어 3'을 추가합니다. '레이어 3'에는 책상 다리를 그려줍니다.

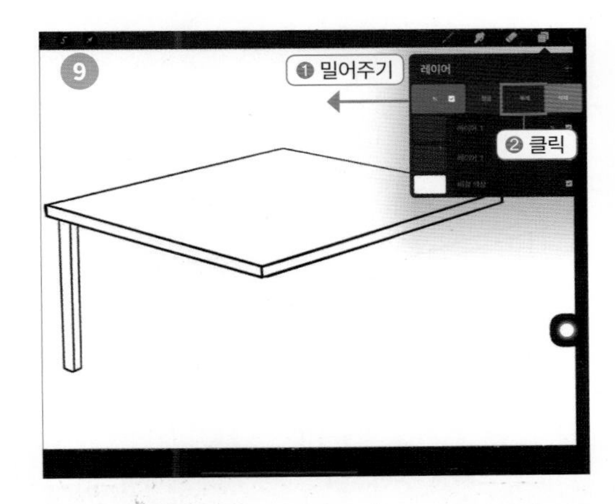

[레이어] 탭을 클릭한 후, '레이어 3'을 왼쪽으로 밀어줍니다. '복제' 버튼을 클릭합니다.

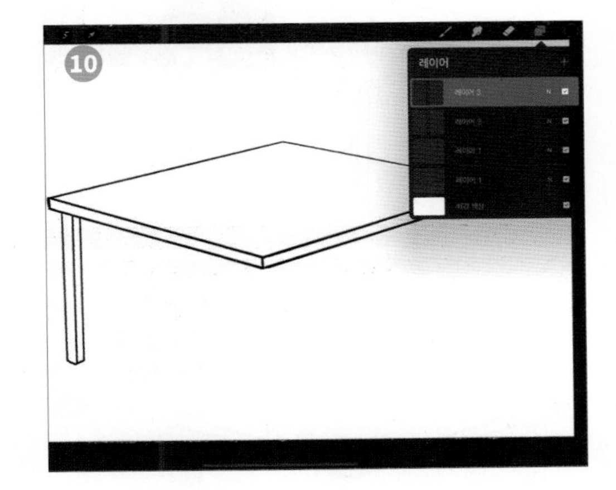

'레이어 3'이 복제된 것을 볼 수 있습니다.

[변형 툴]을 클릭한 후, 복제된 '레이어 3'을 옆으로 옮겨줍니다.

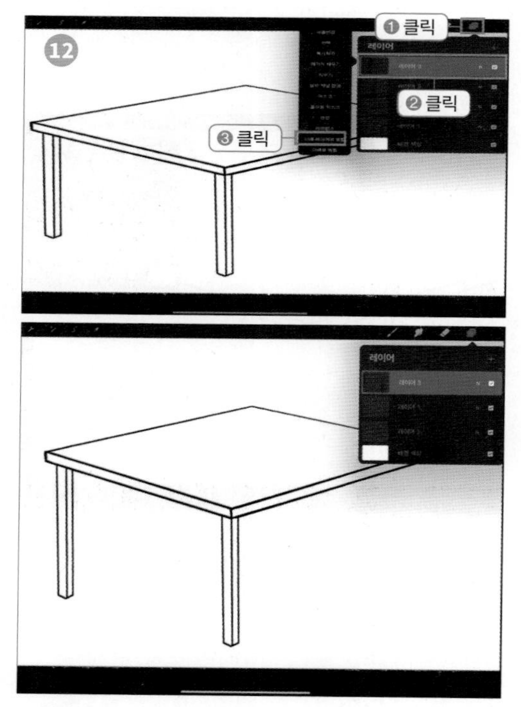

▲ 합쳐진 모습

[레이어] 탭을 클릭한 후, 가장 맨 위에 배치된 '레이어 3'을 클릭합니다. 세부 설정 메뉴가 활성화 됩니다. [아래 레이어와 병합] 버튼을 클릭하여 '레이어 3'과 '레이어 3'을 하나의 레이어로 만들어 주겠습니다.

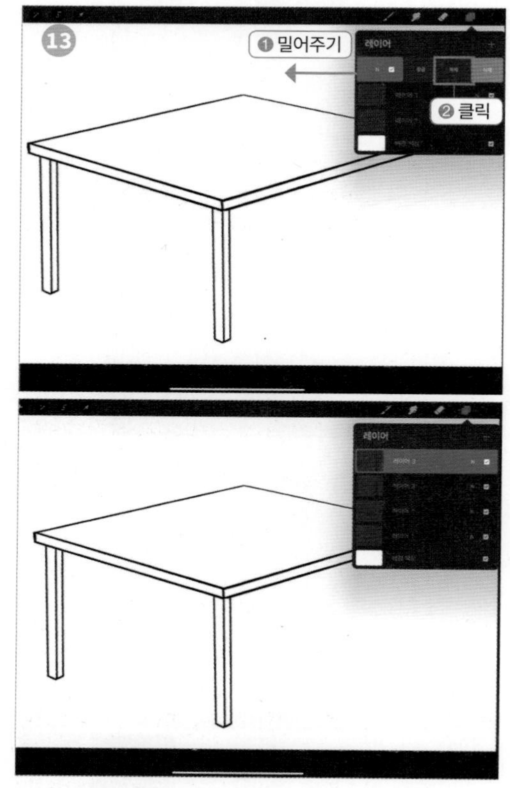

▲ 복제된 모습

'레이어 3'을 왼쪽으로 밀어준 후, [복제] 버튼을 클릭합니다.

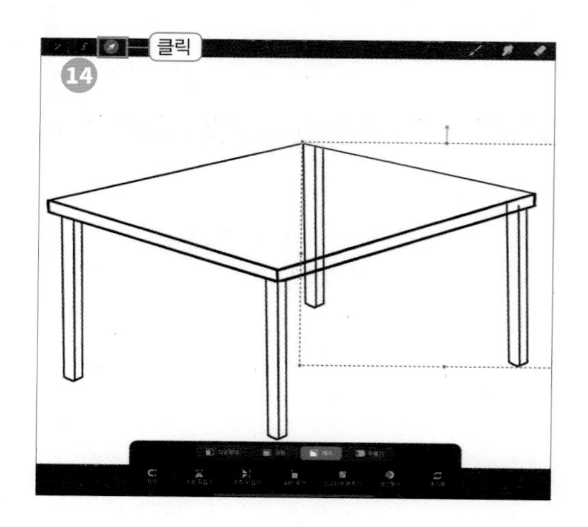

두 개의 책상 다리를 하나 더 복제하여 맞은편에 붙여주겠습니다. [변형 툴]을 클릭한 후, 복제된 책상 다리를 맞은편으로 옮겨줍니다.

[지우개 툴]로 책상 합판과 겹쳐지는 다리 부분들을 꼼꼼하게 지워줍니다.

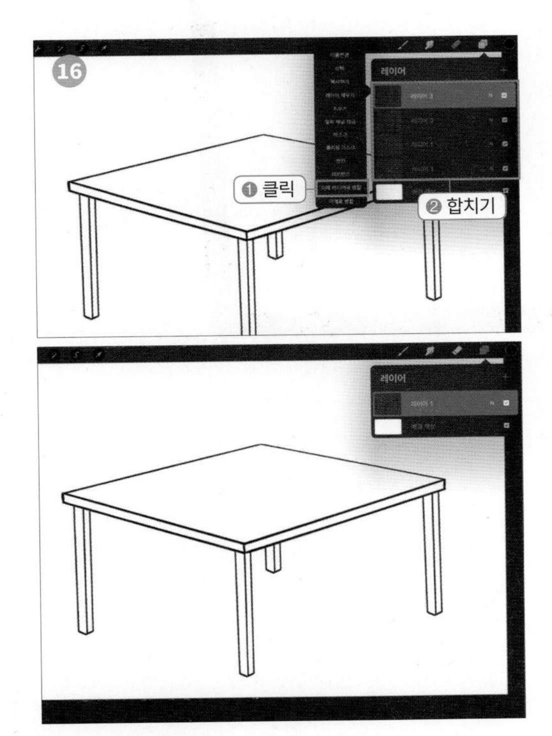

▲ 모두 병합한 모습

이제 모든 레이어들을 하나의 레이어로 병합해 보겠습니다. 가장 위의 레이어를 한 번 클릭한 후, 활성화되는 메뉴에서 [아래 레이어와 병합]을 클릭합니다. 이 작업을 반복하여 [레이어 3]에서 [레이어 1]까지 모두 병합합니다.

[색상] 탭에서 연한 갈색을 선택한 후, 책상의 합판과 책상 다리의 바깥쪽 부분을 컬러 드롭하여 채색합니다. 책상 합판의 두께 부분과 다리의 안쪽 부분은 조금 더 어두운 갈색으로 칠합니다. 이렇게 정교한 책상 그림이 완성되었습니다.

: 전자기기 & 탈 것

01 핸드폰과 아이패드

소요 시간
12분

난이도
중상

- **그림에 사용된 브러시**
  - [잉크]-[테크니컬 펜] 부드럽고 균일한 선을 그릴 수 있어요.
- **그림에 사용된 주요 기능**
  - 컬러 드롭 채색 방법
- **예쁘게 그리는 Point**
  - 정교한 느낌을 주기 위해 프로크리에이트의 자동선을 사용해요.
  - 직선과 작은 곡선을 함께 사용하여 뭉툭한 모서리를 그려줘요.

그리는 법

비스듬하며 모서리가 살짝 둥근 직사각형을 그립니다.

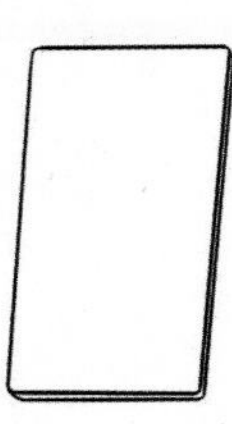

약간의 얇은 두께감을 더해줍니다.

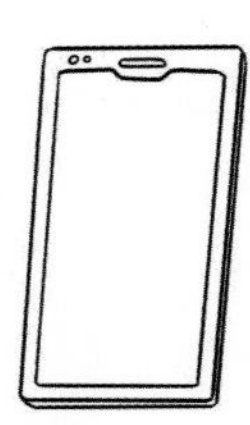

핸드폰의 액정 화면과 스피커, 카메라 구멍을 그립니다.

오른쪽에는 아이패드를 그려보겠습니다. 뭉툭한 모서리를 지닌 직사각형을 그립니다.

액정 화면과 카메라 구멍, 적외선 단자, 볼륨키를 그립니다.

6

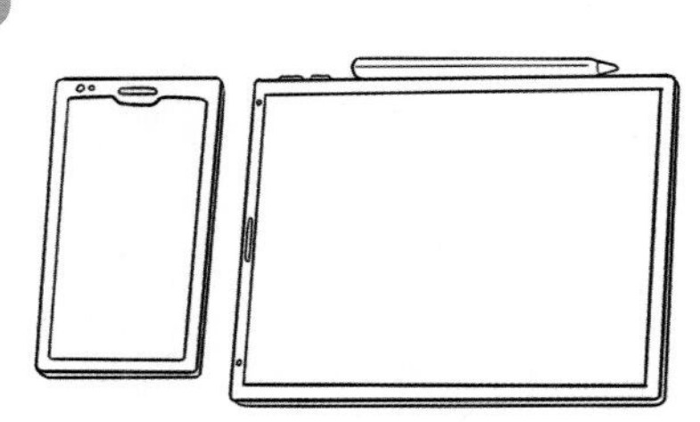

아이패드에도 두께감을 더해주고, 상단에는 애플펜슬을 그립니다.

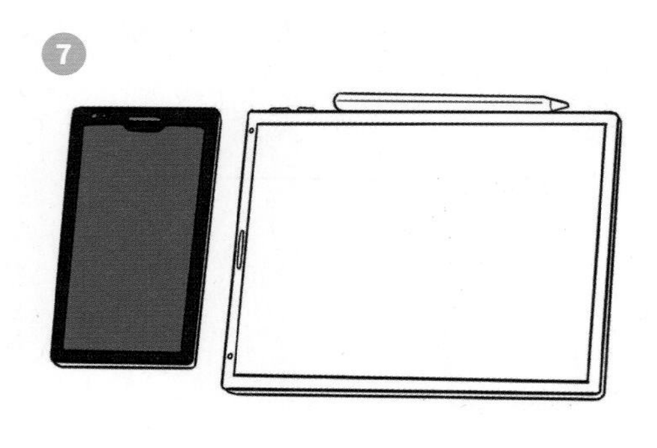

핸드폰에 잘 어울리는 색상을 골라준 후 컬러 드롭하여 채색합니다.

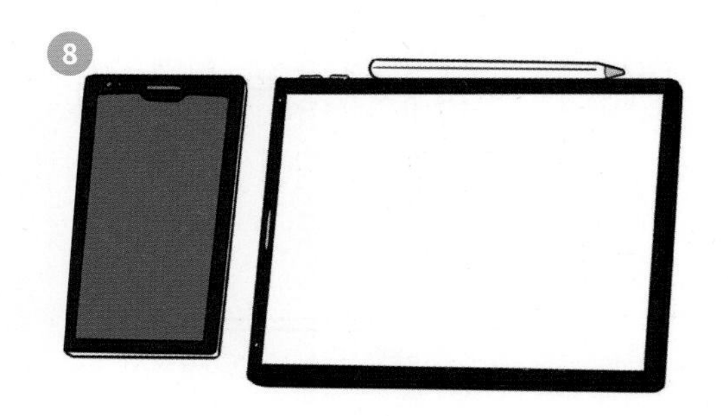

태블릿도 동일한 방법으로 채색해 줍니다.

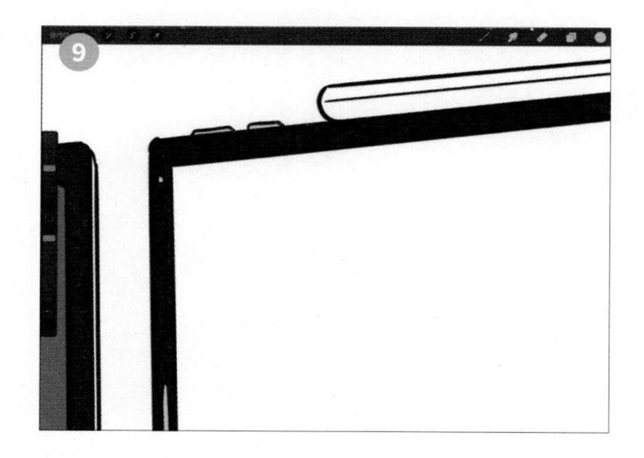

사이즈가 작은 볼륨키는 화면을 확대한 후 컬러 드롭하여 채색합니다.

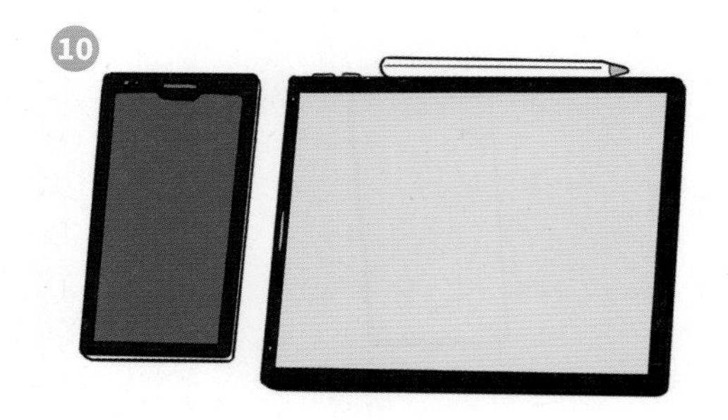

[색상] 탭에서 연한 회색을 선택한 후, 태블릿의 액정에 컬러 드롭하여 채색합니다. 정교한 핸드폰과 태블릿 그림이 완성되었습니다.

02 컴퓨터와 키보드, 마우스

소요 시간
20분

난이도
상

- **그림에 사용된 브러시**
  - [잉크]-[테크니컬 펜] 부드럽고 균일한 선을 그릴 수 있어요.
- **그림에 사용된 주요 기능**
  - 그리기 가이드: [동작]-[그리기 가이드]를 체크하여 사각형의 가이드선을 열어주고, 선들에 맞추어 깔끔하게 그림을 그려보도록 해요.
  - 컬러 드롭 채색 방법
- **예쁘게 그리는 Point**
  - 정교한 느낌을 주기 위해 프로크리에이트의 자동선을 사용해요.
  - 직선과 작은 곡선을 함께 사용하여 뭉툭한 모서리를 그려줘요.

그리는 법

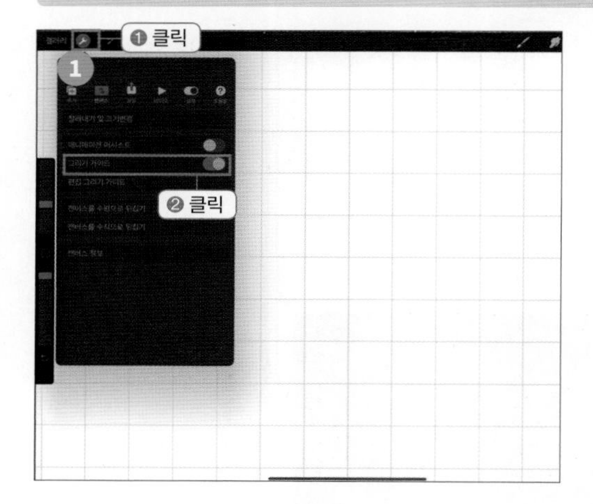

[동작]-[그리기 가이드]의 라디오 버튼을 체크하여 사각형의 가이드선을 활성화 시킵니다.

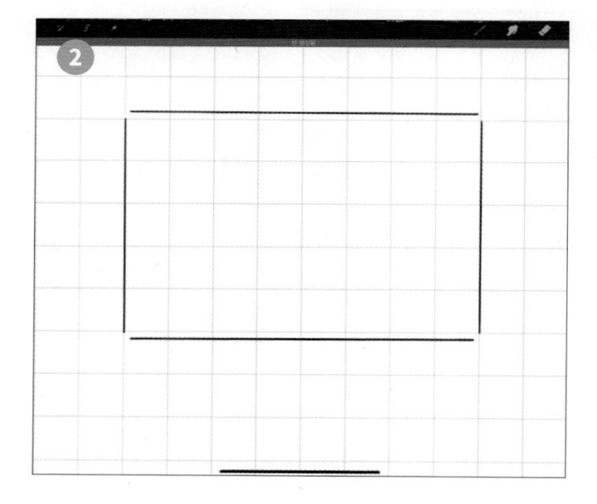

정교한 직선을 사용하여, 네 개의 직선을 연결하지 않은 형태로 그립니다.

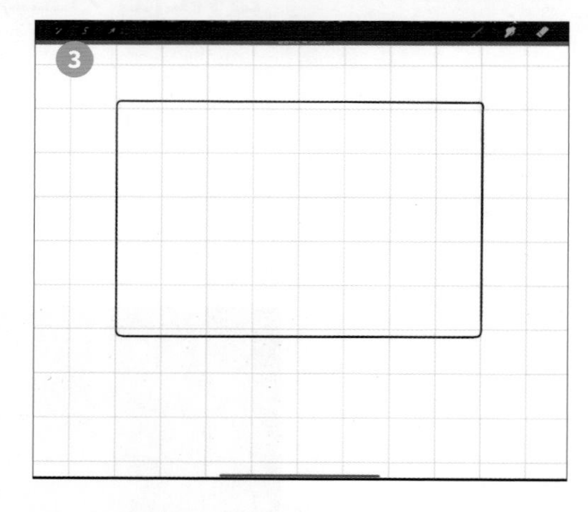

각 모서리 부분을 동그랗게 그려서 연결합니다.

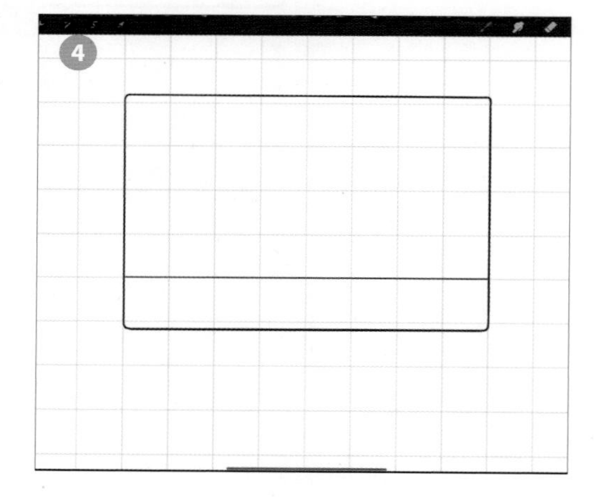

모니터의 하단 베젤의 구분 선을 그립니다.

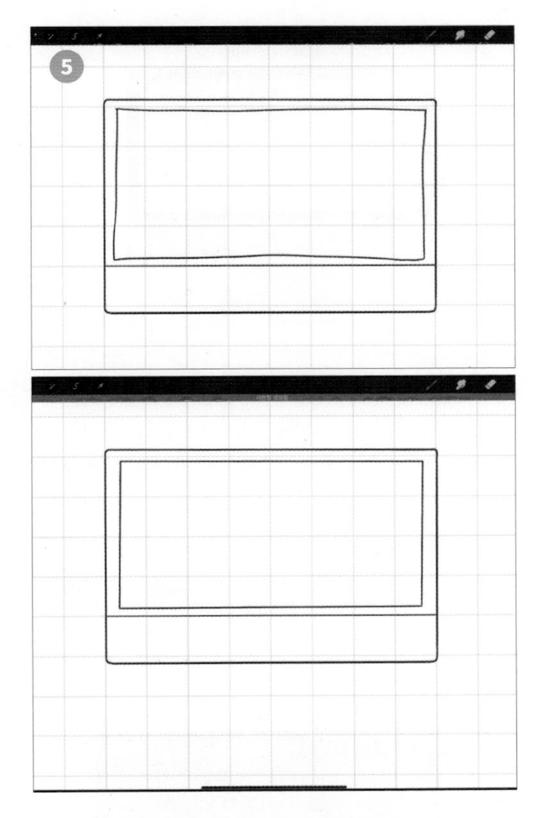

컴퓨터 화면 안의 액정 패널을 그려보겠습니다. 직사각형을 편하게 그린 뒤, 펜슬촉을 1초간 떼지 않고 화면에 가만히 두도록 합니다. 직사각형이 깔끔하게 보정된 것을 볼 수 있습니다.

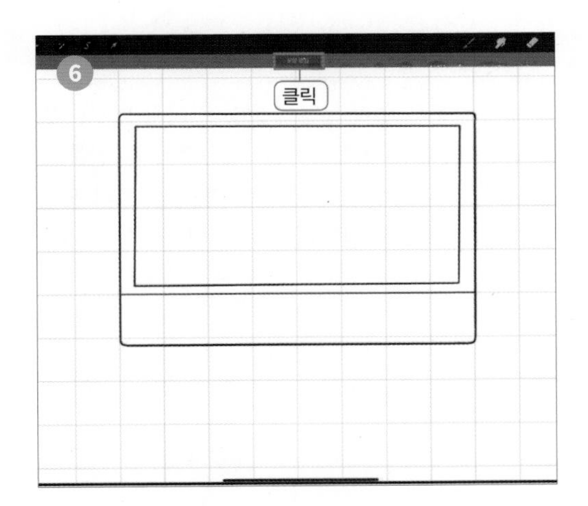

상단바 아래에 활성화되는 [모양 편집] 버튼을 클릭합니다.

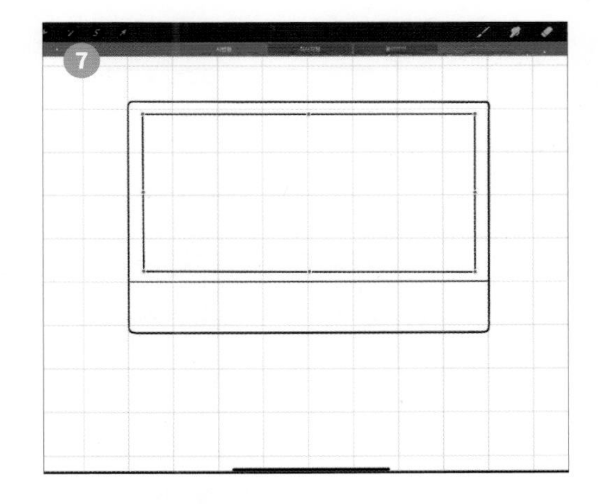

[모양 편집]이 활성화되면 직사각형의 형태를 자유롭게 편집할 수 있는 사각형 네모 박스들이 생깁니다. 이 네모 박스들을 조절하여 조금 더 정확한 직사각형을 만듭니다. 조절을 끝낸 후, [브러시 툴] 을 클릭하면 [모양 편집] 기능이 비활성화되며 조절한 형태로 고정됩니다.

TIP : 모양 편집 옵션 설명

- 직사각형: 직사각형으로 보정해 줍니다.
- 사변형: 각이 있는 도형으로 보정해 줍니다.
- 폴리라인: 자유롭게 형태를 조정할 수 있게 해 줍니다.

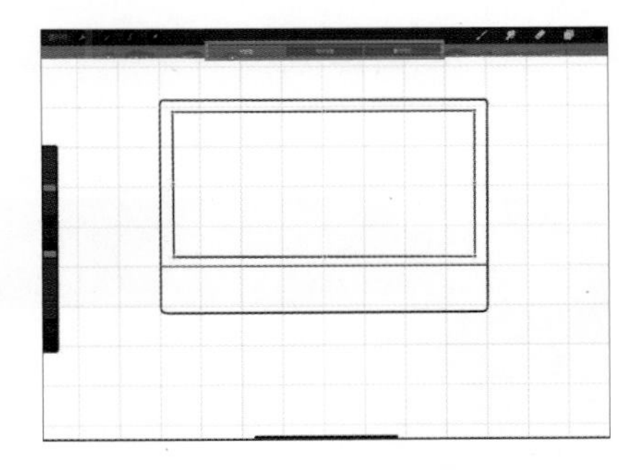

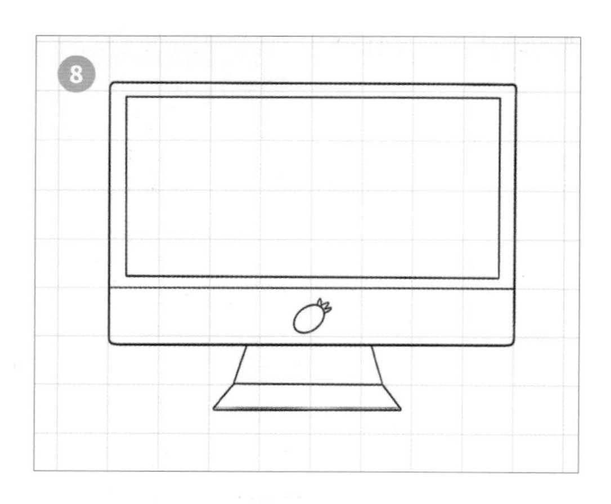

화면 하단 패널 부분에 회사 로고를 그려준 후, 화면을 받쳐주는 받침대를 그립니다.

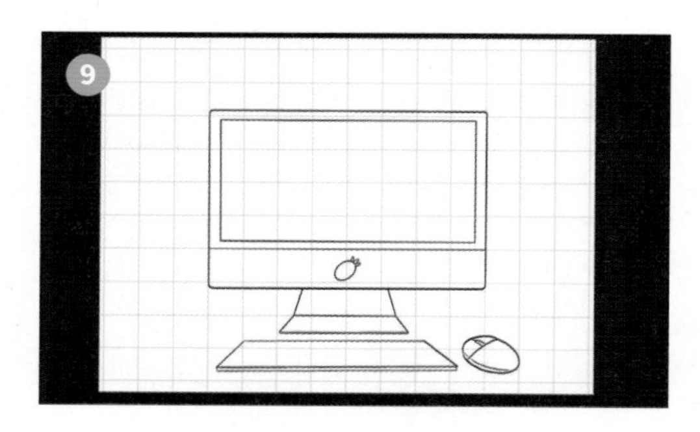

조금 앞으로 휘어져있는 사다리꼴의 형태로 키보드를 그립니다. 옆에는 마우스를 그립니다.

[동작]-[그리기 가이드]의 라디오 버튼을 체크 해제하여 사각형의 가이드선을 비활성화 시킵니다.

[색상] 탭에서 컴퓨터와 키보드에 잘 어울리는 색상을 선택한 후, 컬러 드롭하여 자연스럽게 채색합니다. 저는 컴퓨터의 위 베젤 부분은 검정색으로, 아래 베젤 부분은 회색 톤을 사용했습니다. 전체적으로 검정&회색 톤으로 채색하면 깔끔해 보입니다.

키패드 부분은 내각 부분에 밝은 직사각형 면을 만든 후, 어두운 회색을 선택하여 가로, 세로선을 그립니다. 모니터의 액정은 짙은 회색을 컬러 드롭하여 채색합니다. 컴퓨터 그림이 완성되었습니다.

03 멋진 노랑색 스포츠카

소요 시간
15분

난이도
중

- **그림에 사용된 브러시**
- [잉크]-[테크니컬 펜] 부드럽고 균일한 선을 그릴 수 있어요.
- **그림에 사용된 주요 기능**
- 컬러 드롭 채색 방법
- [레이어]-[복제]: 레이어 탭에서 레이어를 왼쪽으로 살짝 밀어주면 복제 버튼이 나와요. 복제 버튼을 클릭하면 레이어가 하나 더 복제됩니다.
- **예쁘게 그리는 Point**
- 바퀴를 크고 동그랗게 그려주면 멋있어 보여요.
- 자동선과 직접 그리는 선을 번갈아 가면서 쓰면 편해요.

그리는 법

스포츠카의 앞 유리와 모터 부분을 그린 후, 좌석 부분까지의 선을 이어줍니다.

2

좌석 끝의 차 덮개와 트렁크 부분을 그립니다.

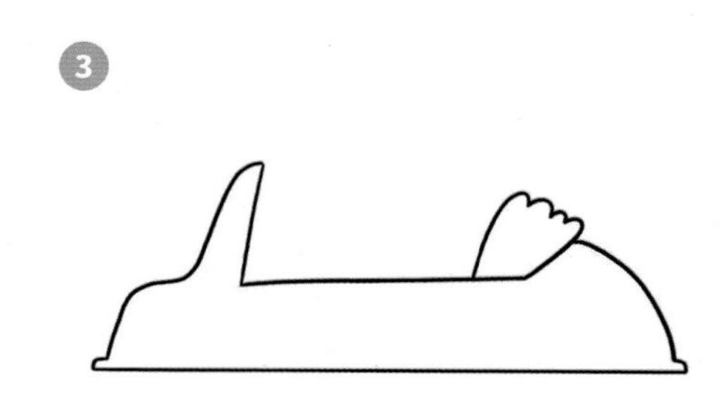

차의 앞부분과 뒷부분을 연결해주는 선을 그립니다.

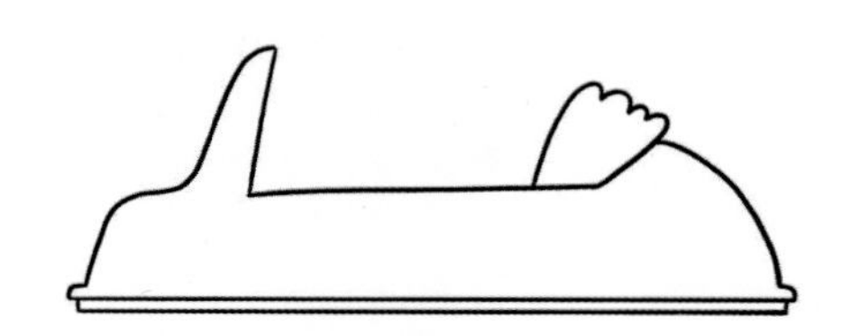

아래쪽으로 약간의 높이감이 있는 범퍼를 그립니다.

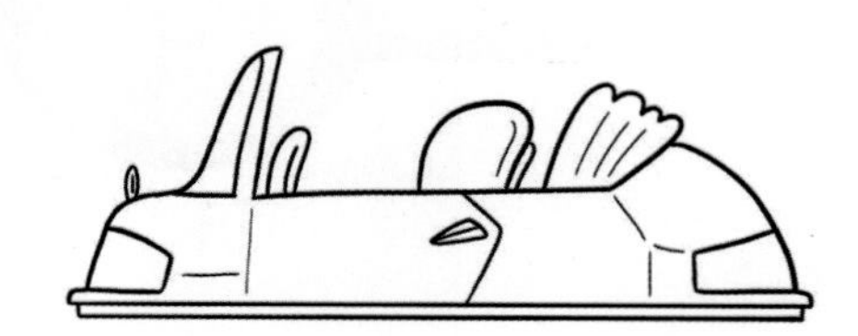

차의 앞 유리, 운전대와 좌석, 라이트와 손잡이 등 스포츠카에 들어가는 요소들을 꼼꼼하게 그립니다.

6

[색상] 탭에서 노랑색을 선택한 후, 차 표면에 컬러 드롭하여 채색합니다.

7

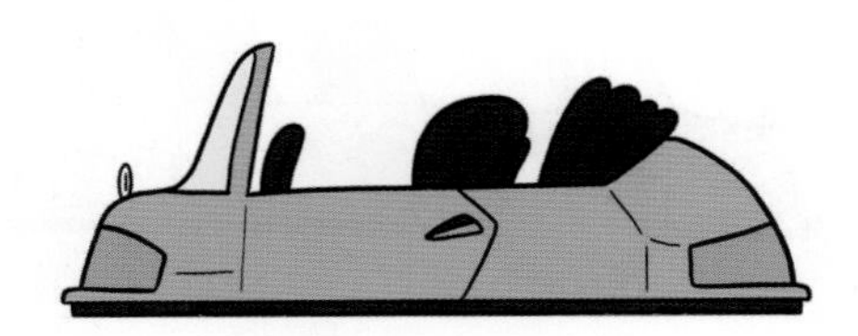

차의 앞 유리와 좌석, 라이트에 들어가는 색상을 적절하게 선택한 뒤 컬러 드롭하여 채색합니다.

[레이어] 탭을 클릭하고 '+' 버튼을 클릭해 새로운 레이어를 추가합니다. 새로 추가된 레이어는 '레이어 2'가 되며, 이 레이어는 자동차의 바퀴를 그리는 레이어로 사용할 것입니다.

9

'레이어 2'가 선택되어 있는 상태에서 [브러시 툴]을 다시 선택하여 차의 아래쪽에 동그란 바퀴를 그립니다.

10

바퀴 안쪽에 진한 회색을 컬러 드롭하여 채색합니다.

11

바퀴의 휠 안쪽에 밝은 회색으로 동그라미를 그린 후, 동일한 색을 컬러 드롭하여 채색합니다.

12

[색상] 탭에서 더욱 밝은 회색을 선택한 뒤, 자동차 바퀴를 그립니다.

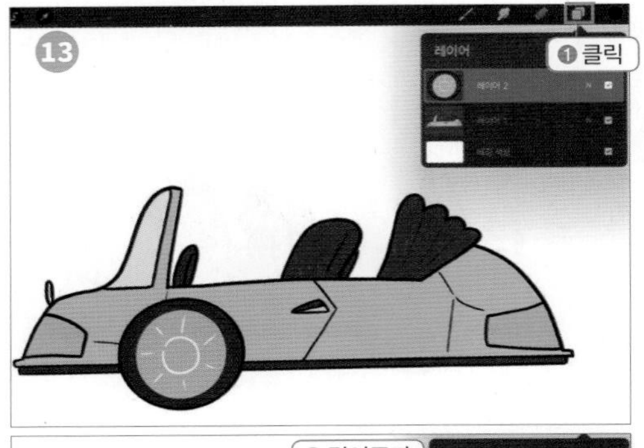

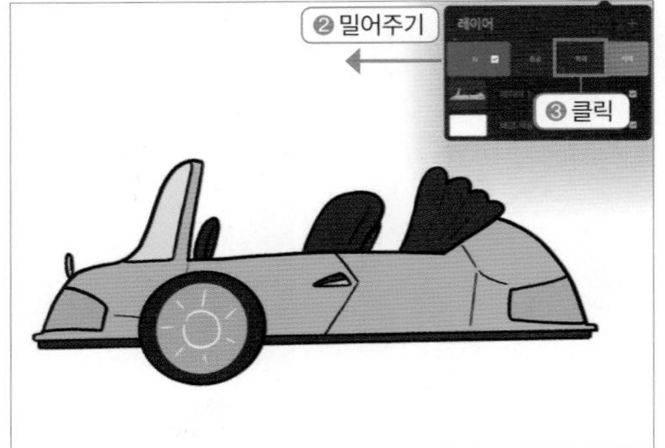

[레이어] 탭을 클릭한 후, '레이어 2'를 왼쪽으로 밀어줍니다. '복제' 버튼을 클릭합니다.

바퀴가 그려져 있는 '레이어 2'가 복제된 것을 확인할 수 있습니다.

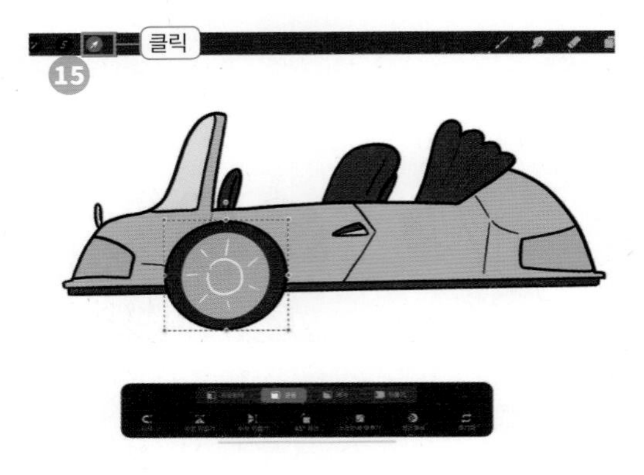

복제된 바퀴를 이동시켜주기 위해 [변형 툴]을 클릭합니다.

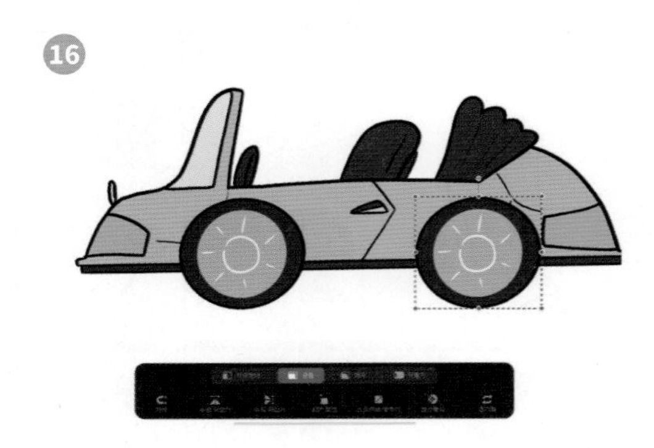

펜슬촉을 바퀴 가까이에 댄 다음 옆으로 조심스럽게 옮겨줍니다. 바퀴가 복제된 모습을 볼 수 있습니다.

[변형 툴]을 한 번 더 클릭하면 이동 기능이 해제됩니다. 멋진 노랑색 스포츠카 그림이 완성되었습니다.

04 강렬한 빨강색 오토바이

소요 시간
15분

난이도
중상

- **그림에 사용된 브러시**
- [잉크]-[테크니컬 펜] 부드럽고 균일한 선을 그릴 수 있어요.

- **그림에 사용된 주요 기능**
- 컬러 드롭 채색 방법
- [선택 영역 툴] - [자동 툴 자동] 기능으로 선택 영역 지정하기: 외곽선 안쪽에 선택 영역을 만들어 줘요.

- **예쁘게 그리는 Point**
- 날렵한 느낌으로 날카롭게 그려주면 훨씬 더 멋있어 보여요.
- 두 개의 바퀴를 크고 단단하게 그려주세요.

그리는 법

오토바이의 윈드스크린과 프론트 부분을 그립니다.

프론트와 연결되도록 안장 받침을 길게 그립니다.

오토바이의 안장과 보호대를 그립니다.

4

오토바이의 바퀴와 연결 지지대를 꼼꼼하게 그립니다. 오토바이의 안장 받침에 트렁크를 연결하여 완성도를 높입니다.

5

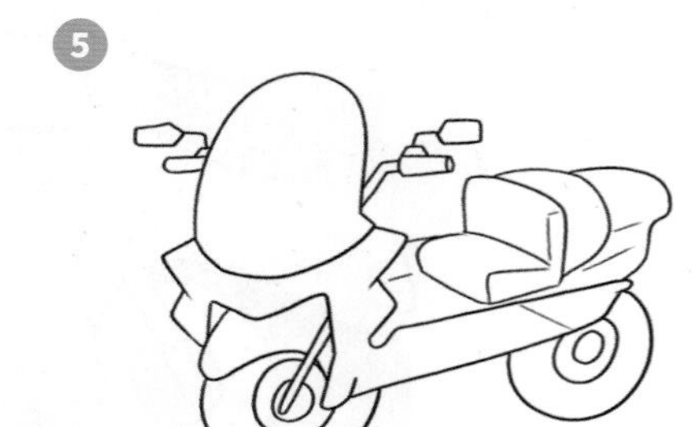

오토바이의 손잡이, 사이드 미러를 그립니다.

6

[색상] 탭에서 오토바이 바디에 잘 어울리는 색상들을 선택한 후, 컬러 드롭하여 채색합니다. 저는 빨강색으로 바디를 칠하고 라이트는 노랑색, 손잡이 봉과 바퀴 고정대는 회색, 바퀴와 안장류는 검정색과 회색을 사용하였습니다.

[색상] 탭에서 옅은 유리색을 선택한 후, 윈드스크린 부분에 컬러 드롭하여 채색합니다.

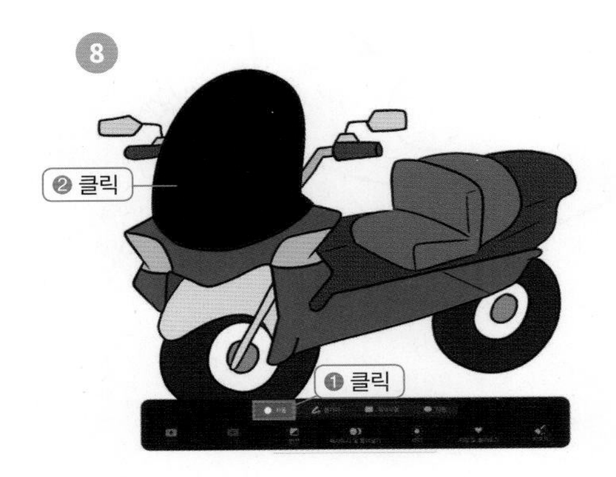

[선택 영역 툴]을 클릭한 뒤, 아래에 활성화되는 메뉴에서 [자동] 모드를 선택합니다. 윈드스크린 부분을 클릭합니다.

윈드스크린에 밝은 윤기를 넣어주기 위해 [색상] 탭에서 흰색을 선택합니다.

[브러시 툴]을 선택한 후, 윈드스크린의 사선 방향으로 두 개의 줄을 그어줍니다.

[색상] 탭에 선택되어 있는 흰색을 컬러 드롭하여 윈드스크린 안쪽에 밝은 윤기를 표현해 줍니다.

강렬한 빨강색 오토바이가 완성되었습니다.

: 아이 & 청년

01 표정이 다양한 쌍둥이 아이

소요 시간
13분

난이도
중

- **그림에 사용된 브러시**
- [잉크]-[테크니컬 펜] 테크니컬 펜 부드럽고 균일한 선을 그릴 수 있어요.
- **그림에 사용된 주요 기능**
- 컬러 드롭 채색 방법
- [선택 영역 툴] - [자동 툴 자동] 기능으로 선택 영역 지정하기: 외곽선 안쪽에 선택 영역을 만들어 줍니다.
- [색조 조정하기]: [조정] 탭을 클릭한 후 [색조, 채도, 밝기]를 클릭하면 색조와 채도, 밝기를 조절할 수 있는 창이 나옵니다.
- [레이어]-[복제]: 레이어 탭에서 레이어를 왼쪽으로 살짝 밀어주면 복제 버튼이 나옵니다. 복제 버튼을 누르면 레이어가 하나 더 복제됩니다.
- **예쁘게 그리는 Point**
- 통통하고 동글동글하게 그려주세요.
- 쌍둥이들의 옷 색상을 다르게 선택해주면 더욱 귀여워져요.

그리는 법

동글동글 통통한 아기의 두상, 볼과 귀를 그립니다.

머리카락을 얇게 세 가닥만 그려줍니다.

턱받이가 달린 유아복을 그립니다. 팔은 위로 뻗고 있도록 그립니다. 입에는 장난감 꼭지를 물려주고, 귀에는 얇은 선으로 귓바퀴를 그립니다.

[색상] 탭에서 좋아하는 색을 골라 아이의 장난감 꼭지와 유아복의 턱받이, 전체적인 옷 부분을 채색합니다.

[선택 영역 툴]을 클릭한 뒤, 아래에 활성화되는 메뉴에서 [자동] 모드를 선택합니다. 유아복 부분을 클릭하여 선택 영역으로 만들어 줍니다.

TIP : 자동 툴을 클릭했는데 화면 전체가 선택되었다면?

1) 외곽선에 구멍이 나있는지 확인해 보세요. 경계선은 선명하게 그려야 합니다.
2) 선택 영역을 클릭한 상태로 왼쪽으로 드래그해 보세요. 선택 한계값을 조정하는 창이 나옵니다. 여기서 선택 한계값, 즉 선택 영역 범위를 적절하게 조정할 수 있습니다.

[색상] 탭에서 흰색을 선택한 뒤, 선택 영역으로 지정된 유아복의 면 부분에 동그란 무늬를 그립니다.

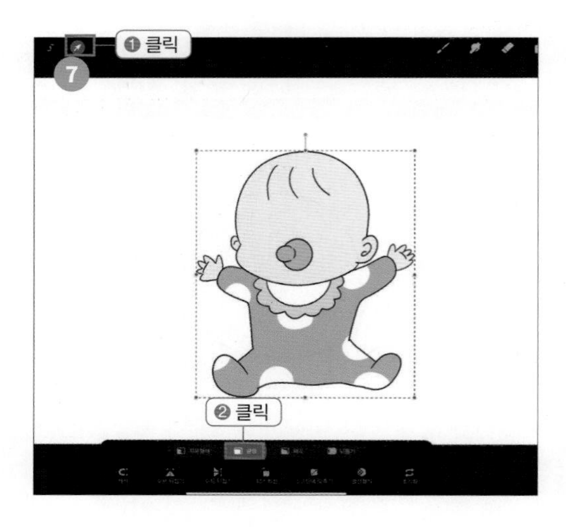

흰색 무늬 안을 컬러 드롭하여 채색하고 [변형 툴]을 선택한 후 [균등]을 클릭합니다.

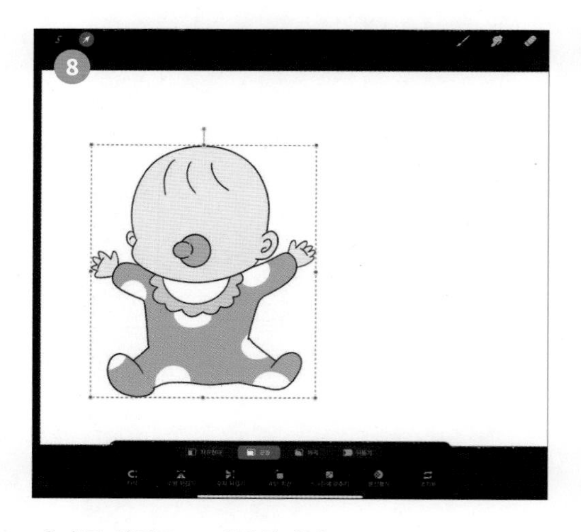

아이를 왼쪽으로 이동합니다.

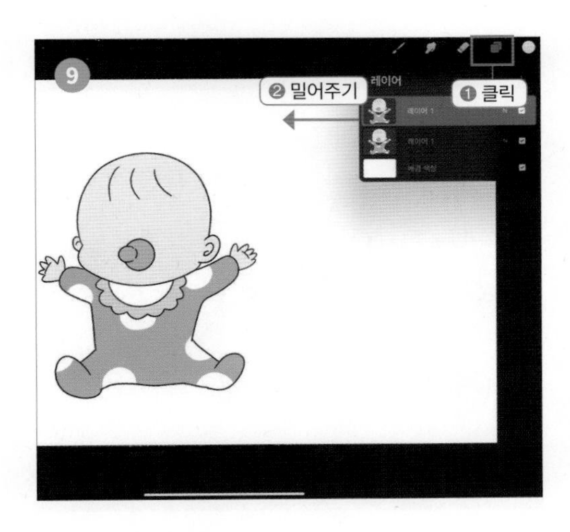

[레이어] 탭을 클릭한 후, '레이어 1' 을 왼쪽으로 밀어줍니다. [복제] 버튼을 클릭하면 '레이어 1'이 하나 더 복제됩니다.

[선택 영역] 툴을 클릭한 뒤, 아래에 활성화되는 메뉴에서 [자동 자동] 모드를 선택합니다. 유아복 부분을 클릭하여 선택 영역으로 만들어 줍니다.

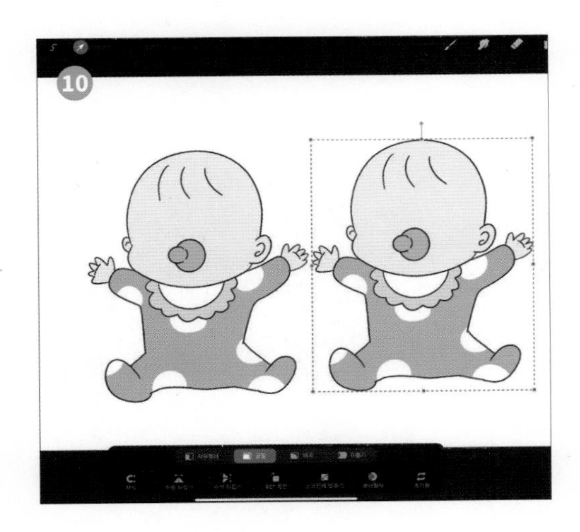

복제된 맨 위쪽의 '레이어 1'이 선택된 상태로, [변형 툴]을 클릭하여 아이를 오른쪽으로 옮겨줍니다.

상단의 [조정] 탭을 클릭한 후 [색조, 채도, 밝기]를 클릭합니다.

아래의 [색조] 바를 조정하여 두 번째 아기의 옷 색상을 변경합니다. 저는 맨 왼쪽으로 바를 당겨주어 하늘색으로 만들어 보겠습니다.

[브러시 툴]을 클릭한 후, 아이의 눈, 눈썹, 코를 그립니다. 볼은 [색상] 탭에서 분홍색을 선택한 뒤, 귀여운 홍조를 그려 넣어줍니다.

오른쪽의 아기는 울고 있는 표정으로 그려줍니다. 이렇게 표정까지 모두 그려주면 표정이 다양한 쌍둥이 자매 그림이 완성됩니다.

02 여름 교복을 입은 학생

소요 시간
15분

난이도
중

- **그림에 사용된 브러시**
  - [잉크]-[테크니컬 펜] 부드럽고 균일한 선을 그릴 수 있어요.
- **그림에 사용된 주요 기능**
  - 컬러 드롭 채색 방법
- **예쁘게 그리는 Point**
  - 스케치를 그려놓아서 캐릭터의 선을 깔끔하게 그리는 가이드선으로 사용해줘요.
  - 여러분이 학교에서 입는 교복을 생각하며 그려보세요.

그리는 법

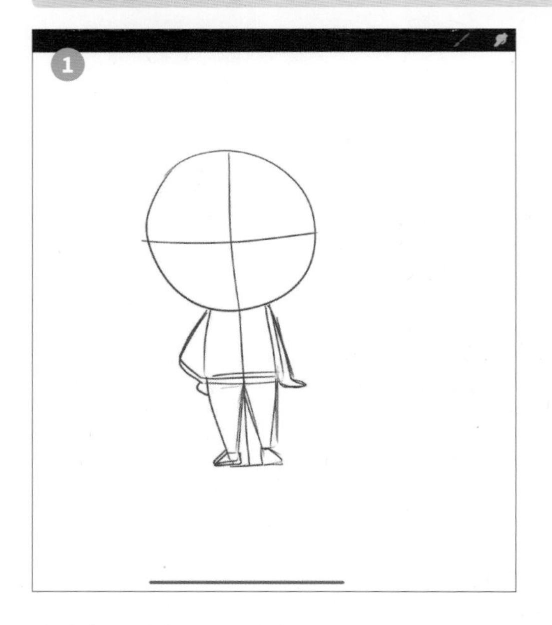

빨강색을 선택한 후, 캐릭터의 포즈를 러프 스케치 형태로 잡아줍니다.

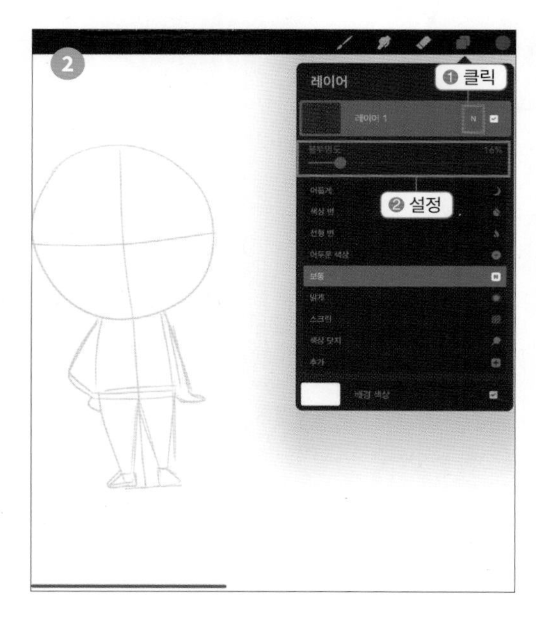

스케치선의 불투명도를 줄여보겠습니다. [레이어] 탭을 열어준 후, '레이어 1'의 'N' 버튼을 클릭합니다. 이때 [불투명도]를 16% 정도로 설정합니다.

[레이어] 탭 오른쪽에 있는 '+' 버튼을 클릭해 새로운 레이어를 추가합니다. 새로 추가된 레이어는 '레이어 2'가 되며, 이 레이어는 선을 그리는 외곽선용 레이어로 사용할 것입니다.

동그란 두상과 아래로 내려오는 중단발 머리를 그린 후 카라와 귀여운 리본, 반팔 셔츠를 그립니다. 다리까지 연결하여 그리면 편합니다.

그려놓은 스케치의 포즈와 알맞게 뻗은 왼쪽 팔과 허리를 잡은 오른쪽 팔을 그립니다. 똘망똘망한 눈, 코, 입, 교복의 단추와 명찰까지 그려주면 완성도가 높아집니다.

'레이어 1'의 사각형 박스를 체크 해제하면 스케치 레이어가 보이지 않습니다. 그러면 외곽선을 그린 '레이어 2'만 깔끔하게 보입니다.

머리 부분에 컬러 드롭하여 채색합니다.

[색상] 탭에서 알맞은 색상을 골라 교복, 피부를 채색합니다. 볼의 귀여운 홍조를 넣어주면 소녀 캐릭터가 완성됩니다.

TIP : [브러시 라이브러리]에서 [잉크]-[테크니컬 펜]의 사이즈를 키운 뒤, 볼의 홍조를 그렸습니다.

03 사회 초년생 직장인

소요 시간
15분

난이도
중

- **그림에 사용된 브러시**
  - [잉크]-[테크니컬 펜] 테크니컬 펜 부드럽고 균일한 선을 그릴 수 있어요.
- **그림에 사용된 주요 기능**
  - 컬러 드롭 채색 방법
- **예쁘게 그리는 Point**
  - 러프 스케치로 형태를 잡아준 후, 외곽선을 그려주면 훨씬 더 깔끔하고 정확하게 그려줄 수 있어요.
  - 직장인하면 떠오르는 정장, 서류가방, 구두 등의 소품들을 그려줘요.

빨강색을 선택한 후, 캐릭터의 포즈를 러프 스케치 형태로 잡아줍니다. 왼쪽 손은 허리에 올리고 오른쪽 손은 뻗고 있는 자세로 그려보겠습니다.

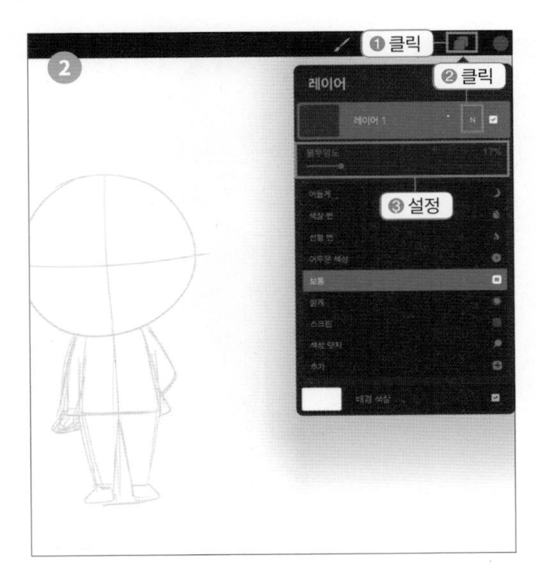

[레이어] 탭을 클릭한 후, '레이어 1'를 선택하여 'N' 버튼을 클릭합니다. 불투명도를 17%로 설정합니다.

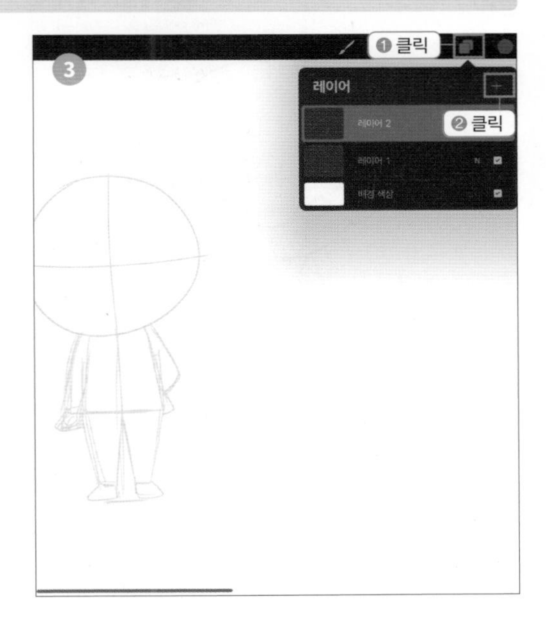

[레이어] 탭을 클릭하고 '+' 버튼을 클릭해 새로운 레이어를 추가합니다. 새로 추가된 레이어는 '레이어 2'가 되며, 이 레이어는 검정색으로 선을 그리는 외곽선용 레이어로 사용할 것입니다.

동글 넓적한 얼굴을 그린 후 머리카락이 조금씩 날리는 부스스한 느낌의 두상을 그립니다. 셔츠의 카라와 넥타이, 정장의 라펠 부분을 그립니다. 잡아 놓은 포즈에 맞게 팔과 손을 그린 후, 자켓의 앞부분을 완성합니다. 왼쪽 팔 안에는 서류 가방을 끼고 있도록 표현해 줍니다.

정장 바지와 신발, 옷의 주름을 잡아준 후, 마무리로 귀여운 눈, 코, 입을 그립니다.

[레이어] 탭을 클릭한 후 러프 스케치가 그려져 있는 '레이어 1'이 보이지 않도록, 네모 박스를 클릭하여 체크를 해제합니다. 그러면 러프 스케치가 화면에서 보이지 않습니다.

[색상] 탭에서 갈색을 선택한 후, 캐릭터의 머리카락 부분에 컬러 드롭하여 채색합니다.

캐릭터에 어울리는 색상들을 선택하여 컬러 드롭하여 채색합니다. 넥타이와 서류 가방, 구두까지 꼼꼼하게 채색하면 귀여운 직장인 캐릭터 그림이 완성됩니다.

04 학교에 가는 대학생

소요 시간
15분

난이도
중

- **그림에 사용된 브러시**
- [잉크]-[테크니컬 펜] 부드럽고 균일한 선을 그릴 수 있어요.

- **그림에 사용된 주요 기능**
- 컬러 드롭 채색 방법

- **예쁘게 그리는 Point**
- 러프 스케치로 형태를 잡아준 후, 외곽선을 그려주면 훨씬 더 깔끔하고 정확하게 그려줄 수 있어요.
- 대학생하면 떠오르는 편안한 옷, 단화나 낮은 로퍼, 가벼운 짐을 넣고 다닐 에코백 등의 아이템들을 함께 그려줘요.

그리는 법

먼저 러프 스케치를 그려보겠습니다. [색상] 탭에서 빨강색을 선택한 후, 캐릭터의 얼굴과 얼굴의 방향선을 십자 모양으로 그립니다. 몸의 방향을 정한 후, 팔과 다리를 알맞게 배치하여 그립니다.

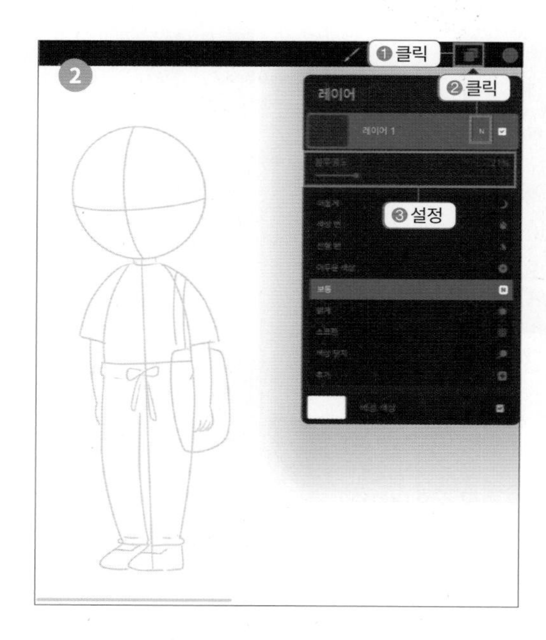

[레이어] 탭을 클릭한 후, '레이어 1'를 선택하여 'N' 버튼을 클릭합니다. 불투명도를 21%로 설정합니다.

[레이어] 탭을 클릭하고 '+' 버튼을 클릭해 새로운 레이어를 추가합니다. 새로 추가된 레이어는 '레이어 2'가 되며, 이 레이어는 검정색으로 선을 그리는 외곽선용 레이어로 사용할 것입니다.

추가된 '레이어 2'를 선택한 상태로 외곽선 작업을 진행합니다. [색상] 탭에서 검정색을 선택한 후, 동글동글한 얼굴을 그립니다.

캐릭터의 상의, 하의, 신발을 그린 후 캐릭터의 귀여운 눈, 코, 입, 팔을 그립니다.

[레이어] 탭을 클릭한 후 러프 스케치가 그려져 있는 '레이어 1'이 보이지 않도록, 네모 박스를 클릭하여 체크 해제합니다. 그러면 러프 스케치가 화면에서 보이지 않습니다.

[색상] 탭에서 부드러운 갈색을 선택한 후, 캐릭터의 머리 부분에 컬러 드롭하여 채색합니다.

캐릭터의 피부, 상의, 하의, 에코백, 신발을 채색합니다. 상의에 들어갈 무늬를 그려주면 학교에 가는 대학생 캐릭터가 완성됩니다.

05 겨울 교복을 입은 학생

소요 시간
20분

난이도
상

- **그림에 사용된 브러시**
  - [잉크]-[테크니컬 펜] 테크니컬 펜 부드럽고 균일한 선을 그릴 수 있어요.
- **그림에 사용된 주요 기능**
  - 컬러 드롭 채색 방법
- **예쁘게 그리는 Point**
  - 러프 스케치로 형태를 잡아준 후, 외곽선을 그려주면 훨씬 더 깔끔하고 정확하게 그릴 수 있어요.
  - 고등학생하면 떠오르는 정갈한 교복, 흰색 슬리퍼, 귀여운 넥타이를 그려봐요.

그리는 법

먼저 러프 스케치를 그려보겠습니다. [색상] 탭에서 빨강색을 선택한 후, 캐릭터의 얼굴과 몸의 방향을 선으로 잡아주고 살을 채우듯 팔과 다리를 그립니다.

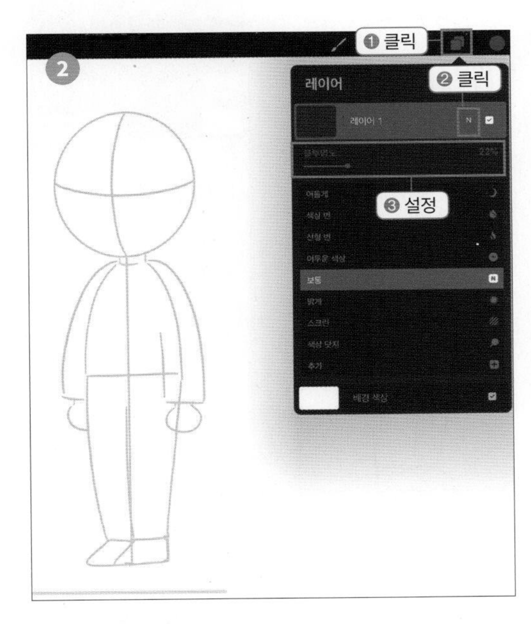

[레이어] 탭을 클릭한 후, '레이어 1'를 선택하여 'N' 버튼을 클릭합니다. 불투명도를 22%로 설정합니다.

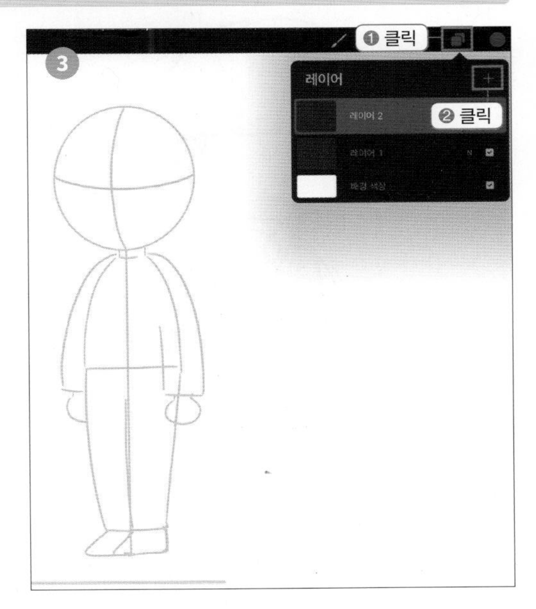

[레이어] 탭을 클릭하고 '+' 버튼을 클릭해 새로운 레이어를 추가합니다. 새로 추가된 레이어는 '레이어 2'가 되며, 이 레이어는 검정색으로 선을 그리는 외곽선용 레이어로 사용할 것입니다.

'레이어 2'가 선택되어 있는 상태에서 외곽선을 그려보겠습니다. [색상] 탭에서 고동색을 선택한 뒤, 캐릭터의 얼굴을 잡아줍니다.

교복의 와이셔츠 카라, 마이와 넥타이를 자연스럽게 그립니다. 마이와 팔 부분은 매끄럽게 내려오도록 그립니다.

교복 바지와 실내화를 그립니다. [지우개 툴]로 바지 부분을 살짝 지워주고 양쪽 손을 그립니다.

전체적인 캐릭터가 완성되었다면 캐릭터의 눈, 코, 입과 볼의 주근깨를 그립니다.

[레이어] 탭을 클릭한 후 러프 스케치가 그려져 있는 '레이어 1'이 보이지 않도록 네모 박스를 클릭하여 체크 해제합니다. 러프 스케치가 화면에서 보이지 않습니다.

[색상] 탭에서 부드러운 갈색을 선택한 후, 캐릭터의 머리 부분에 컬러 드롭하여 채색합니다. 살구색으로 피부의 전체적인 부분을 채색합니다.

TIP : 목처럼 그림자가 살짝 지는 부분은 조금 더 채도가 낮고 붉은 기가 들어간 색상으로 채색하면 음영감이 더해집니다.

교복에 잘 어울리는 색상을 [색상] 탭에서 선택해 컬러 드롭하여 채색합니다.

교복 넥타이 부분에 줄무늬를 넣어줍니다. 캐릭터의 머리 부분에 살짝 튀어나온 머리카락 두 가닥을 그려주면 조금 더 어린 듯한 느낌이 납니다. 동복을 입은 학생 캐릭터가 완성되었습니다.

PART

5

고급 드로잉 따라하기

이 파트에서는 더욱 활동적인 포즈를 취하고 있는
어른들의 모습과 아름다운 풍경과 날씨,
태양계의 행성까지 그려보겠습니다.
지금까지는 외곽선을 사용하여 객체들을 그렸지만
풍경, 날씨, 행성은 외곽선이 없는 형태로 연출하고
구성하는 방법을 배워보도록 하겠습니다.
다양한 브러시와 블렌딩 모드의 조합들을 활용하면
훨씬 더 멋진 그림을 완성할 수 있습니다.

chapter 1 : 어른

01 운동을 좋아하는 엄마

소요 시간
20분

난이도
상

- **그림에 사용된 브러시**
  - [잉크]-[테크니컬 펜] 부드럽고 균일한 선을 그릴 수 있어요.
- **그림에 사용된 주요 기능**
  - 컬러 드롭 채색 방법
- **예쁘게 그리는 Point**
  - 눈가에 있는 주름, 어른스러운 헤어스타일, 이런 연륜이 느껴지는 표현을 더해주면 어른들만의 분위기를 연출할 수 있어요.
  - 캐릭터의 성격이나 특성을 나타낼 수 있는 포즈를 잡아주세요. 그냥 서 있는 것보다 훨씬 더 매력 있고, 캐릭터가 살아 움직이는 듯한 느낌을 받을 수 있습니다.
  - 스케치를 그려서 형태를 잡은 후, 외곽선을 그려서 조금 더 세밀하고 꼼꼼하게 그려주도록 해요.

그리는 법

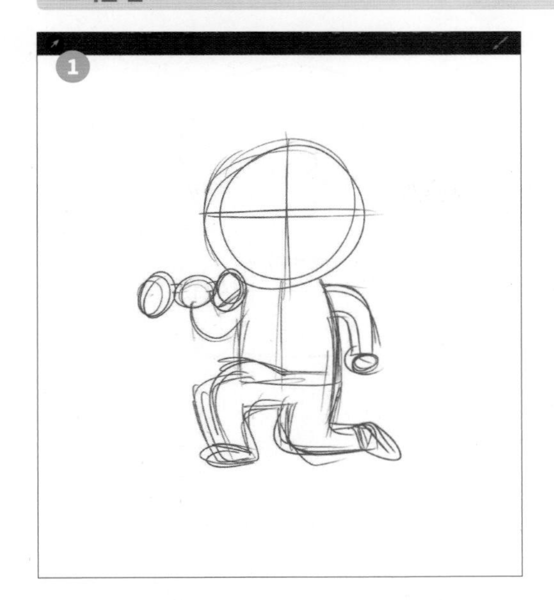

[색상] 탭에서 빨강색을 선택한 후 캐릭터의 얼굴, 상체, 하체를 러프 스케치 형태로 잡아줍니다. 런지 자세를 하며 아령을 들고 있는 포즈를 그립니다.

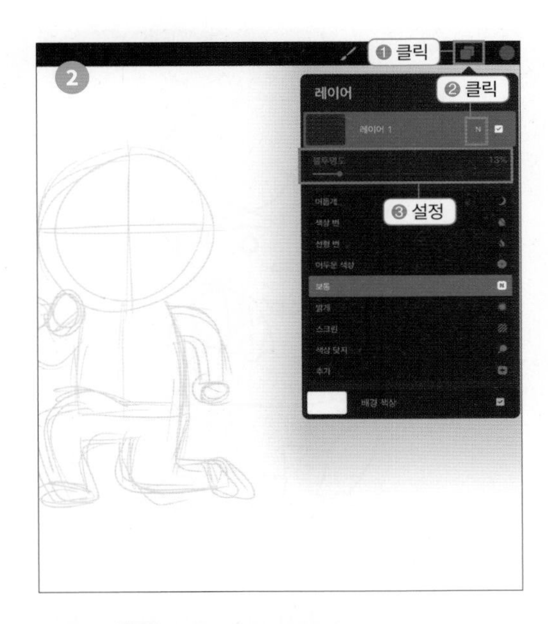

[레이어] 탭을 클릭한 후, '레이어 1'의 오른쪽에 있는 'N' 버튼을 클릭합니다. 불투명도를 13%로 설정합니다.

[레이어] 탭을 클릭하고 '+' 버튼을 클릭해 새로운 레이어를 추가합니다. 새로 추가된 레이어는 '레이어 2'가 되며, 이 레이어는 검정색으로 선을 그리는 외곽선용 레이어로 사용할 것입니다.

짧은 머리를 한 어머니의 얼굴을 그립니다.

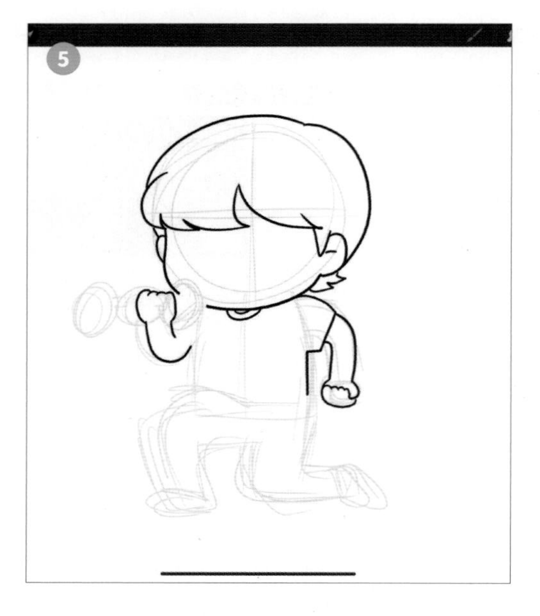

형태가 비교적 간단한 왼쪽 팔부터 그려줍니다.

아령을 살짝 쥐고 있도록 그려줍니다. 아령과 얼굴의 선이 겹치는 부분은 지워줍니다.

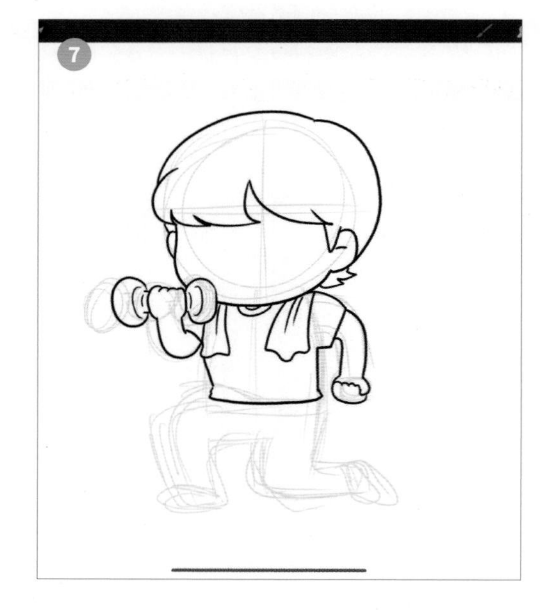

목 사이에 두른 수건을 그린 후, 상체를 완성합니다.

런지를 하고 있는 하체와 힘을 쓰고 있는 표정을 그립니다.

[레이어] 탭을 클릭한 후 러프 스케치가 그려져 있는 '레이어 1'이 보이지 않도록, 네모 박스를 클릭하여 체크를 해제합니다. 그러면 러프 스케치가 화면에서 보이지 않습니다.

[색상] 탭에서 갈색을 선택한 후, 엄마 캐릭터의 머리 부분에 컬러 드롭하여 채색합니다.

피부 부분도 밝은 살구색을 선택하고 컬러 드롭하여 채색합니다.

헬스복에 잘 어울리는 색상을 고른 뒤, 차례대로 채색합니다. 옷 위에는 스포츠 브랜드 로고 무늬를 그립니다. 운동하는 엄마 캐릭터가 완성되었습니다.

02 만능 요리사 아빠

소요 시간
20분

난이도
상

- **그림에 사용된 브러시**
  - [잉크]-[테크니컬 펜] 부드럽고 균일한 선을 그릴 수 있어요.
- **그림에 사용된 주요 기능**
  - 컬러 드롭 채색 방법
- **예쁘게 그리는 Point**
  - 눈가의 주름, 짙은 눈썹, 푸근한 몸매를 표현해 줘요.
  - 직업을 상징하는 옷을 그려줘요.
  - 스케치를 먼저 그린 후, 외곽선을 그려서 그림을 깔끔하게 완성해줘요.

그리는 법

먼저 러프 스케치를 그려보겠습니다. [색상] 탭에서 빨강색을 선택한 후, 캐릭터의 상체와 하체 부분을 잘 나누어 형태를 잡아줍니다. 양팔을 허리에 괴고 있고, 앞을 보고 있는 정자세로 그립니다.

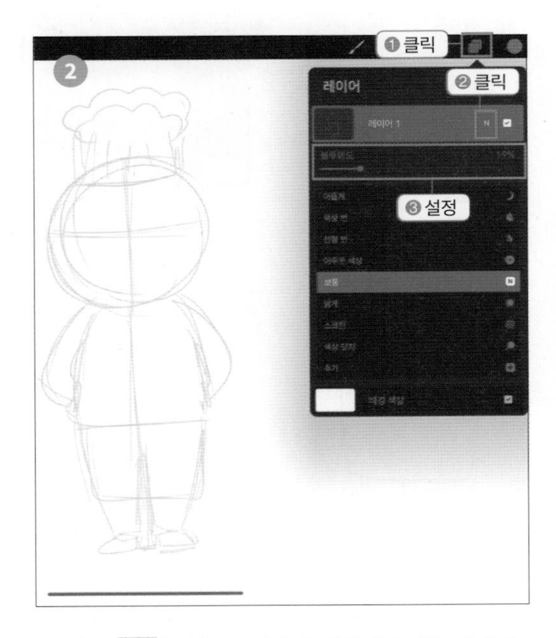

[레이어] 탭을 클릭한 후, '레이어 1'을 선택하여 'N' 버튼을 클릭합니다. 불투명도는 19%로 설정합니다.

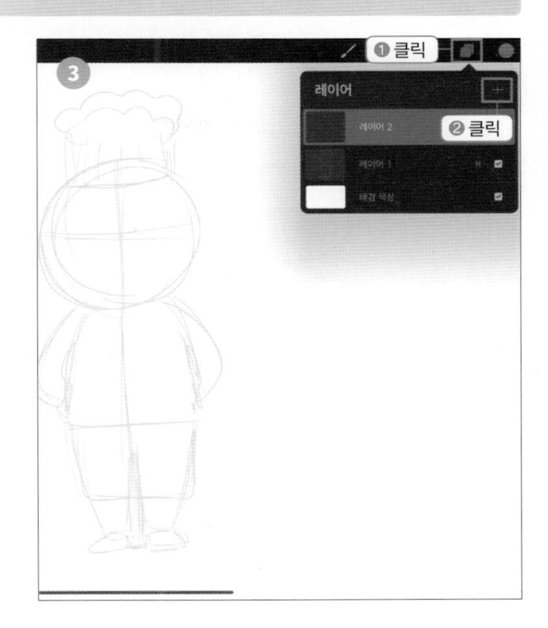

[레이어] 탭을 클릭하고 '+' 버튼을 클릭해 새로운 레이어를 추가합니다. 새로 추가된 레이어는 '레이어 2'가 되며, 이 레이어는 검정색으로 선을 그리는 외곽선용 레이어로 사용할 것입니다.

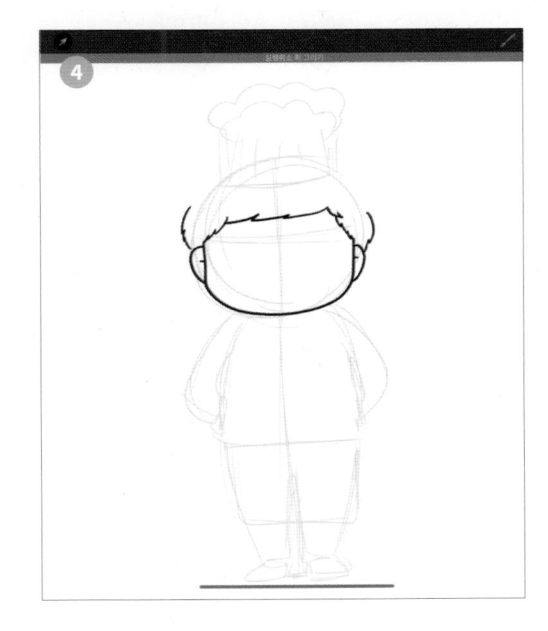

검정색 선으로 둥글 납작한 얼굴형을 그려줍니다. 짧은 앞머리와 동그란 귀를 그려줍니다.

머리 위로 요리사 모자를 그려줍니다.

요리사 제복의 상의를 깔끔하게 그립니다.

요리사 제복의 하의를 그린 후, 허리춤에 팔을 얹고 있도록 그립니다. 상의의 세로선과 명찰, 팔의 소매 부분을 그려서 디테일을 살려줍니다. 만능 요리사 아빠의 인자한 얼굴을 표현하기 위해 눈썹을 진하게 그려서 조금 더 연륜이 느껴지게 합니다.

[레이어] 탭을 클릭한 후 러프 스케치가 그려져 있는 '레이어 1'이 보이지 않도록, 네모 박스를 클릭하여 체크를 해제합니다. 러프 스케치가 화면에서 보이지 않습니다.

[색상] 탭에서 진한 갈색을 선택한 후, 만능 요리사 아빠의 머리에 컬러 드롭하여 채색합니다.

만능 요리사 아빠의 제복에 잘 어울리는 색상을 선택하고 컬러 드롭하여 채색합니다. 저는 앞치마와 넥타이를 주황색으로 칠하여 포인트를 주었습니다. 바지와 신발은 어두운 톤의 색상들로 칠해주면 좋습니다.

분홍색으로 볼에 홍조를 넣어주면 푸근한 만능 요리사 아빠의 그림이 완성됩니다.

03 시골에 계신 할머니

소요 시간
20분

난이도
상

- **그림에 사용된 브러시**
  - [잉크]-[테크니컬 펜] 테크니컬 펜 부드럽고 균일한 선을 그릴 수 있어요.
- **그림에 사용된 주요 기능**
  - 컬러 드롭 채색 방법
- **예쁘게 그리는 Point**
  - 뽀글뽀글 파마머리를 예쁘게 그려줘요. 살짝 눌린 듯한 파마머리로 그려주면 돼요. 한 방향에서 쭉 연결하듯 그려줍니다.
  - 주름을 자연스럽게 살짝 그려줘요. 그런데, 할머니 얼굴의 주름들을 다 표현하면 할머니가 상처를 받을 수 있어요. 최대한 얇은 선으로 살짝 그려주면 좋아요.

그리는 법

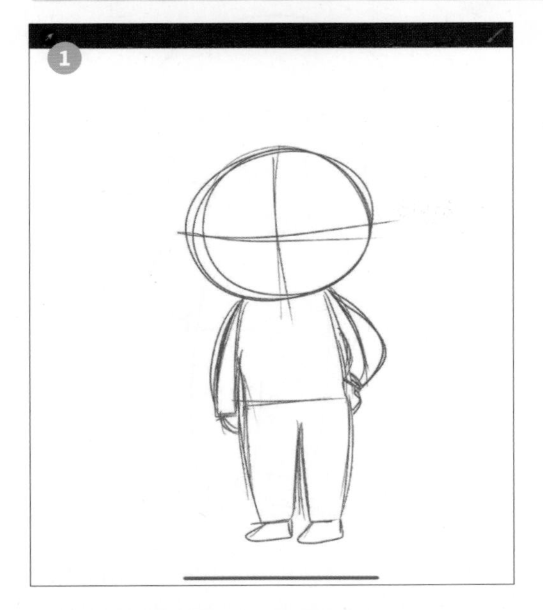

먼저 러프 스케치를 그려보겠습니다. [색상] 탭에서 빨강색을 선택한 후, 캐릭터의 얼굴 영역을 동그랗게 그립니다. 상체와 하체를 잡아준 후, 아픈 허리를 붙잡고 있는 느낌으로 형태를 만들어 주었습니다.

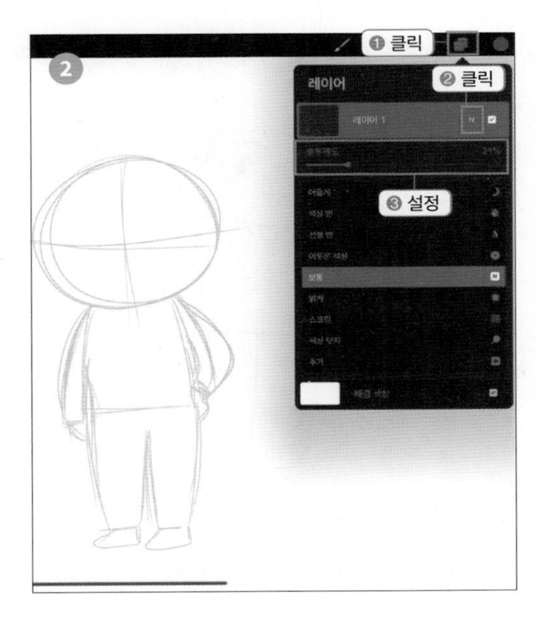

[레이어] 탭을 클릭한 후, '레이어 1'을 선택하여 'N' 버튼을 클릭합니다. 불투명도를 21%로 설정합니다.

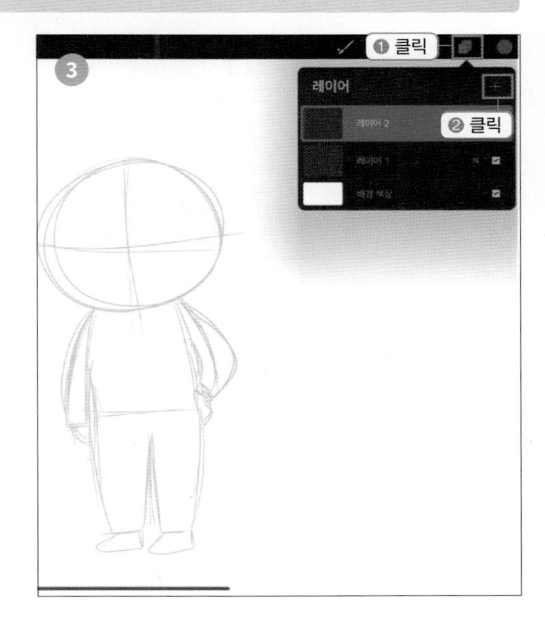

[레이어] 탭을 클릭하고 '+' 버튼을 클릭해 새로운 레이어를 추가합니다. 새로 추가된 레이어는 '레이어 2'가 되며, 이 레이어는 검정색으로 선을 그리는 외곽선용 레이어로 사용할 것입니다.

납작한 얼굴형을 그립니다. 파마가 되어 있어 풍성하고 뽀글뽀글해진 앞머리를 그려줍니다.

납작한 얼굴형과 동글동글하고 풍성한 파마머리를 그립니다.

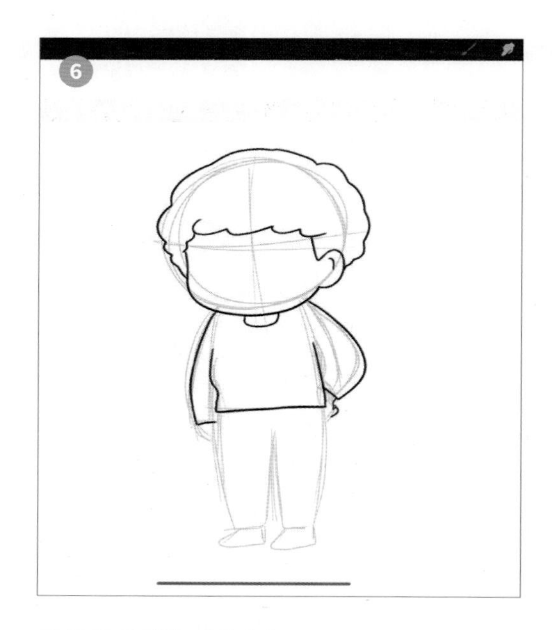

긴 팔의 상의를 그립니다.

넓게 퍼져있는 편안한 바지와 신발을 그립니다. 바지에 질감을 더해주며 목걸이를 그려서 멋쟁이 할머니의 느낌을 더해줍니다.

인자한 할머니의 표정을 그려줍니다. 눈가에는 얇은 주름을 살짝 그려주면 세월의 흔적을 잘 나타낼 수 있습니다.

[색상] 탭에서 채도가 낮은 회갈색을 선택한 후, 할머니의 파마머리에 컬러 드롭하여 채색합니다.

할머니의 피부를 채색합니다. 목 부분은 그림자가 지기 때문에 얼굴의 피부색보다 살짝 더 어둡고 붉은 기가 들어간 색을 선택하면 음영감을 더해줄 수 있습니다.

[색상] 탭에서 할머니 옷에 잘 어울리는 적절한 색들을 선택한 후, 컬러 드롭 방식으로 채색합니다. 머리에 밝은 회색으로 윤기를 넣어주면, 인자한 할머니의 모습이 완성됩니다.

04 동네 마실 나가시는 할아버지

소요 시간
20분

난이도
상

- **그림에 사용된 브러시**
- [잉크]-[테크니컬 펜] 부드럽고 균일한 선을 그릴 수 있어요.

- **그림에 사용된 주요 기능**
- 컬러 드롭 채색 방법

- **예쁘게 그리는 Point**
- 이마와 눈가, 입가의 주름을 길게 그려주도록 해요.
- 옷을 따뜻하고 포근하게 입혀주고, 지팡이를 함께 그려줘도 좋아요.
- 스케치로 형태를 먼저 잡은 후, 외곽선을 그려서 그림을 완성합니다.

그리는 법

먼저 러프 스케치를 그려보겠습니다. 왼쪽 팔을 지팡이를 짚고 있도록 앞으로 배치해 주고, 구부정한 자세를 표현하기 위해 무릎을 살짝 굽히고 있는 형태로 그립니다.

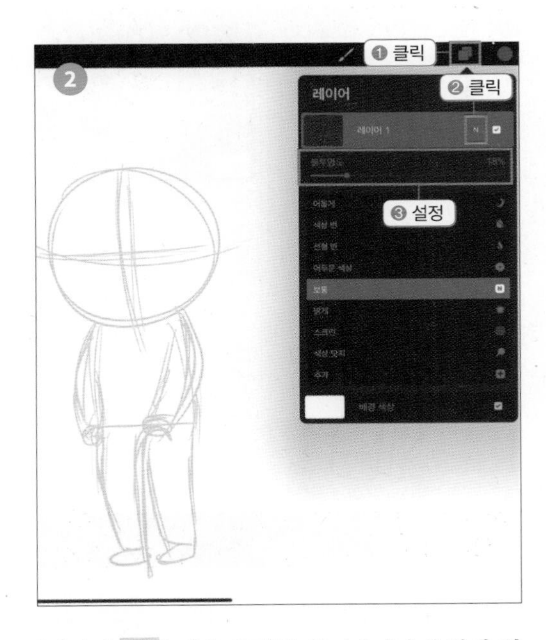

[레이어 ■] 탭을 클릭한 후, '레이어 1' 옆에 있는 'N' 버튼을 클릭합니다. 불투명도를 18%로 설정합니다.

[레이어 ■] 탭을 클릭하고 '+' 버튼을 클릭해 새로운 레이어를 추가합니다. 새로 추가된 레이어는 '레이어 2'가 되며, 이 레이어는 검정색으로 선을 그리는 외곽선용 레이어로 사용할 것입니다.

각이 진 얼굴형과 귀, 푸석푸석한 머리를 그립니다.

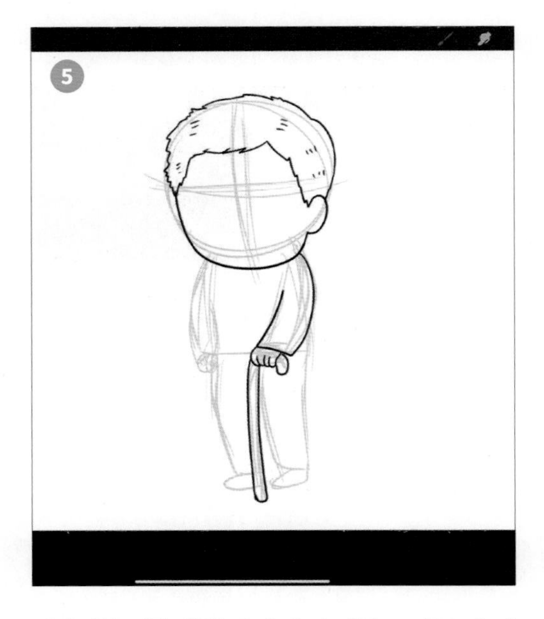

지팡이를 짚을 왼쪽 손과 옷 소매를 그려준 뒤 길쭉한 지팡이를 그려줍니다.

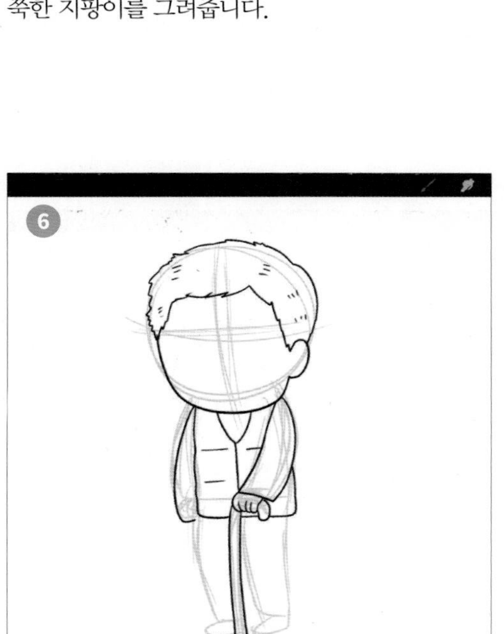

지팡이를 짚은 왼쪽 손과 옷 소매, 얇은 조끼를 그립니다.

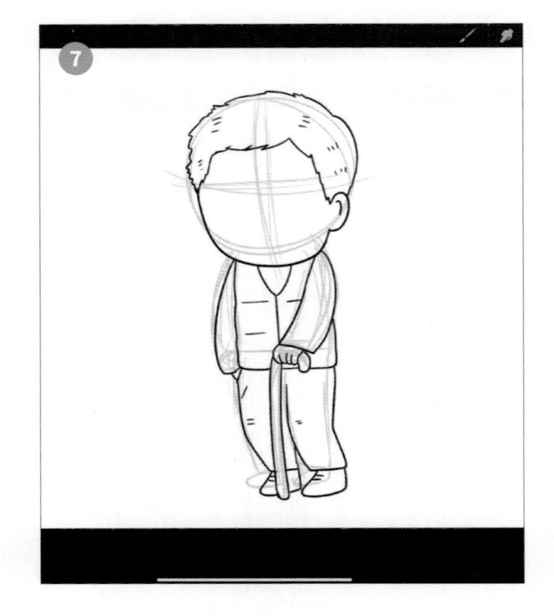

살짝 구부린 무릎과 신발을 그립니다.

[레이어] 탭을 클릭한 후 러프 스케치가 그려져 있는 '레이어 1'이 보이지 않도록, 네모 박스를 클릭하여 체크를 해제합니다. 러프 스케치가 화면에서 보이지 않습니다.

할아버지의 인자하고 평온한 표정을 그려줍니다. 손에 힘을 뺀 상태로 이마와 눈가, 입가에 얇은 선을 그려 주름을 표현합니다.

[색상] 탭에서 머리와 피부에 어울리는 색을 선택한 후, 컬러 드롭하여 채색합니다. 할아버지의 흰 머리는 밝은 회색으로, 피부는 어두운 살구색으로 칠합니다.

할아버지의 옷을 적절한 색상을 골라서 채색합니다. 저의 경우는 채도가 낮은 녹색과 밝은 남색을 선택하여 색을 입혔습니다. 신발과 지팡이까지 채색하면, 푸근한 할아버지 캐릭터가 완성됩니다.

: 풍경

01 평화로운 산과 들판

소요 시간
20분

난이도
상

- **그림에 사용된 브러시**
  - [잉크]-[테크니컬 펜] 부드럽고 균일한 선을 그릴 수 있어요.
- **그림에 사용된 주요 기능**
  - 컬러 드롭 채색 방법
  - [선택 영역 툴] - [자동 툴] 기능으로 선택 영역 지정하기: 외곽선 안쪽에 선택 영역을 만들어 줘요.
- **예쁘게 그리는 Point**
  - 음영을 넣어줘요. 선택 영역 툴로 산의 형태를 잡은 후, 어두운 녹색을 넣어서 산에 그림자를 넣어주는 거예요. 조금 더 입체적인 산을 표현할 수 있어요.
  - 산과 어울리는 자연물을 함께 그려줘요. 푸른 하늘, 뭉게구름, 넓은 들판과 숲을 간략화해서 그려주는 거예요. 이런 구성요소들이 적절히 들어가면 실제 풍경을 보는 듯한 느낌을 줍니다.

그리는 법

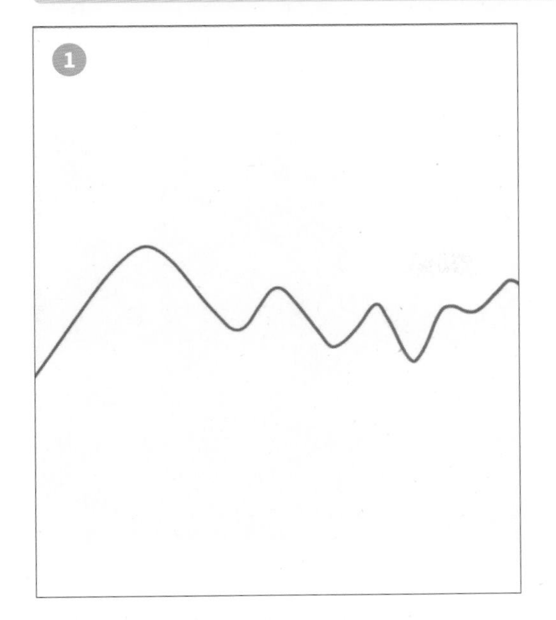

[색상] 탭에서 진한 녹색을 선택한 후, 산의 형태를 선으로 구불구불하게 그립니다.

[색상] 탭에 선택되어 있는 녹색을 클릭한 후 화면으로 쭉 끌고 내려와 컬러 드롭하여 채색합니다.

[선택 영역 툴]을 클릭한 뒤, 아래에 활성화되는 메뉴에서 [자동] 모드를 선택합니다. 산을 클릭합니다. 산을 선택 영역으로 지정하는 과정입니다.

산에서 빛이 들어오는 부분을 밝게 표현하기 위해 [색상] 탭에서 조금 더 밝고 흰색이 도는 녹색을 선택합니다. 빛이 들어오는 영역들을 선으로 꼼꼼하게 잡아줍니다.

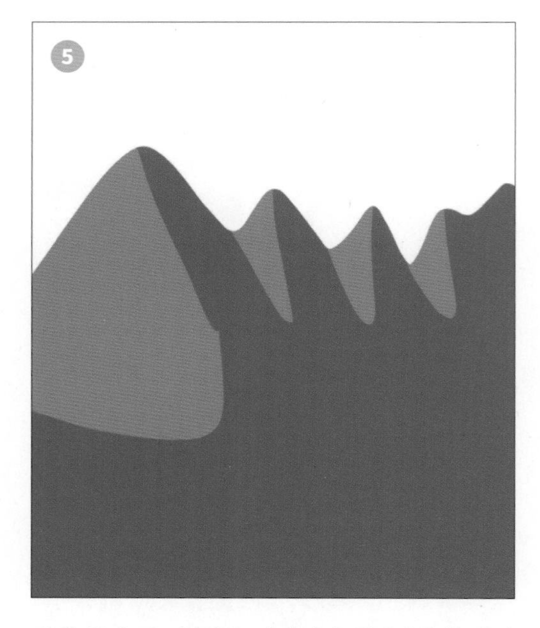

빛이 들어오는 부분을 채색하기 위해 [색상] 탭에 선택되어 있는 색상을 쭉 끌고 내려와 컬러 드롭하여 채색합니다.

[색상] 탭에서 채도가 낮고 탁한 풀색을 선택한 뒤, 산의 아랫부분에 울창한 숲 그림을 그립니다. 이때 선의 굵기를 넓게 조정한 후 작업하면 편리하게 그릴 수 있습니다.

들판에 잘 어울리는 밝은 녹색을 선택한 뒤, 아래 부분에 깔아주도록 합니다. 컬러 드롭하여 채색한 뒤, 꼼꼼하지 않은 가운데 부분은 선으로 덧칠하여 정리합니다. 더욱 밝은 녹색으로 불규칙한 선을 그리고, 진한 녹색으로 풀과 잔디를 그립니다.

[색상] 탭에서 연한 하늘색을 선택한 후, 바탕 부분에 컬러 드롭하여 채색합니다.

[선택 영역 툴]을 클릭한 뒤, 하늘 부분을 클릭하여 선택 영역으로 만들어 줍니다.

[색상] 탭에서 흰색을 선택한 후, 뭉게뭉게 피어오르는 구름을 선으로 그립니다. 흰색으로 구름을 컬러 드롭하여 구름을 채색합니다.

조금 더 어두운 하늘색을 선택한 후, 구름 아래쪽에 드리운 그림자를 그려줍니다. 브러시의 크기를 크게 조절한 뒤, 그려주면 편합니다. 이렇게 평화로운 산과 들판 그림이 완성되었습니다.

02 평화로운 동해 바다

소요 시간
15분

난이도
상

- **그림에 사용된 브러시**
- [잉크]-[테크니컬 펜] 부드럽고 균일한 선을 그릴 수 있어요.
- **그림에 사용된 주요 기능**
- 컬러 드롭 채색 방법
- [선택 영역 툴] - [자동 툴 자동] 기능으로 선택 영역 지정하기: 외곽선 안쪽에 선택 영역을 만들어 줘요.
- **예쁘게 그리는 Point**
- 3개의 영역으로 나누어 그림을 그려줄 거예요. 하늘, 바다, 모래사장 세 구역으로 나누어서 색을 깔고, 그 위에 그림을 그려줘요.
- 파도의 끝에 흰 거품을 그려줘요. 바닷물이 밀려올 때 보글보글 거품이 일어나거든요. 이 부분을 흰색으로 그리면 진짜 바다처럼 보여요. 그리고 윤슬을 넣어줘도 반짝반짝 빛나는 예쁜 바다를 표현할 수 있어요.

그리는 법

[색상] 탭에서 밝은 바다색을 선택한 뒤, 화면을 가로지르는 선 하나를 올곧게 그립니다.

[색상] 탭에서 바다색을 쭉 끌어와 화면의 아래쪽에 컬러 드롭하여 채색합니다.

하늘색을 선택한 뒤, 화면의 상단 부분에 컬러 드롭하여 채색합니다.

흰색을 선택한 뒤, 하늘 부분에 흰구름을 4개 정도 그립니다.

바다의 수평선 한가운데에 저 멀리 있는 어두운 섬을 짙은 회색으로 그립니다.

바다의 앞쪽에 있는 모래사장을 표현하기 위해 모래색을 화면 앞쪽에 덮어줍니다. 흰색으로 겹치는 부분들을 메워주어 보글보글 피어오르는 파도 거품을 만들어 줍니다.

진한 회색을 선택한 후, 바다의 앞쪽에 낮은 돌멩이들을 그립니다. 앞부분에는 파도가 쳐서 거품이 생기기 때문에 흰색으로 파도 거품들을 그려주면 좋습니다.

바다에 잘 어울리는 갈매기와 불가사리, 조개들을 그려서 풍요로운 바다의 모습을 만들어 줍니다. 바다에 살짝 비치는 윤슬까지 흰색의 선으로 표현하면, 아름다운 바다 그림이 완성됩니다.

03 바다의 보물창고 갯벌

소요 시간
20분

난이도
상

- **그림에 사용된 브러시**
- [잉크]-[테크니컬 펜] 부드럽고 균일한 선을 그릴 수 있어요.

- **그림에 사용된 주요 기능**
- 컬러 드롭 채색 방법
- [선택 영역 툴] - [자동 툴 자동] 기능으로 선택 영역 지정하기: 외곽선 안쪽에 선택 영역을 만들어 줘요.

- **예쁘게 그리는 Point**
- 바닷물이 살짝 고여 있게 그려줘요. 서해 갯벌은 썰물 때 생기는데, 바닷물이 조금씩 고여 있어요. 그냥 갯벌의 진흙색만 그리면 심심해 보일 수 있어서 이런 물기를 같이 표현하면 더욱 예쁘게 그릴 수 있어요.
- 갯벌에 사는 생물들을 같이 그려요. 갯벌에 사는 게, 조개, 소라게, 개불, 철새들을 그려주면 더욱 생명력 있는 갯벌을 표현할 수 있어요.

그리는 법

[색상] 탭에서 연한 하늘색을 선택한 뒤, 화면의 2/3 정도를 덮어주겠습니다. 긴 선을 그린 후, 아랫부분을 컬러 드롭하여 채색합니다. 남은 하늘 부분은 더욱 밝고 불투명한 하늘색을 선택한 후 컬러 드롭하여 채색합니다.

흰색으로 하늘에 구름들을 그리고, 채도가 낮고 연한 녹색으로 수평선 오른쪽에 보일 듯 말 듯한 섬들을 그립니다.

[색상] 탭에서 밝은 갈색을 선택한 후, 질퍽한 진흙으로 뒤덮인 갯벌을 그립니다.

화면의 앞쪽에는 모래사장을 표현하기 위해 모래색으로 선을 그린 후 모래사장의 면을 컬러 드롭으로 채색하여 만들어 줍니다.

진한 갈색으로 갯벌 위에 점을 콕콕 찍어주고, 모래사장의 앞쪽에는 녹색으로 길쭉하게 뻗은 풀들을 그립니다.

갯벌 위에 생명체들을 그려보겠습니다. 어두운 자주색으로 갯벌을 기어다니는 게들을 그립니다. 눈은 흰색으로 동그랗게 찍어주면 귀여워 보입니다.

소라게와 미역, 갯지렁이를 갯벌 위에 그립니다. 이 밖에도 갯벌에 사는 생물들을 자유롭게 추가해도 좋습니다.

[색상] 탭에서 연한 노랑색을 선택한 뒤, 하늘에 작은 해를 그립니다. 해가 점점 지면서 물이 차오르는 느낌을 더해준 것입니다. 이렇게 바다의 보물창고 갯벌 그림이 완성되었습니다.

04 분위기 있는 밤의 강

소요 시간
15분

난이도
중하

- **그림에 사용된 브러시**
- [잉크]-[테크니컬 펜] 부드럽고 균일한 선을 그릴 수 있어요.

- **그림에 사용된 주요 기능**
- 컬러 드롭 채색 방법
- [선택 영역 툴] - [자동 툴] 기능으로 선택 영역 지정하기: 외곽선 안쪽에 선택 영역을 만들어 줘요.

- **예쁘게 그리는 Point**
- 밤이기 때문에 모든 풍경을 어두운 색으로 칠해줘요. 산도 어둡게, 강도 어둡게, 돌도 어두운 색으로 그려요.
- 강을 그릴 때에는 멀리 있는 부분은 폭이 좁게, 가까운 부분은 널찍하게 그려요. 그림 속의 거리감을 표현해 주는 거예요.

그리는 법

[색상] 탭에서 사파이어 색을 선택한 후, 화면에 컬러 드롭하여 채색합니다.

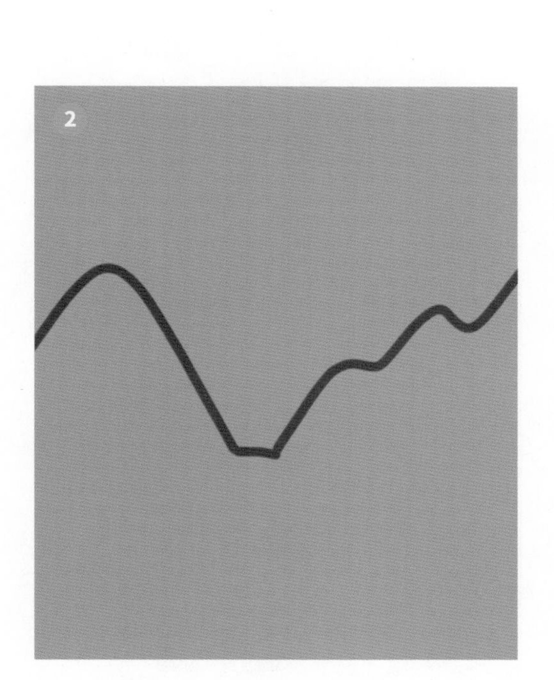

[색상] 탭에서 진한 남색을 선택한 후, 산기슭을 선의 형태로 그립니다.

산기슭을 그린 안쪽으로 동일한 색을 컬러 드롭하여 채색합니다. 밤의 산 모습이 완성되었습니다.

회색을 선택한 후, 산기슭 사이의 희미한 건너편 산을 그립니다.

[색상] 탭에서 밝은 파랑색을 선택한 후, 산기슭에서 앞으로 이어지는 구불구불한 강을 그립니다. 멀리 있을수록 물의 폭이 좁고, 앞으로 올수록 넓어지도록 표현합니다.

[색상] 탭에서 밝은 노랑색을 선택한 후, 커다란 달을 그립니다.

달 주위에 빛나는 별들도 * 모양으로 반짝이듯 그려줍니다. 밝은 노랑색으로 그린 후, 빈 곳에는 밝은 분홍색으로 그리면 조금 더 조화로워 보입니다.

밝은 회색을 선택하여 달 주변의 뭉게구름을 2개 정도 그립니다. 진한 남색을 선택하여, 강 앞쪽으로 길게 이어져있는 돌길도 더해줍니다. 분위기 있는 밤의 강 그림이 완성되었습니다.

: 날씨

01 비 오는 날

소요 시간
20분

난이도
중하

- **그림에 사용된 브러시**
  - [잉크]-[테크니컬 펜] 부드럽고 균일한 선을 그릴 수 있어요.
  - [페인팅]-[물에 젖은 아크릴]  촉촉하게 젖은 아크릴의 느낌을 더해줄 수 있어요.

- **그림에 사용된 주요 기능**
  - 컬러 드롭 채색 방법
  - [선택 영역 툴] - [자동 툴 자동] 기능으로 선택 영역 지정하기: 외곽선 안쪽에 선택 영역을 만들어 줘요.

- **예쁘게 그리는 Point**
  - 비의 방향을 한 방향으로 잡고 그리고, 우중충한 하늘과 젖은 배경을 표현해 줘요.
  - 배경만 그리면 심심할 수 있으니, 비를 피하고 있는 개구리도 그려요.
  - 강을 그릴 때에는 멀리 있는 부분은 폭이 좁게, 가까운 부분은 넓게 그려요. 그림 속의 거리감을 표현하는 거예요.

그리는 법

비가 와서 우중충해진 하늘을 표현하기 위해 [색상] 탭에서 채도가 낮은 하늘색을 선택한 뒤 화면에 컬러 드롭하여 채색합니다.

다양한 색의 구름들을 충분히 그립니다.

바닥을 그려보겠습니다. [색상] 탭에서 어두운 회색을 선택한 뒤, 바닥 부분에 지평선을 긋고 컬러 드롭하여 채색합니다.

[색상] 탭에서 흰색을 선택한 뒤 구름에서 떨어지는 장대비를 그립니다. 바닥에 비가 부딪히며 튕기는 동그란 선들도 표현해 줍니다. 물 웅덩이를 그려도 좋습니다.

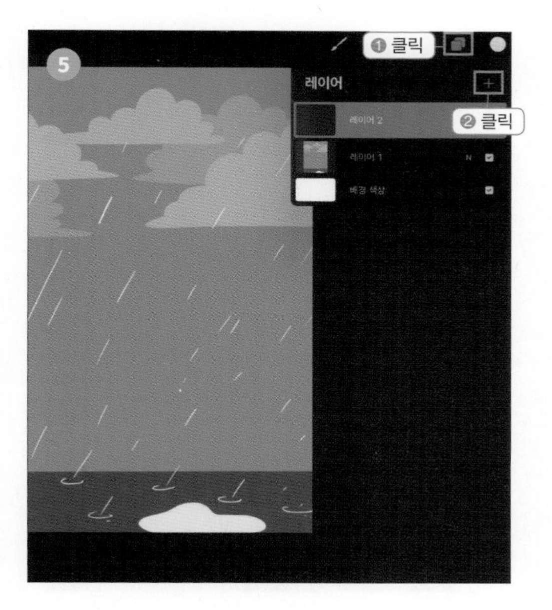

[레이어] 탭을 클릭하고 '+' 버튼을 클릭해 새로운 레이어를 추가합니다. 새로 추가한 레이어는 '레이어 2'가 되며, 이 레이어는 화면의 재질감을 더해주는 텍스처 레이어로 사용할 것입니다.

[물에 젖은 아크릴] 브러시로 질감을 더해주겠습니다. [색상] 탭에서 하늘색을 선택한 뒤 화면에 콕콕 자유롭게 찍어줍니다.

TIP : [브러시 라이브러리]에서 [물]-[물에 젖은 아크릴]을 선택합니다.

[색상] 탭에서 주황색, 연두색을 선택한 뒤 화면에 콕콕 자유롭게 찍어줍니다.

'레이어 2'의 블렌딩 모드를 변경해 보겠습니다. [레이어] 탭을 클릭한 후, '레이어 2' 옆에 있는 'N' 버튼을 클릭합니다. [빼기] 모드를 선택합니다.

[레이어] 탭을 클릭하고 '+' 버튼을 클릭해 새로운 레이어를 추가합니다. 새로 추가된 레이어는 '레이어 3'이 되며, 이 레이어는 개구리를 그릴 레이어로 사용할 것입니다.

귀여운 연두색 개구리를 그립니다.

개구리가 비를 피할 수 있도록 커다란 나뭇잎을 그려보겠습니다. [색상] 탭에서 녹색을 선택한 후, 커다란 나뭇잎과 줄기를 그립니다.

나뭇잎을 컬러 드롭하여 채색한 후, 조금 더 밝은 연두색을 선택하여 잎맥을 그립니다. 비 오는 날의 잔잔한 풍경이 완성되었습니다.

02 화창한 날

소요 시간
20분

난이도
중

- **그림에 사용된 브러시**
- [잉크]-[테크니컬 펜] 부드럽고 균일한 선을 그릴 수 있어요.
- [텍스처]-[렉탕고]  바삭바삭한 표면의 느낌을 더해줄 수 있어요.
- [빛]-[보케] 잔잔한 빛의 번짐을 원 모양의 다발로 표현할 수 있어요.

- **그림에 사용된 주요 기능**
- 컬러 드롭 채색 방법
- 블렌딩 모드 [어둡게] 사용: 레이어의 블렌딩 모드를 [색상 번]으로 변경하면 채도가 높아지고, 그림이 선명해집니다.

- **예쁘게 그리는 Point**
- 배경에 들어갈 요소들을 순서대로 얹듯 그려요.
- [브러시 라이브러리]에 있는 다양한 브러시들을 사용하여 신비로운 느낌을 더해줘요.

그리는 법

밝고 화창한 날씨를 표현하기 위해 채도가 높은 하늘색을 [색상] 탭에서 선택한 뒤 화면에 컬러 드롭하여 채색합니다.

[색상] 탭에서 흰색을 선택한 뒤, 뭉게뭉게 피어오르는 구름을 화면 가운데 아랫부분에 그립니다. 선을 먼저 그린 후, 컬러 드롭하여 채색합니다.

동글동글한 두 개의 언덕을 그려보겠습니다. 화면에 완곡한 곡선을 그린 뒤, 컬러 드롭하여 채색합니다. 하늘에 햇님과 언덕에 작은 풀들도 그리면 좋습니다.

TIP : 앞에 있을수록 밝은 색으로, 뒤에 있을수록 어두운 색으로 칠해주면 좋습니다.

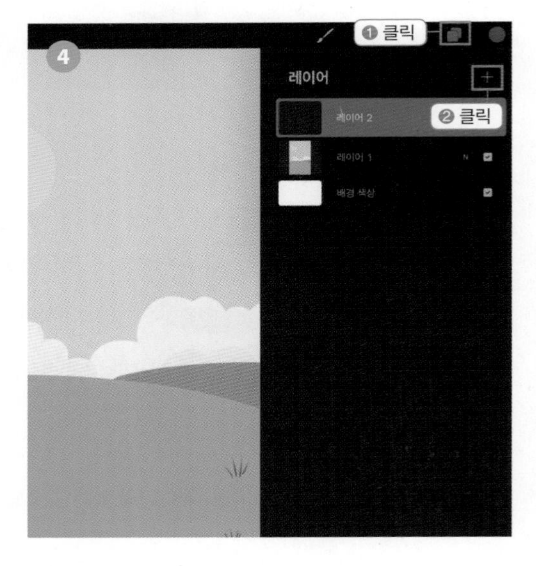

[레이어] 탭을 클릭하고 '+' 버튼을 클릭해 새로운 레이어를 추가합니다. 새로 추가된 레이어는 '레이어 2'가 되며, 이 레이어는 재질감을 더할 텍스처 레이어로 사용할 것입니다.

[렉탕고] 브러시를 선택한 후, 노랑색과 연두색을 화면에 입혀줍니다.

> **TIP :** [브러시 라이브러리]에서 [텍스처]-[렉탕고] 브러시를 선택합니다.

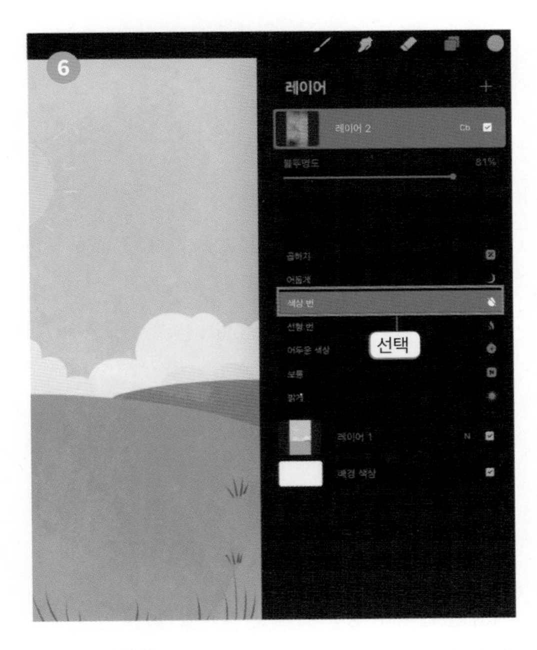

[레이어] 탭을 클릭한 후, '레이어 2' 옆에 있는 'N' 버튼을 클릭합니다. [색상 번] 모드를 선택합니다.

[레이어] 탭을 클릭하고 '+' 버튼을 클릭해 새로운 레이어를 추가합니다. 새로 추가된 레이어는 '레이어 3'이 되며, 이 레이어는 나비와 꽃을 그리는 레이어로 사용할 것입니다.

귀여운 나비들과 꽃 한 송이를 그립니다.

[레이어] 탭을 클릭하고 '+' 버튼을 클릭해 새로운 레이어를 추가합니다. 새로 추가된 레이어는 '레이어 4'가 되며, 이 레이어는 빛 효과를 더해줄 레이어로 사용할 것입니다.

[색상] 탭에서 밝은 주황색을 선택한 후, 화면에 [보케] 브러시로 자연스럽게 빛을 그려 넣어줍니다.

TIP : [브러시 라이브러리]에서 [빛]-[보케]를 선택합니다.

[레이어] 탭을 클릭한 후, '레이어 4' 옆에 있는 'N' 버튼을 클릭합니다. 불투명도를 47%로 조정한 후 [광도] 모드를 선택합니다.

화창한 날의 풍경 그림이 완성되었습니다.

03 눈 오는 날

소요 시간
20분

난이도
중

- **그림에 사용된 브러시**
- [잉크]-[테크니컬 펜]  부드럽고 균일한 선을 그릴 수 있어요.
- [에어브러시]-[소프트 브러시]  부드러운 색의 변화를 넣어줄 수 있어요.
- [에어브러시]-[미디움 하드 에어브러시]  다소 단단하면서도 포근포근한 느낌이 담긴 에어브러시에요.

- **그림에 사용된 주요 기능**
- 컬러 드롭 채색 방법

- **예쁘게 그리는 Point**
- 눈의 밝은 부분은 흰 색, 눈의 어두운 부분은 밝은 사파이어 색. 이 두 가지 색으로 눈을 표현해줘요.
- 배경만 그리면 심심할 수 있으니, 귀여운 눈사람을 그려요.

[색상] 탭에서 밝은 사파이어색을 선택한 뒤 화면에 컬러 드롭하여 채색합니다.

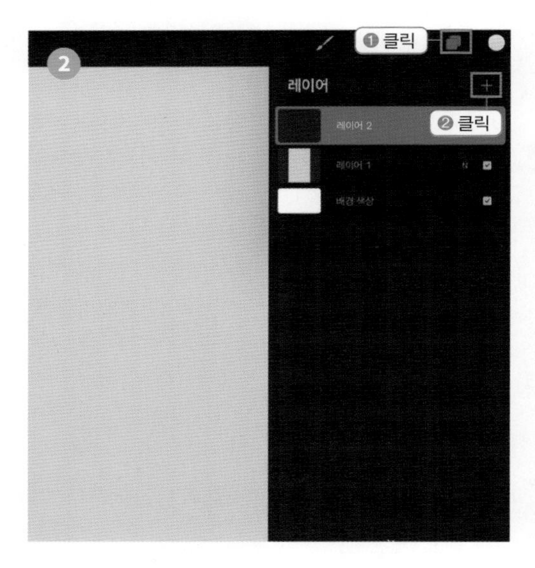

[레이어] 탭을 클릭하고 '+' 버튼을 클릭해 새로운 레이어를 추가합니다. 새로 추가된 레이어는 '레이어 2'가 되며, 이 레이어는 눈 언덕을 그릴 레이어로 사용할 것입니다.

[색상] 탭에서 흰색을 선택한 뒤, 화면에 완곡한 언덕을 그립니다.

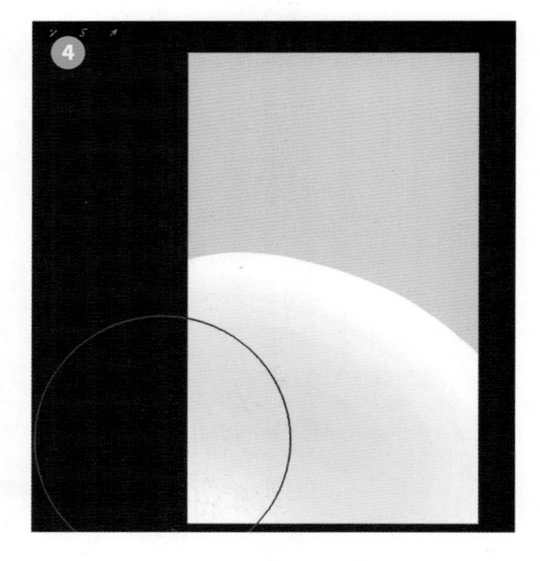

[에어브러시]의 크기를 최대로 키운 후, [색상] 탭에서 배경색으로 쓰인 사파이어색을 선택하여 언덕 위에 부드럽게 덧칠합니다.

TIP : [브러시 라이브러리]에서 [에어브러시]-[소프트 브러시]를 선택합니다.

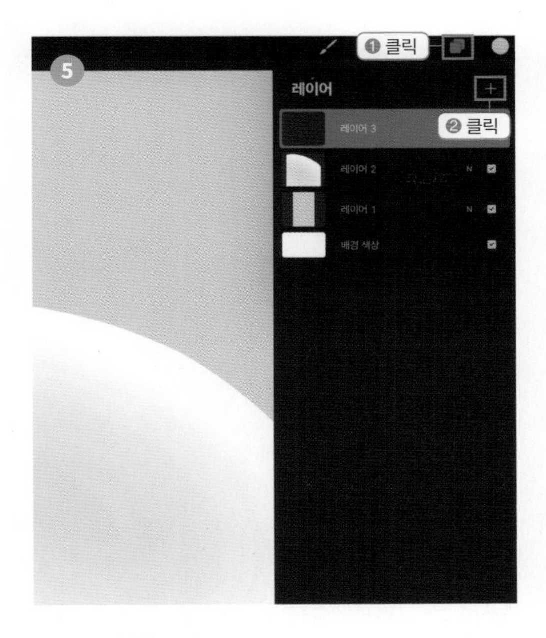

[레이어] 탭을 클릭하고 '+' 버튼을 클릭해 새로운 레이어를 추가합니다. 새로 추가된 레이어는 '레이어 3'이 되며, 이 레이어는 새로운 언덕을 그릴 레이어로 사용할 것입니다.

[색상] 탭에서 흰색을 선택한 뒤, 앞에 그린 언덕과 동일한 언덕을 반대 방향으로 만들어 줍니다.

[브러시 라이브러리]에서 [에어브러시]-[소프트 브러시]를 선택합니다. 브러시의 크기를 최대로 키워준 후, [색상] 탭에서 배경색으로 쓰인 사파이어색을 선택하여 언덕 위에 부드럽게 덧칠합니다.

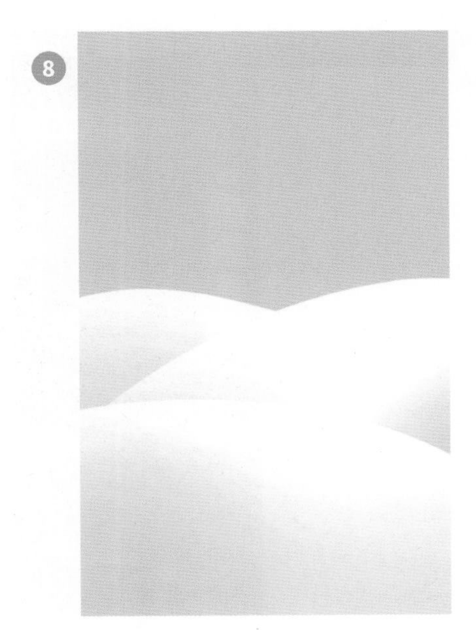

6 ~ 7 번과 동일한 방법으로, 하나의 언덕과 부드러운 음영을 하나 더 만들어 줍니다.

[미디움 하드 에어브러시]를 선택한 후, 브러시 사이즈를 작게 줄이고 하늘에서 내려오는 눈들을 콕콕 찍어서 그립니다.

TIP : [브러시 라이브러리]에서 [에어브러시]-[미디움 하드 에어브러시]를 선택합니다.

[레이어 ■] 탭을 클릭하고 '+' 버튼을 클릭해 새로운 레이어를 추가합니다. 새로 추가된 레이어는 '레이어 5'가 되며, 이 레이어에는 눈사람과 발자국을 그려줄 것입니다.

눈사람을 그려보겠습니다. 흰색 원 두 개를 만듭니다.

배경에 사용된 사파이어 색을 선택한 후, 원의 외곽쪽에 테두리를 그리듯 부드럽게 칠해 음영감을 더해줍니다.

눈, 코, 팔, 뒤집어진 양동이 모자를 그립니다.

[소프트 브러시]를 선택합니다. 배경으로 쓰인 사파이어색을 선택한 뒤, 언덕 위에 발자국을 그립니다. 눈 내리는 풍경 그림이 완성되었습니다.

TIP : [브러시 라이브러리]-[에어브러시]-[소프트 브러시]를 선택합니다.

TIP : 아이패드에서 아이폰으로 편하게 이미지를 옮기는 방법

애플의 기기들은 AirDrop(에어드롭)이라는 기능을 지원합니다. 사진, 동영상, 문서, 연락처 등을 빠른 속도로 공유할 수 있는 기능입니다. WiFi, 블루투스를 이용하여 공유하는 방식이며 사용 방법은 간단합니다.

프로크리에이트에서 [동작]-[공유]-[이미지 파일 형식(ex. PNG)]을 선택한 후, AirDrop 아이콘을 클릭합니다.

화면에 뜨는 자신의 아이폰을 선택하면 이미지가 전송됩니다.

***나의 기기가 안 뜰 때**
아이패드에서 오른쪽 화면의 상단 부분을 손가락으로 내려서 [제어 센터]를 열어준 후, AirDrop 수신을 켜주고 '모두' 혹은 '연락처만'으로 변경해 주세요.

아이폰과 아이패드 모두 AirDrop 기능을 켜줘야 이미지 송수신이 가능합니다.

04 번개 치는 날

소요 시간
20분

난이도
최상

- **그림에 사용된 브러시**
- [잉크]-[테크니컬 펜] 부드럽고 균일한 선을 그릴 수 있어요.
- [빛]-[라이트 펜] 번쩍번쩍 빛이 나는 브러시에요. 빛나는 글씨나 번개를 그릴 때 잘 어울려요.
- [빛]-[빛 샘] 오색찬란한 여름 햇빛의 느낌을 표현할 수 있어요.
- [페인팅]-[타마르] 오래된 종이 느낌을 더해줄 수 있어요.

- **그림에 사용된 주요 기능**
- 컬러 드롭 채색 방법
- 블렌딩 모드 [나누기], [오버레이], [색상 번] 사용: 나누기와 오버레이 모드로 텍스처와 색감을 자연스럽게 넣어주고, 색상 번 모드로 채도를 보다 선명하게 조절할 수 있어요.
- 레이어의 블렌딩 모드를 [색상 번]으로 변경하면 채도가 높아지고, 노릇노릇 바삭바삭한 느낌이 더해져요.

- **예쁘게 그리는 Point**
- 번개를 밝은 라이트 펜 브러시로 표현해요. 천둥은 삐쭉삐쭉한 선들을 빼곡하게 퍼져나가듯 연결하면 자연스럽게 그릴 수 있어요.
- 반짝이는 천둥을 빛샘 브러시로 표현해요. 다양한 색이 담겨있어서 굉장히 예쁩니다.

그리는 법

[색상] 탭에서 밤하늘의 색을 선택한 뒤 배경을 깔아줍니다. 검정색에 가까운 보라색을 선택하여, 언덕을 그립니다. 언덕은 컬러 드롭하여 채색합니다.

탁한 구름과 언덕 위의 나무 한 그루를 그립니다.

흰색을 선택한 후, 브러시 사이즈를 제일 작게 줄여서 구름에서 내리는 비를 그립니다.

[라이트 펜]을 사용하여, 구름에서 내려오는 번개들을 여러 개 그립니다.

TIP : [브러시 라이브러리]에서 [빛]-[라이트 펜]을 선택합니다.

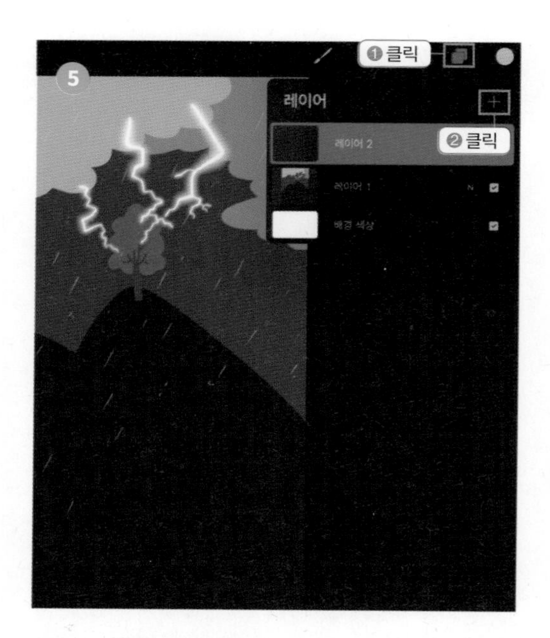

[레이어 ■] 탭을 클릭하고 '+' 버튼을 클릭해 새로운 레이어를 추가합니다. 새로 추가된 레이어는 '레이어 2'가 되며, 이 레이어는 천둥을 표현하는 레이어로 사용할 것입니다.

천둥의 반짝임을 표현해주기 위해 [빛샘] 브러시를 선택합니다. [색상] 탭에서 노랑색을 고른 후, 화면에 붓을 칠해줍니다. 빛이 들어오는 느낌이 더 해집니다.

TIP : [브러시 라이브러리]에서 [빛]-[빛샘]을 선택합니다.

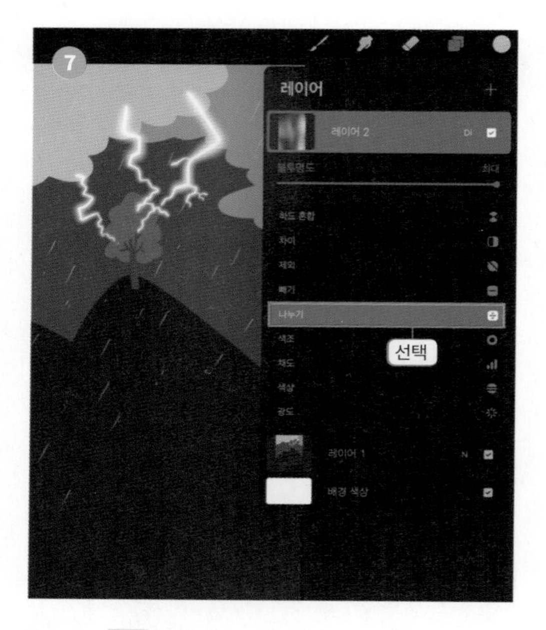

[레이어 ■] 탭을 클릭한 후, '레이어 2' 옆에 있는 'N' 버튼을 클릭합니다. 블렌딩 모드를 [나누기] 모드로 선택합니다.

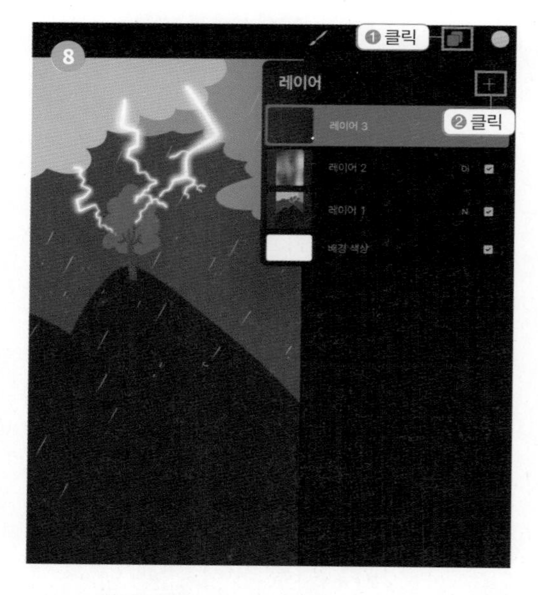

[레이어 ■] 탭을 클릭하고 '+' 버튼을 클릭해 새로운 레이어를 추가합니다. 새로 추가된 레이어는 '레이어 3'이 되며, 이 레이어는 보라색의 색감과 재질감을 더하는 레이어로 사용할 것입니다.

[타마르] 브러시를 사용해 보겠습니다. [색상] 탭에서 밝은 보라색을 선택한 후, 화면에 흩뿌리듯 색을 덮어줍니다.

TIP : [브러시 라이브러리]에서 [페인팅]-[타마르]를 선택합니다.

[레이어] 탭을 클릭한 후, '레이어 3' 옆에 있는 'N' 버튼을 클릭합니다. 블렌딩 모드를 [오버레이] 모드로 선택합니다. 불투명도는 80% 정도로 줄여줍니다.

[레이어] 탭을 클릭하고 '+' 버튼을 클릭해 새로운 레이어를 추가합니다. 새로 추가된 레이어는 '레이어 4'가 되며, 이 레이어에는 창문을 그려줄 것입니다.

직사각형을 그린 후 1초간 기다려서 보정이 들어간 직사각형으로 만들어 줍니다. [직사각형] 버튼을 클릭하여 선을 더욱 말끔하게 보정합니다.

[브러시 라이브러리] 탭을 클릭하면 직사각형 활성화 창이 사라지며 일반적인 선으로 고정됩니다. 그 상태에서 [색상] 탭의 색을 컬러 드롭으로 채색해 검정색 창문으로 만들어 줍니다.

브러시의 크기를 살짝 키운 후, 십자 형태의 창문을 만들어 줍니다. 창문을 바라보고 있는 난희 캐릭터의 뒷모습과 선인장 화분을 그립니다.

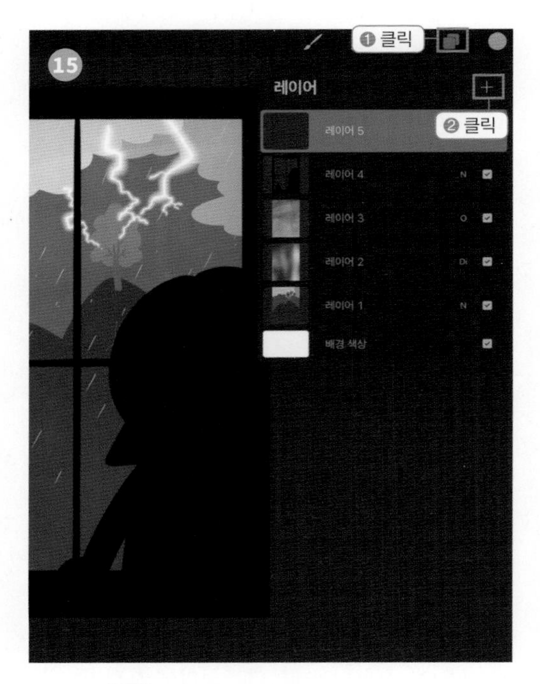

[레이어] 탭을 클릭하고 '+' 버튼을 클릭해 새로운 레이어를 추가합니다. 새로 추가된 레이어는 '레이어 5'가 되며, 이 레이어에는 빛을 더해서 마무리 색감을 더해 주겠습니다.

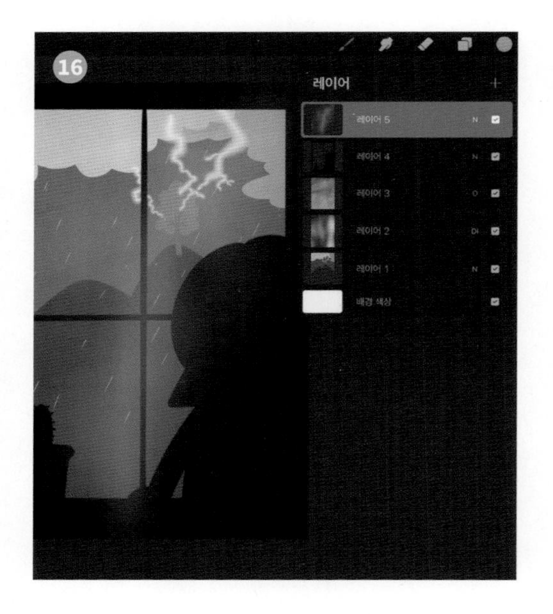

[빛샘] 브러시를 선택합니다. [색상] 탭에서 노랑색을 선택한 후, 화면에 빛을 더해줍니다.

TIP : [브러시 라이브러리]에서 [빛]-[빛샘]을 선택합니다.

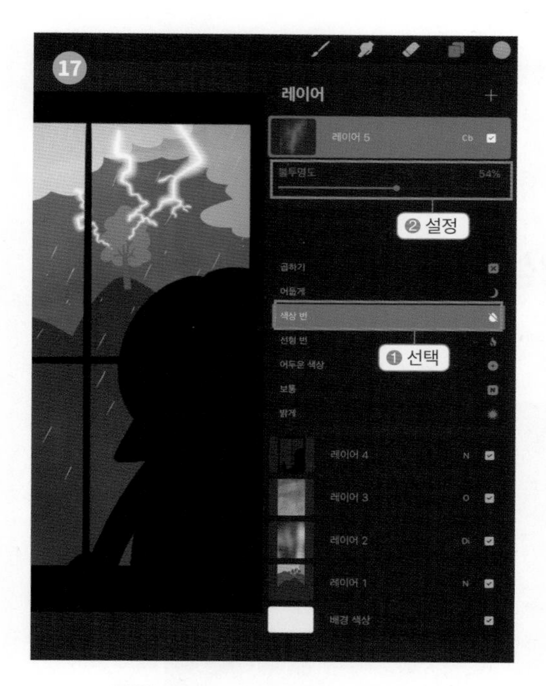

[레이어] 탭을 클릭한 후, '레이어 5' 옆에 있는 'N' 버튼을 클릭합니다. 블렌딩 모드를 [색상 번] 모드로 선택하고 불투명도는 54% 정도로 설정합니다.

번개 치는 날의 풍경 그림이 완성되었습니다.

TIP : 프로크리에이트 테마를 변경하는 방법

[동작]-[설정]을 클릭한 후, [밝은 인터페이스]의 스위치를 켜주면 화이트 테마가 적용되며, 스위치를 꺼주면 블랙 테마가 적용됩니다.

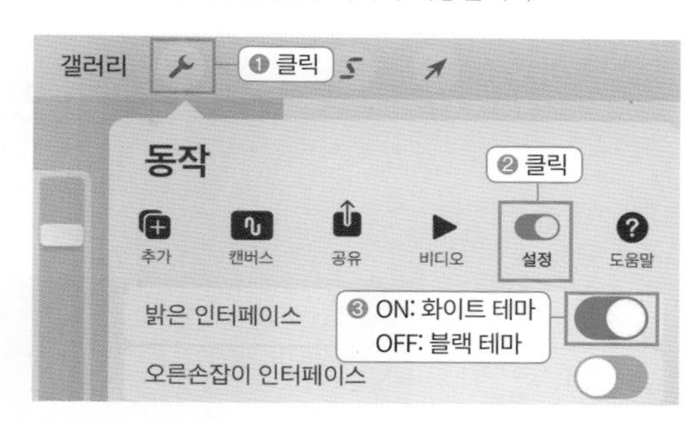

: 행성

01 우리가 살고 있는 행성, 지구

소요 시간
10분

난이도
중하

- **그림에 사용된 브러시**
- [잉크]-[테크니컬 펜] 매끈하고 균일한 선을 그릴 수 있어요.
- [에어브러시]-[소프트 브러시] 부드러운 음영을 더해줄 수 있어요.
- [빛]-[플레어]  섬광처럼 크고 강력한 빛을 표현할 수 있어요.
- [빛]-[보케]  동글동글 아련한 빛의 번짐 효과를 넣어줄 수 있어요.

- **그림에 사용된 주요 기능**
- 클리핑 마스크: [레이어]-클리핑 마스크를 적용할 레이어를 펜으로 한 번 클릭-[클리핑 마스크] 버튼 클릭

- **예쁘게 그리는 Point**
- 지구의 원을 똑바르게 그립니다.
- 클리핑 기능을 활용하여, 대륙의 형태를 원 안에 깔끔하게 넣어줍니다.
- 소프트 브러시를 사용하여, 지구 외곽에 어두운 그림자를 더해줍니다.

그리는 법

화면에 어두운 남색을 컬러 드롭으로 채색하여 채워줍니다.

[소프트 브러시]를 사용하여 가운데에 회색빛 음영을 더해줍니다.

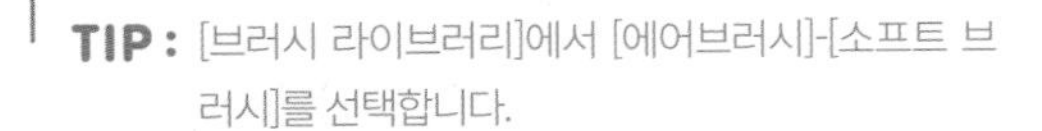

TIP : [브러시 라이브러리]에서 [에어브러시]-[소프트 브러시]를 선택합니다.

새 레이어인 '레이어 2'를 추가한 뒤, [테크니컬 펜]으로 지구를 그려보겠습니다. 파랑색 색상을 선택하고 가운데에 동그라미를 그립니다.

TIP : [브러시 라이브러리]에서 [잉크]-[테크니컬 펜]을 선택합니다.

지구 안에 색을 끌어와 색을 채워줍니다.

새로운 레이어 '레이어 3'을 추가한 뒤, 녹색으로 육지를 그립니다.

[레이어] 탭에서 육지가 그려진 '레이어 3'을 클릭한 후, 왼쪽에 생성되는 메뉴에서 [클리핑 마스크]를 체크합니다. 그러면 지구가 그려진 '레이어 2'에 '레이어 3'의 육지가 깔끔하게 들어갑니다.

TIP : [브러시 라이브러리]에서 [빛]-[빛샘]을 선택합니다.

지구의 바깥쪽에 검정색 [소프트 브러시]로 검정색 음영을 쌓아줍니다. 이때 불투명도를 살짝 낮게 조정하면 좋습니다.

TIP : [브러시 라이브러리]에서 [에어브러시]-[소프트 브러시]를 선택합니다.

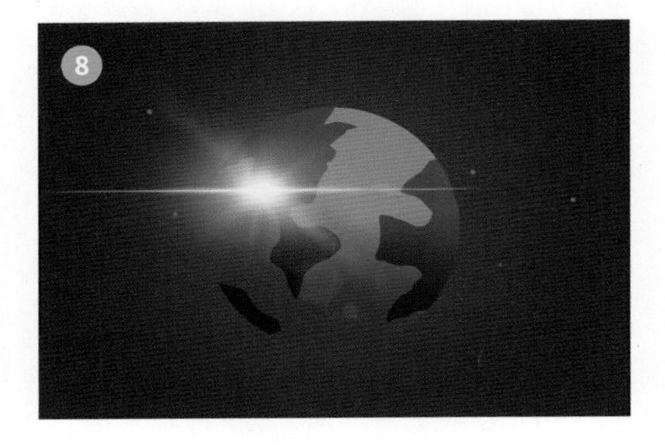

새 레이어를 추가한 뒤, [렌즈 플레어]로 화면을 콕 찍어 외곽에 빛을 넣어줍니다.

TIP : [브러시 라이브러리]에서 [빛]-[렌즈 플레어]를 선택합니다.

[보케] 브러시로 아래쪽에 잔잔한 빛을 더해줍니다. 지구 그림이 완성되었습니다.

TIP : [브러시 라이브러리]에서 [빛]-[보케]를 선택합니다.

02 신비로운 달

소요 시간
15분

난이도
상

- **그림에 사용된 브러시**
- [잉크]-[테크니컬 펜] 매끈하고 균일한 선을 그릴 수 있어요.
- [미술]-[하르츠] 마르고 거친 붓에 물감을 묻혀서 그리는 느낌이에요.
- [터치업]-[그루터기] 스프레이를 뿌린 듯한 효과가 담긴 브러시에요.
- [텍스처]-[커러윙]  거칠고 불규칙적인 표면을 그릴 때 좋아요.
- [요소]-[물]  물 표면의 느낌을 더해줄 수 있어요.

- **그림에 사용된 주요 기능**
- 컬러 드롭 채색 방법

- **예쁘게 그리는 Point**
- 달의 표면은 굉장히 거칠고 용암이 굳어진 흔적들이 남아있어요. 이러한 표면의 특징들을 다양한 브러시를 사용하여 표현해 줘요.
- 바탕색은 한 가지 색보다 여러 가지 색(남색, 보라색, 분홍색 등의 색)을 써주면 훨씬 더 신비롭고 아름다워 보여요.

그리는 법

[색상] 탭에서 밝은 남색을 선택한 뒤, 배경에 컬러 드롭하여 채색합니다.

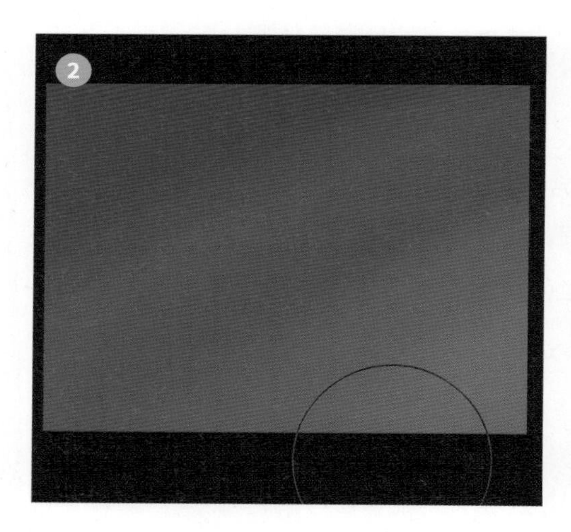

[소프트 브러시]를 선택한 후 [색상] 탭에서 남색, 밝은 남색, 보라색, 밝은 보라색을 선택하여 배경에 사선으로 색을 덮어줍니다. 브러시의 크기는 최대, 불투명도는 살짝 줄인 상태로 채색해주면 좋습니다.

TIP : [브러시 라이브러리]에서 [에어브러시]-[소프트 브러시]를 선택합니다.

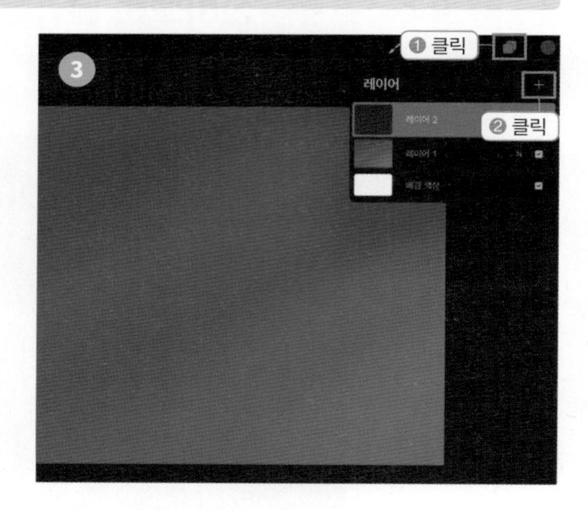

[레이어 ■] 탭을 클릭하고 '+' 버튼을 클릭해 새로운 레이어를 추가합니다. 새로 추가된 레이어는 '레이어 2'가 되며, 이 레이어는 재질감을 더해주는 텍스처 레이어로 사용할 것입니다.

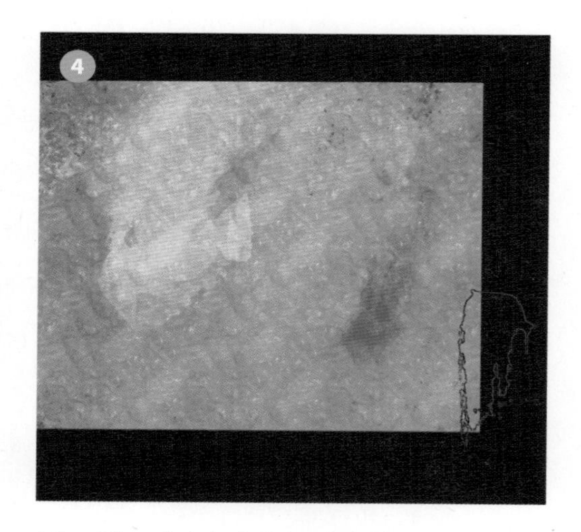

[하르츠] 브러시를 선택하고 [색상] 탭에서 밝은 연보라색을 선택한 후, 브러시의 크기를 최대로 조정하고 화면에 색을 덮어줍니다.

TIP : [브러시 라이브러리]에서 [미술]-[하르츠] 브러시를 선택합니다.

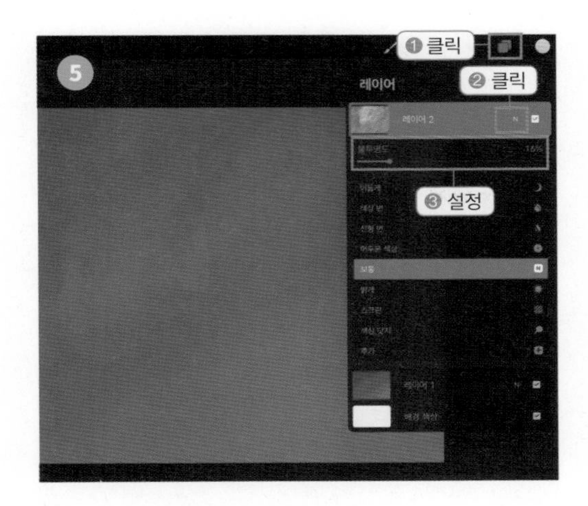

[레이어] 탭을 클릭한 후, '레이어 2'를 선택하여 'N' 버튼을 클릭합니다. 불투명도를 16%로 설정합니다.

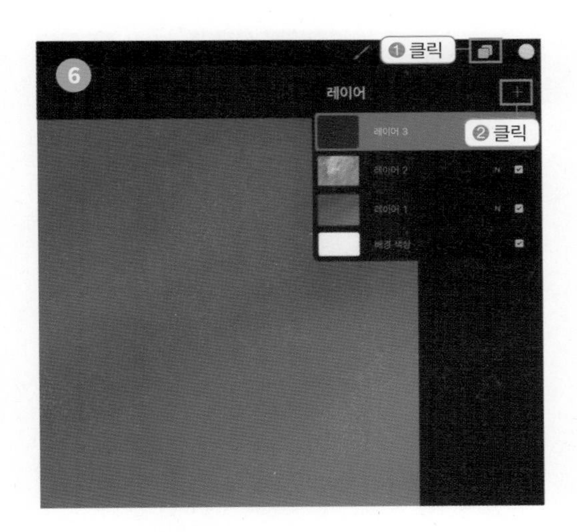

[레이어] 탭을 클릭하고 '+' 버튼을 클릭해 새로운 레이어를 추가합니다. 새로 추가된 레이어는 '레이어 3'이 됩니다.

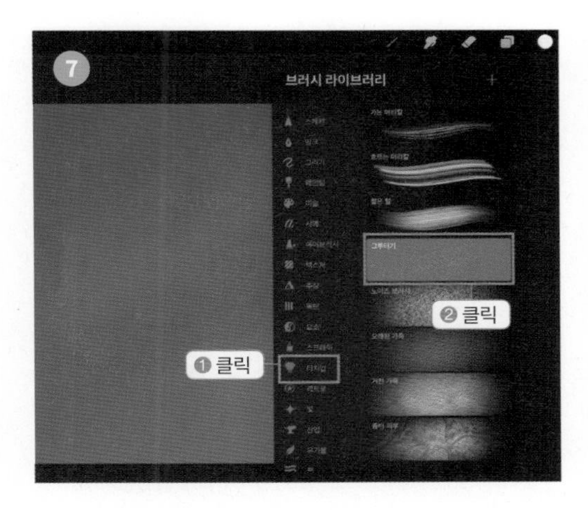

[터치업]–[그루터기] 브러시를 선택한 후, [색상] 탭에서 흰색을 선택하여 화면에 스프레이를 뿌린 듯한 붓터치를 넣어줍니다.

TIP : [브러시 라이브러리]에서 [터치업]-[그루터기]를 선택합니다.

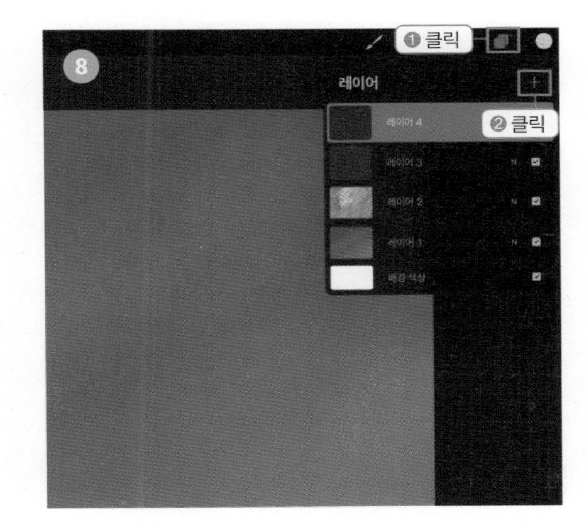

[레이어] 탭을 클릭하고 '+' 버튼을 클릭해 새로운 레이어를 추가합니다. 새로 추가된 레이어는 '레이어 4'가 되며, 이 레이어에는 달을 그려줄 것입니다.

[테크니컬 펜]으로 동그란 원을 그린 후, 컬러 드롭으로 채색하여 하나의 흰색 달을 완성합니다.

TIP : [브러시 라이브러리]에서 [잉크]-[테크니컬 펜]을 선택합니다.

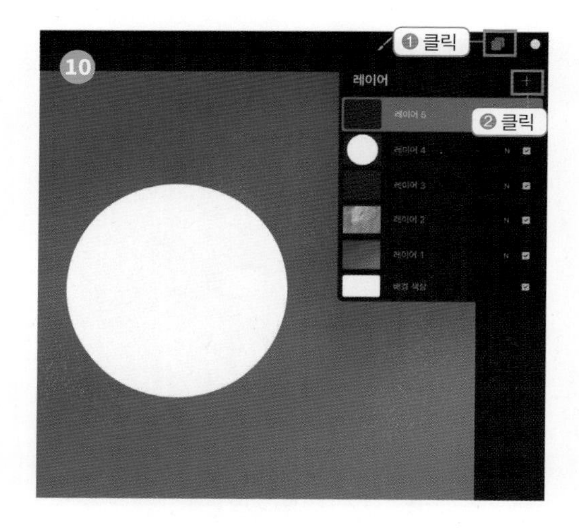

[레이어] 탭을 클릭하고 '+' 버튼을 클릭해 새로운 레이어를 추가합니다. 새로 추가된 레이어는 '레이어 5'가 되며, 이 레이어는 달의 거친 표면을 그리는 레이어로 사용할 것입니다.

[커러웡] 브러시를 선택합니다. [색상] 탭에서 연보라색을 선택한 후 달의 표면을 붓으로 터치합니다.

TIP : [브러시 라이브러리]에서 [텍스처]-[커러웡]을 선택합니다.

[레이어] 탭을 연 후, '레이어 5'를 한 번 더 클릭합니다. 왼쪽에 작은 메뉴가 활성화되면, 8번째에 있는 [클리핑 마스크] 탭을 클릭합니다. 클리핑 마스크 기능을 사용하여, 달의 표면에 그린 텍스처를 '레이어 4'에 연결시키고 원 안으로 자연스럽게 들어가게 해줍니다.

'레이어 5'가 '레이어 4'에 클리핑되어, 원 안으로 연 보라색 텍스처가 자연스럽게 들어갔습니다.

[레이어 ■] 탭을 클릭하고 '+' 버튼을 클릭해 새로운 레이어인 '레이어 6'을 추가합니다. 한 번 더 '레이어 6'을 클릭하면 작은 메뉴창이 활성화 됩니다. 메뉴창에서 [클리핑 마스크]를 클릭합니다. 이 레이어는 달의 어두운 음영을 더해주는 것으로 사용할 것입니다.

[색상] 탭에서 조금 더 어두운 보라색을 선택한 후, 달의 바깥 부분에 [소프트 브러시]로 붓터치를 넣어줘 그림자가 지는 듯한 모습을 표현합니다.

TIP : [브러시 라이브러리]에서 [에어브러시]-[소프트 브러시]를 선택합니다.

[레이어 ■] 탭을 클릭한 후, '레이어 6'을 클릭하면 작은 메뉴창이 활성화 됩니다. N 버튼을 클릭한 후 불투명도를 56%로 설정합니다.

새 레이어를 추가하고 [테크니컬 펜]을 선택한 후, 브러시의 크기를 최대한 작게 줄여서 달 주변에 있는 별들을 작은 점으로 가득 찍어줍니다.

TIP : [브러시 라이브러리]에서 [잉크펜]-[테크니컬 펜]을 선택합니다.

[물] 브러시를 선택한 후, 달 표면에 물 느낌의 텍스처를 넣어줍니다. 반짝반짝 빛나는 달 그림이 완성되었습니다.

TIP : [브러시 라이브러리]에서 [요소]-[물]을 선택합니다.

TIP : 그림 그리는 과정을 녹화하는 방법

아이패드의 [설정] 앱에 들어간 후, [제어센터]에서 [화면기록] 기능을 추가합니다.

그림 그리기를 시작할 때, [제어센터]를 열어 [화면 기록] 아이콘을 클릭하면 화면 녹화가 시작됩니다.

이때, [화면 기록] 아이콘을 꾹 누르면 녹음 기능을 추가할 수 있는 창이 열립니다. 소리까지 녹음하고 싶을 경우, [마이크] 아이콘을 클릭해 주면 [마이크 켬] 모드로 빨갛게 변경이 됩니다.

그림을 완성하면, 다시 [제어센터]를 열어서 [화면 기록] 아이콘을 클릭합니다. 그러면 아이패드의 [사진] 앱에 그림 녹화 영상이 저장됩니다.

03 아름다운 금성

소요 시간
17분

난이도
상

- **그림에 사용된 브러시**
- [잉크]-[테크니컬 펜] 매끈하고 균일한 선을 그릴 수 있어요.
- [요소]-[연기] 부드러운 연기를 표현할 수 있어요.
- [페인팅]-[납작 브러시] 납작한 붓으로 그린 듯한 느낌을 줄 수 있어요.
- [에어브러시]-[소프트 브러시] 부드러운 음영을 더해줄 수 있어요.
- [빛]-[라이트 펜] 번쩍번쩍 빛나는 브러시에요. 빛나는 글씨나 번개를 그릴 때 잘 어울려요.
- [잉크]-[시럽] 케첩을 뿌리는 것처럼 굵은 느낌을 낼 수 있어요.
- [빛]-[보케] 동글동글 아련한 빛의 번짐 효과를 넣어줄 수 있어요.

- **그림에 사용된 주요 기능**
- 컬러 드롭 채색 방법
- 블렌딩 모드: 블렌딩 모드를 변경하여 색감을 훨씬 더 예쁘게 조정해 줘요.

- **예쁘게 그리는 Point**
- 브러시 선을 여러 겹으로 겹쳐서 그려요.
- 어두운 브러시로 아래쪽에 명암을 주면 조금 더 입체감이 느껴져요.
- 주변의 반짝이는 별들을 같이 그려주면 예뻐요.

그리는 법

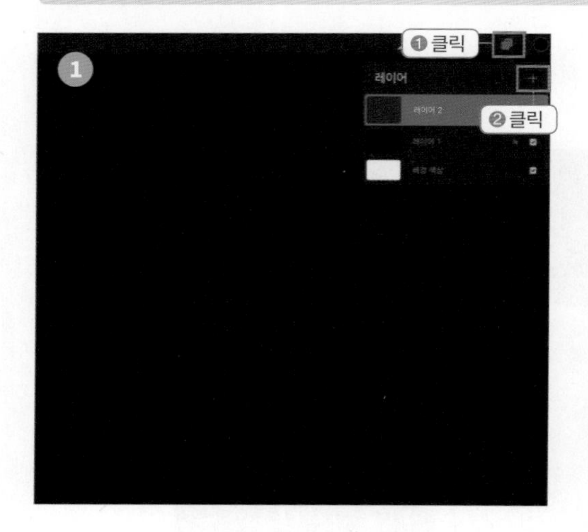

[색상] 탭에서 검정색을 선택한 후, 화면에 컬러 드롭하여 채색합니다. [레이어] 탭을 클릭하고 '+' 버튼을 클릭해 새로운 레이어를 추가합니다. 새로 추가된 레이어는 '레이어 2'가 되며, 이 레이어는 채색용 레이어로 사용할 것입니다.

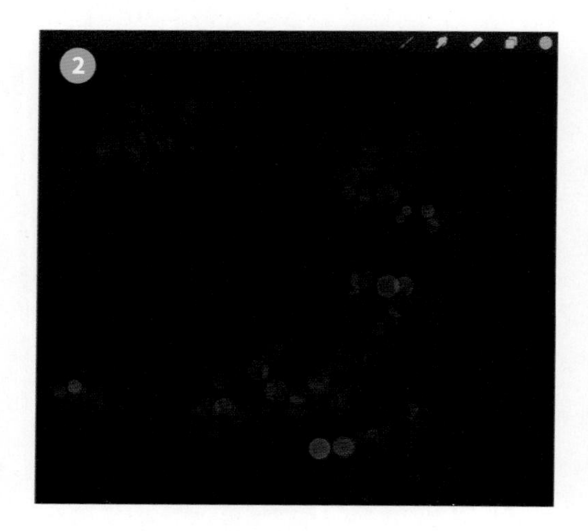

밝은 금색을 선택한 후, 화면에 [보케] 브러시를 동그랗게 칠해줍니다.

TIP : [브러시 라이브러리]에서 [빛]-[보케]를 선택합니다.

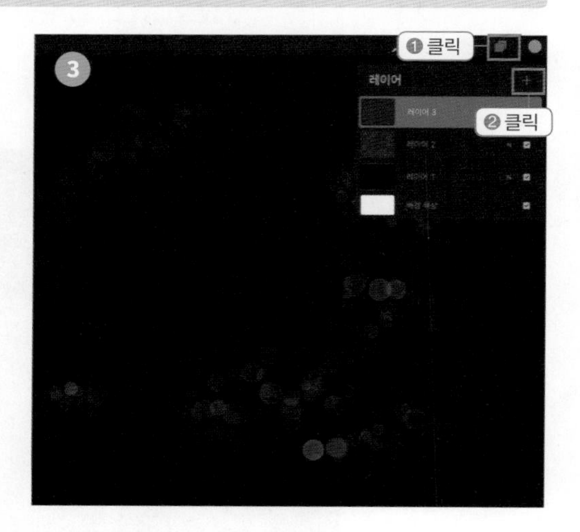

[레이어] 탭을 클릭하고 '+' 버튼을 클릭해 새로운 레이어를 추가합니다. 새로 추가된 레이어는 '레이어 3'이 되며, 이 레이어에는 금성을 그릴 것입니다.

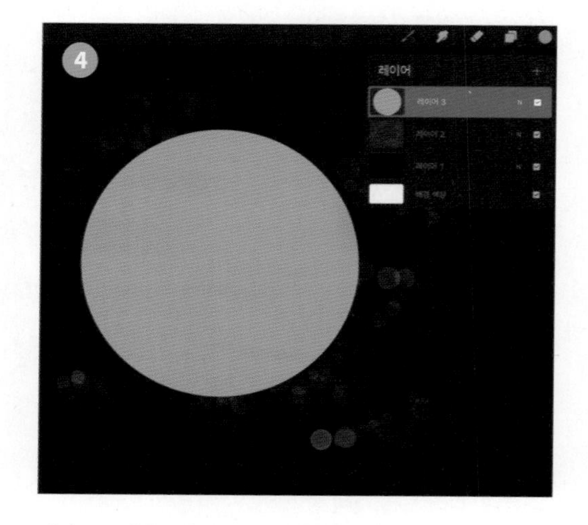

밝은 금색을 선택한 후, 화면 가운데에 동그란 원을 그립니다. 밝은 금색을 컬러 드롭하여 금성을 채색합니다.

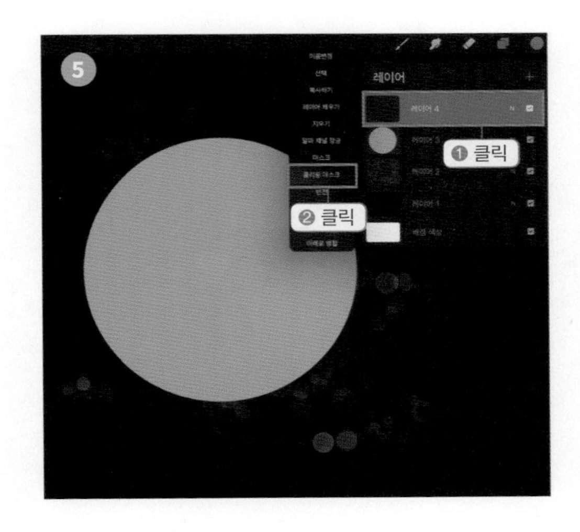

새로 추가된 레이어는 '레이어 4'가 되며, 금성의 표면을 그릴 레이어로 사용할 것입니다. '레이어 4'를 클릭하면, 작은 메뉴창이 활성화 됩니다. 여기서 [클리핑 마스크]를 클릭합니다.

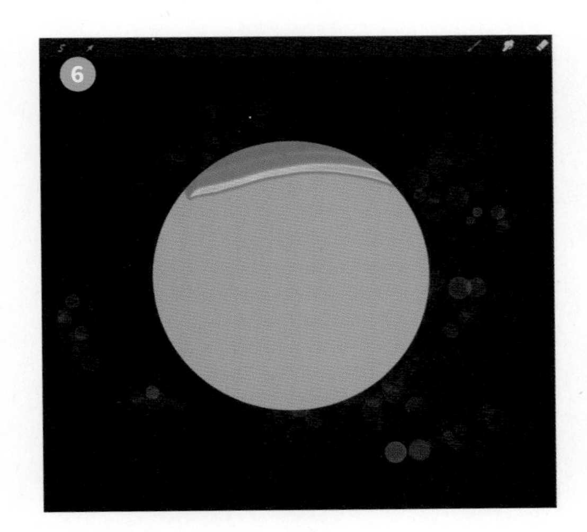

[색상] 탭에서 갈색을 선택한 뒤, [연기] 브러시로 금성의 표면에 가로줄을 그립니다.

TIP : [브러시 라이브러리]에서 [요소]-[연기]를 선택합니다.

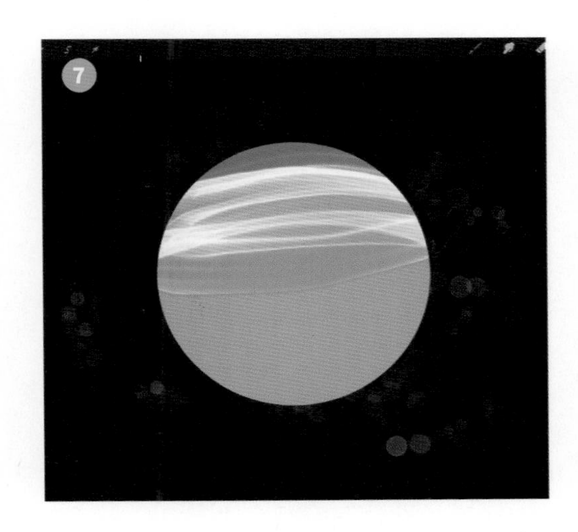

갈색 → 황금색 → 붉은 주황색 순서대로 가로줄을 자유롭게 그립니다.

[레이어] 탭을 클릭하고 '+' 버튼을 클릭해 새로운 레이어를 추가합니다. '레이어 5'에는 금성의 내각선에 빛을 더해주겠습니다.

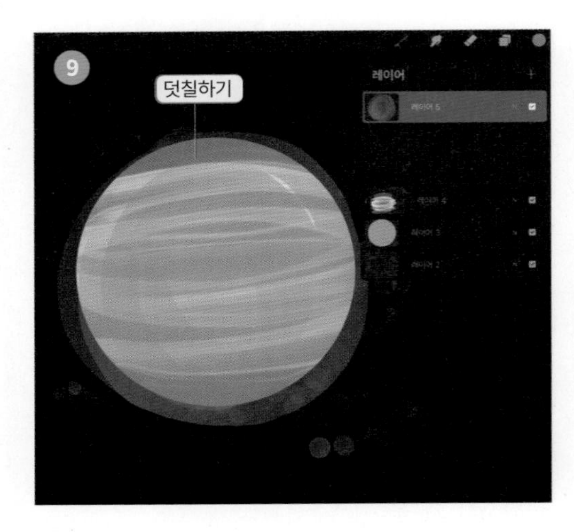

밝은 갈색을 선택한 후, [납작 브러시]로 금성의 표면을 부드럽게 덧칠합니다.

TIP : [브러시 라이브러리]에서 [페인팅]-[납작 브러시]를 선택합니다.

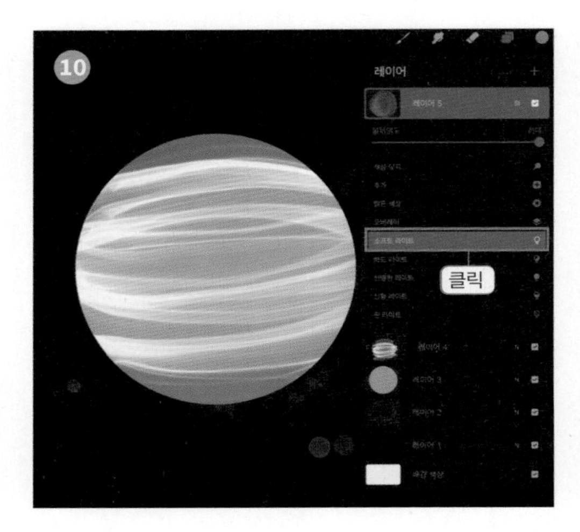

'레이어 5'의 'N' 버튼을 클릭합니다. 블렌딩 모드를 [소프트 라이트]로 변경합니다.

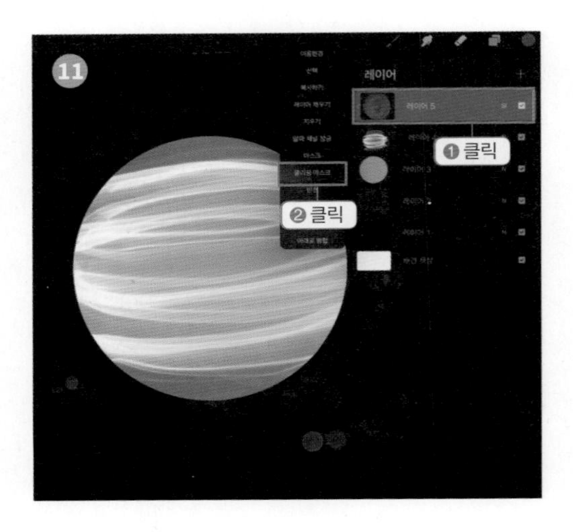

'레이어 5'를 클릭하여, 생성되는 메뉴 화면에서 [클리핑 마스크]를 클릭합니다. '레이어 5'가 아래의 '레이어 3'에 연결된 것을 볼 수 있습니다.

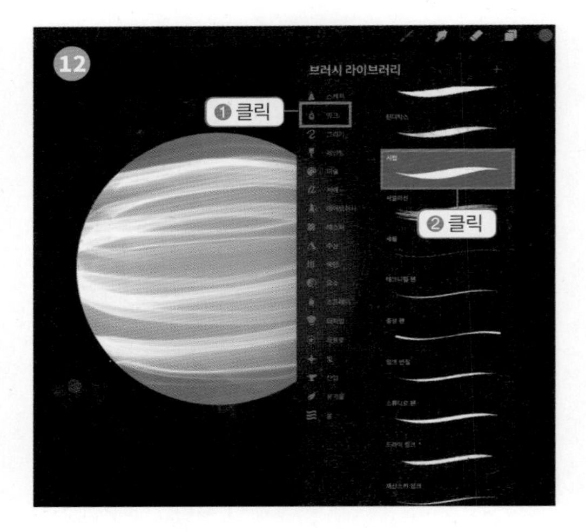

새 레이어인 '레이어 6'을 추가한 후, 클리핑 마스크 기능을 체크합니다. [잉크]–[시럽] 브러시를 선택합니다.

TIP : [브러시 라이브러리]에서 [잉크]-[시럽]을 선택합니다.

진한 갈색으로 금성의 바깥쪽 부분을 동그랗게 칠해줍니다.

'레이어 6'의 'N' 버튼을 클릭한 후, 불투명도를 47%로 설정합니다. 금성의 오른쪽 부분에 그림자를 조금 더 넣어줍니다.

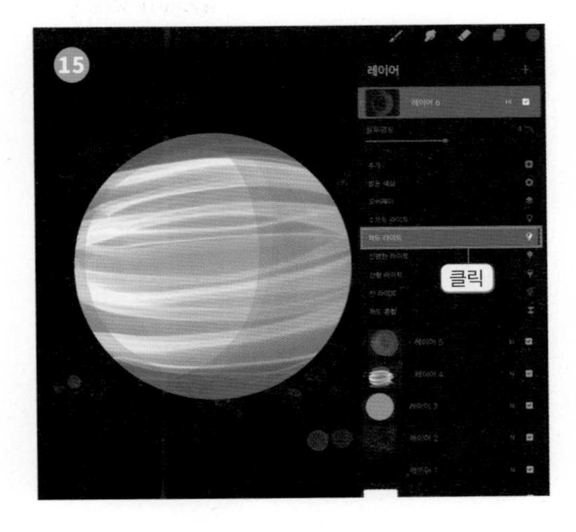

'레이어 6'의 'N' 버튼을 클릭한 후 블렌딩 모드를 [하드 라이트]로 변경합니다.

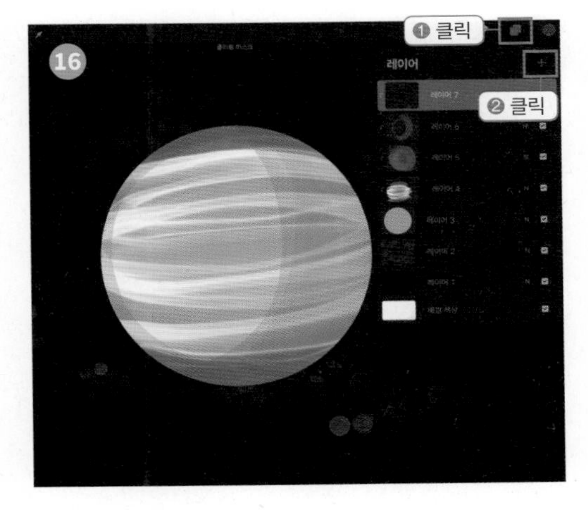

[레이어] 탭을 클릭하고 '+' 버튼을 클릭해 새로운 레이어를 추가합니다. 새로 추가된 레이어는 '레이어 7'이 되며, 이 레이어에는 금성의 그림자를 그려주겠습니다.

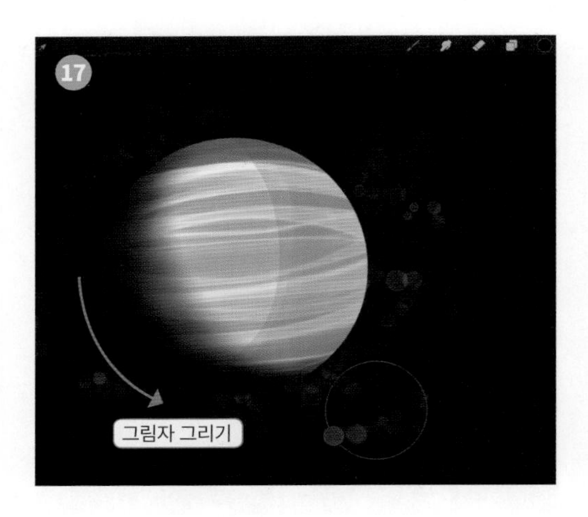

[소프트 브러시]를 선택한 후, 검정색으로 금성의 아래쪽에 드리운 그림자를 그립니다.

TIP : [브러시 라이브러리]에서 [에어브러시]-[소프트 브러시]를 선택합니다.

[테크니컬 펜]으로 작은 흰색 점들을 콕콕 찍어 별을 표현합니다.

TIP : [브러시 라이브러리]에서 [잉크]-[테크니컬 펜]을 선택합니다.

[소프트 브러시]를 선택한 후, 별보다 조금 더 큰 사이즈로 빛을 찍어줍니다.

TIP : [브러시 라이브러리]에서 [에어브러시]-[소프트 브러시]를 선택합니다.

[라이트 펜]을 사용하여 십자 무늬의 빛을 그립니다. 아름다운 금성 그림이 완성되었습니다.

TIP : [브러시 라이브러리]에서 [빛]-[라이트 펜]을 선택합니다.

04 커다란 목성

소요 시간
15분

난이도
중

- **그림에 사용된 브러시**
- [잉크]-[테크니컬 펜] 매끈하고 균일한 선을 그릴 수 있어요.
- [에어브러시]-[소프트 브러시] 부드러운 음영을 더해줄 수 있어요.
- [서예]-[얼룩] 물이 많고 얼룩진 동양화 붓의 느낌을 낼 수 있어요.
- [서예]-[오데온] 길쭉한 형태에 반짝이는 느낌이 나는 서예 브러시에요.
- [텍스처]-[멜라루카] 크로키용 종이 느낌이 나는 텍스처 브러시에요.

- **그림에 사용된 주요 기능**
- 컬러 드롭 채색 방법

- **예쁘게 그리는 Point**
- 브러시를 겹쳐서 자연스러운 줄무늬를 만들어요.
- 목성의 옆구리에 대적반이라는 커다란 태풍을 그려요.

그리는 법

검정색을 선택한 뒤, 화면에 컬러 드롭하여 색을 덮어줍니다.

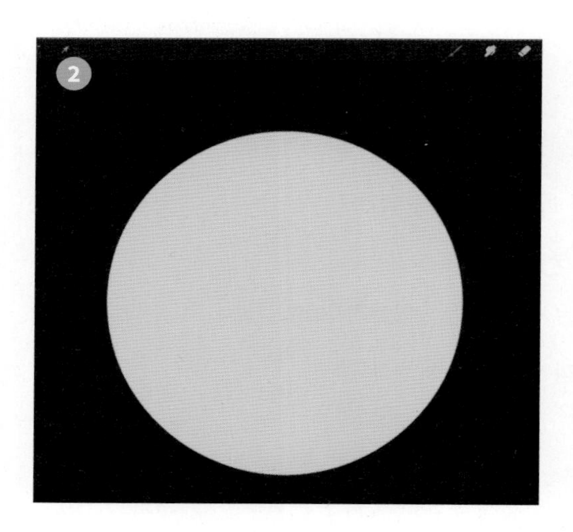

밝은 베이지색을 선택한 뒤, 화면 가운데에 동그란 원을 그립니다. 밝은 베이지색을 그대로 컬러 드롭하여 원을 채색합니다.

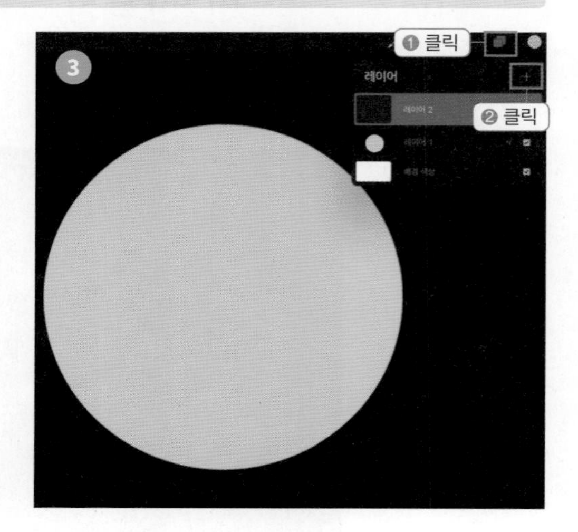

[레이어] 탭을 클릭하고 '+' 버튼을 클릭해 새로운 레이어를 추가합니다. 새로 추가된 레이어는 '레이어 2'가 되며, 목성의 표면을 그리는 레이어로 사용할 것입니다.

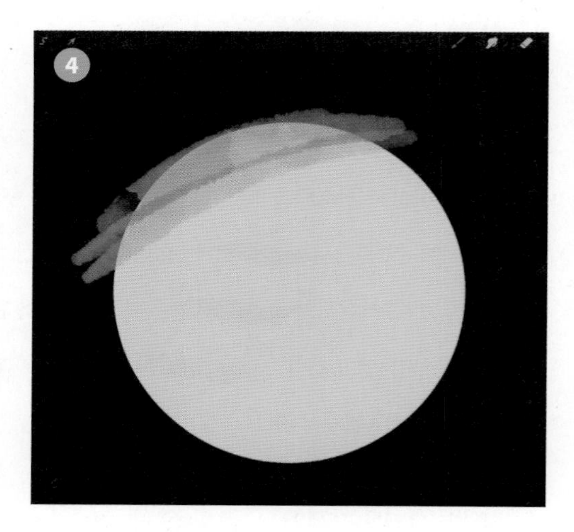

[얼룩] 브러시를 선택한 뒤, 갈색과 하늘색을 차례대로 덮어줍니다.

TIP : [브러시 라이브러리]에서 [서예]-[얼룩]을 선택합니다.

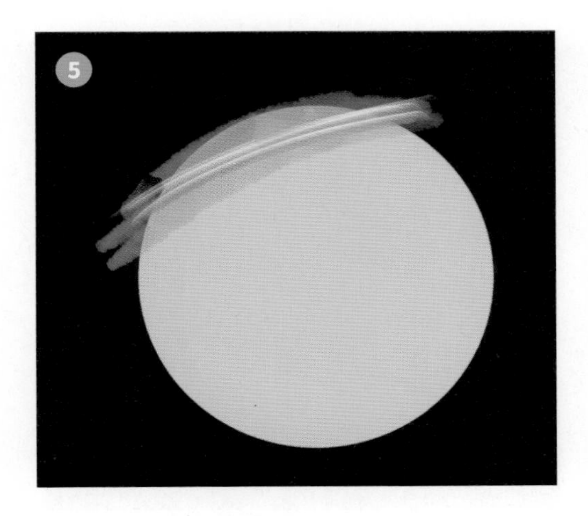

[오데온] 브러시를 선택한 후, 갈색과 하늘색 가운데에 빛나는 줄을 그립니다.

TIP : [브러시 라이브러리]에서 [서예]-[오데온]을 선택합니다.

[얼룩] 브러시로 색을 더하고, 가운데에 [오데온] 브러시로 빛을 넣어 가로 무늬를 완성합니다.

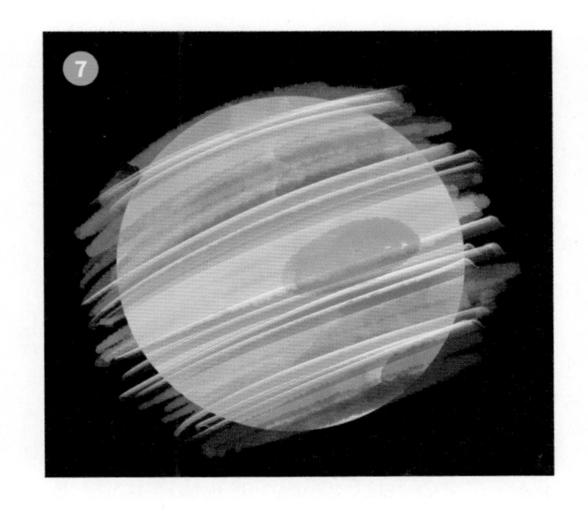

[얼룩] 브러시로 주황색 구멍을 그립니다.

[오데온] 브러시를 선택하여 태풍 바람처럼 안으로 선을 그립니다.

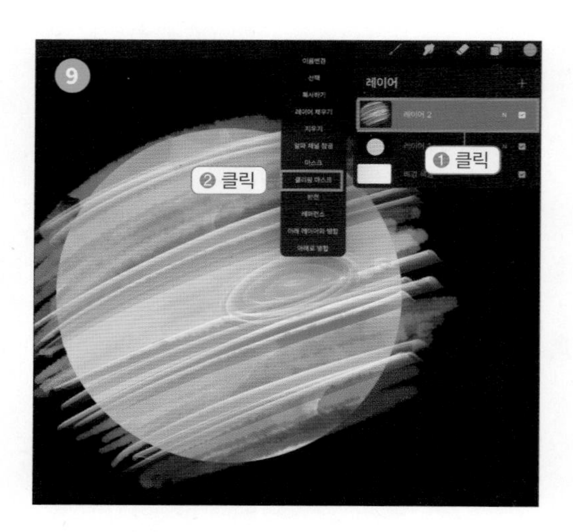

'레이어 2'를 클릭한 후, '클리핑 마스크'를 체크합니다.

레이어 2의 'N' 버튼을 클릭합니다. 블렌딩 모드를 '어두운 색상'으로 변경합니다.

[레이어] 탭을 클릭하고 '+' 버튼을 클릭해 새로운 레이어를 추가합니다. 새로 추가된 레이어는 '레이어 3'이 되며, 이 레이어는 색감을 더해주는 레이어로 사용할 것입니다.

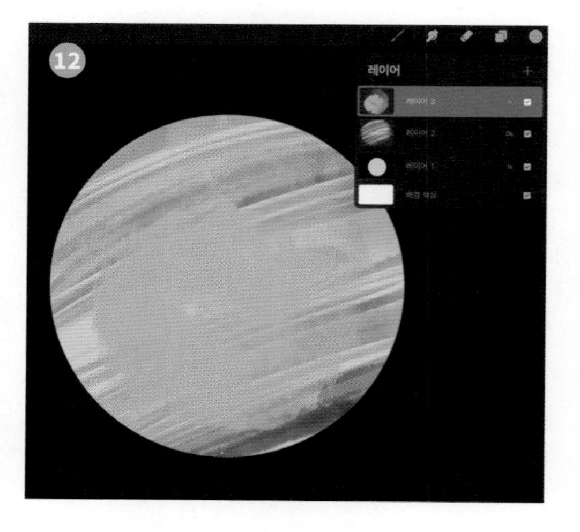

황토색을 선택한 상태에서 [멜라루카] 브러시로 목성의 표면을 전체적으로 칠해줍니다.

TIP : [브러시 라이브러리]에서 [텍스처]-[멜라루카]를 선택합니다.

'레이어 3'의 블렌딩 모드를 [색상 번]으로 변경합니다.

색이 비는 부분에 조금 더 칠해서 전체적으로 누르스름한 느낌을 더해줍니다.

[레이어] 탭을 클릭하고 '+' 버튼을 클릭해 '레이어 4'를 추가합니다.

[소프트 브러시]를 선택한 후, 브러시 크기를 최대로 키우고 목성 전체에 드리우는 그림자를 그립니다. 커다란 목성 그림이 완성되었습니다.

TIP : [브러시 라이브러리]에서 [에어브러시]-[소프트 브러시]를 선택합니다.

PART 6

나만의 굿즈 만들기

'내가 직접 그린 그림이 들어간 상품이 나온다면
얼마나 좋을까?'라는 생각을 한번쯤은 해보았을 거예요.
이전에는 대량 생산이 아닌 이상 굿즈를
뽑아내기 쉽지 않았습니다.
하지만 이제는 한 개의 상품도 뽑을 수 있는
'굿즈 소량 제작' 사이트들이 굉장히 많이 생겨났기에
도안만 있다면 원하는 상품을 자유롭게 주문하여
받아볼 수 있게 되었습니다. 이번 파트에서는 도안을 참고하여
멋진 굿즈를 제작해 보겠습니다.

: 스티커

01 귀여운 한라봉 낱장 스티커

소요 시간
4분

난이도
하

완성된 굿즈 사진 ▶

- **그림에 사용된 브러시**

- [잉크]-[테크니컬 펜] 부드럽고 균일한 선을 그릴 수 있어요.

- [터치업] - [오래된 가죽]  가죽의 매끈매끈한 패턴을 입혀줄 수 있어요.

- **제작 사이트**

- 오프린트미 [낱장 스티커] : https://www.ohprint.me/store/sticker/intro/free-size

- **제작 비용**

- 해당 예제 제작 비용: 3400원(10장, 개당 340원)
- 형태: 사이즈 47 × 44 / 용지-소프트 / 코팅-무광
- 최소 제작 비용: 2,300원(10장, 개당 230원)부터

TIP : 노트북 스티커로 제작하고 싶을 경우, 가로 50~60mm 이상으로 제작하는 것이 좋습니다.

그리는 법

[색상] 탭에서 밝은 주황색을 선택한 뒤, 한라봉의 울퉁불퉁한 꼭지와 몸통을 그립니다.

밝은 주황색을 컬러 드롭하여 채색합니다.

[색상] 탭에서 녹색과 진한 녹색으로 한라봉의 꼭지와 잎을 그립니다.

[색상] 탭에서 밝은 녹색을 선택하여 잎맥을 그립니다. 조금 어두운 주황색으로 한라봉의 표면에 점을 찍어서 뽕뽕 뚫린 구멍을 표현해 줍니다.

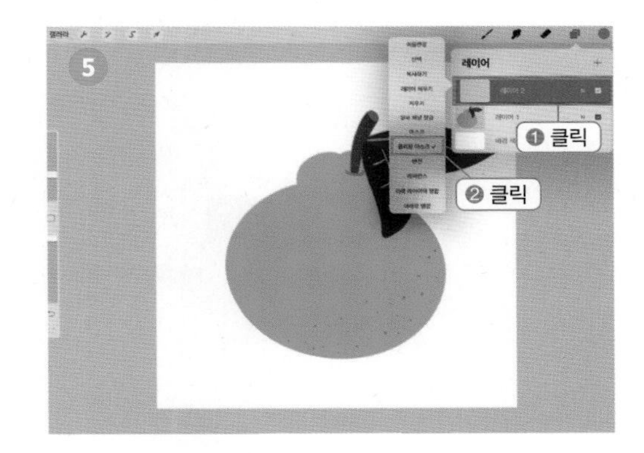

[레이어] 탭을 클릭하고 '+' 버튼을 클릭해 새로운 레이어를 추가합니다. 새로 추가된 레이어는 '레이어 2'가 되며, 효과를 입히는 텍스처 레이어로 사용할 것입니다. 레이어를 한 번 더 클릭한 후 [클리핑 마스크]를 선택합니다.

[오래된 가죽] 브러시를 선택한 뒤, 연두색으로 한라봉의 왼쪽을 칠해주고 주홍색으로 오른쪽을 칠해줍니다.

TIP : [브러시 라이브러리]에서 [터치업]-[오래된 가죽]을 선택합니다.

[레이어] 탭을 클릭한 후 '레이어 2' 옆에 있는 'N' 버튼을 클릭합니다. 불투명도를 28%로 설정하고 블렌딩 모드를 [색상 번]으로 선택합니다.

[레이어] 탭을 클릭하고 '+' 버튼을 클릭해 새로운 레이어를 추가합니다. 새로 추가된 레이어는 '레이어 3'이 되며, 이 레이어는 한라봉의 얼굴을 그리는 용도로 사용할 것입니다.

한라봉의 귀여운 표정을 그려줍니다.

이미지 파일로 내보내기

[레이어] 탭을 클릭한 후, '배경 색상'이라고 쓰여있는 레이어의 체크박스를 해제합니다. 낱장 스티커에는 흰색 배경이 들어가면 안 되기 때문입니다.

[동작] 메뉴에서 [캔버스]–[잘라내기 및 크기변경]을 클릭합니다.

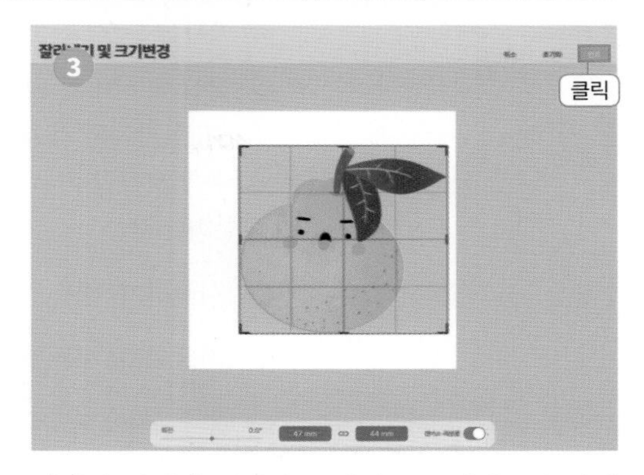

한라봉 하나가 들어가는 사이즈로 캔버스를 잘라주겠습니다. 살짝 미세한 여백을 남겨서 그림이 잘리지 않게 해줍니다. 주문할 때 사이즈를 입력해야 하기 때문에 하단의 가로, 세로 사이즈를 기록해 둡니다. 저의 경우, 47mm×44mm가 나왔습니다. 오른쪽 상단의 [완료] 버튼을 클릭해서 적용합니다.

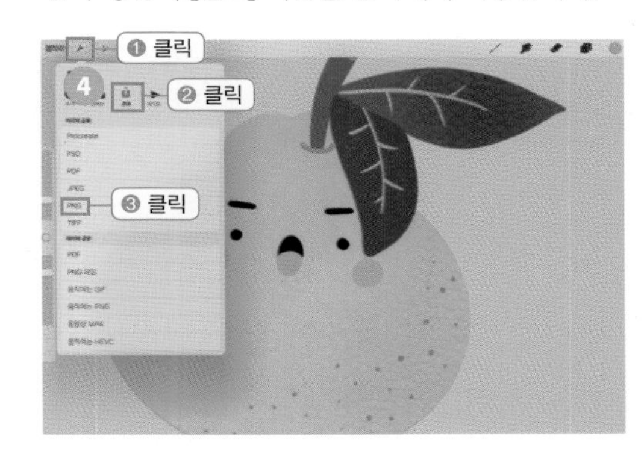

[동작] 메뉴에서 [공유]–[PNG]를 클릭합니다.

아이패드 내부에 저장하고 싶은 경우 [이미지 저장]을 클릭하고, 핸드폰이나 노트북에서 주문할 경우에는 [AirDrop]이나 [카카오톡 앱]을 선택하여 이미지 파일을 내보내기 합니다.

• 낱장 스티커 발주 방법

❶ 오프린트미 [낱장 스티커] 제작 링크에 접속합니다.

❷ 낱장 스티커의 사이즈, 용지(소프트/매트/스탠다드/크라프트/홀로그램/투명) 중 한 가지의 용지를 선택하고, 코팅(무광/유광) 형태를 선택합니다. 그리고 개수를 설정합니다(최소 10장부터 가능).

(예제 형태: 사이즈 - 47× 44 / 용지 - 소프트 / 코팅 - 무광 / 수량 - 10장)

❸ [시작하기] 버튼을 클릭한 뒤, 직접 그린 이미지를 업로드 합니다.

❹ [저장하기] 버튼을 클릭한 뒤, [장바구니가기]를 클릭합니다.

❺ 장바구니에 저장되어 있는 스티커를 확인한 뒤, [주문하기] 버튼을 클릭해 주문합니다.

02 선인장 이름표 스티커(직사각형 스티커)

소요 시간
4분

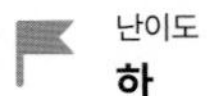

난이도
하

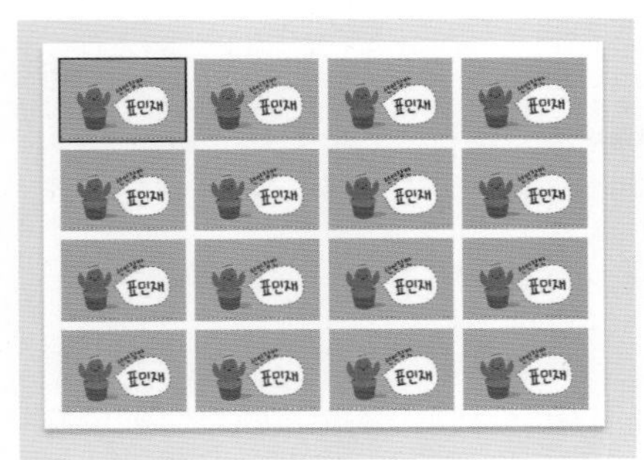

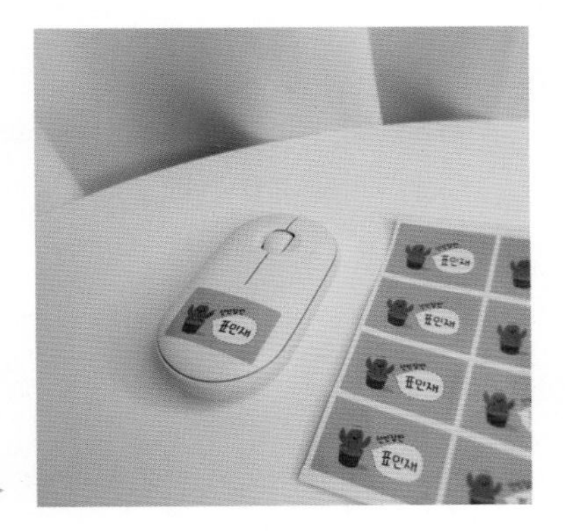

완성된 굿즈 사진 ▶

- **그림에 사용된 브러시**

- [잉크]-[테크니컬 펜]  부드럽고 균일한 선을 그릴 수 있어요.

- **제작 사이트**

- 오프린트미 [직사각형 스티커] : https://www.ohprint.me/store/sticker/intro/rectangle

- **제작 비용**

- 해당 예제 제작 비용: 600원(1매당 16개)
- 형태: 사이즈-40 × 26 / 용지-소프트 / 코팅-무광

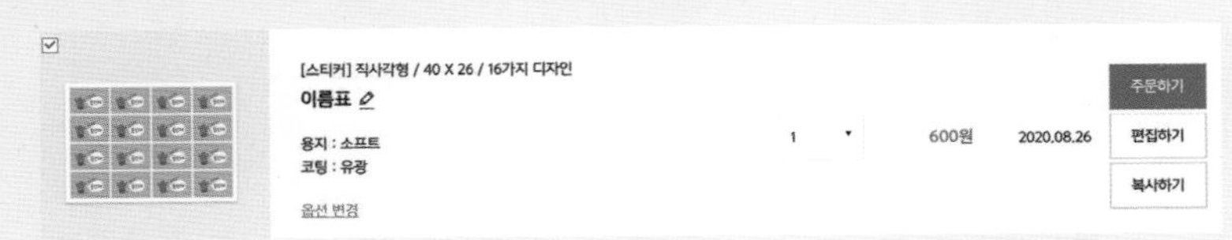

그리는 법

◎ **예제파일:** 이름표스티커가이드.png

[레이어] 탭을 클릭하고 '+' 버튼을 클릭한 후 새로운 레이어를 추가합니다. 새로 추가된 레이어는 '레이어 2'가 되며, 이 레이어는 스티커를 그리는 레이어로 사용할 것입니다.

[색상] 탭에서 부드러운 녹색을 선택한 후, 화면에 컬러 드롭하여 채색합니다.

조금 더 진한 녹색을 선택한 뒤, 귀여운 만세 선인장의 몸을 그립니다.

밀짚모자를 그려주고, 선인장의 몸통 색보다 조금 더 진한 녹색으로 선인장의 줄무늬와 손 위의 가시를 그립니다.

[색상] 탭에서 갈색을 선택한 뒤, 선인장이 담겨 있을 화분을 그립니다.

[색상] 탭에서 흰색을 선택한 뒤 말풍선을 그립니다. '레이어 1'을 보이지 않게 꺼준 후 그려도 됩니다.

말풍선에 점선 외곽선을 그리고, 반 이름과 이름을 작성합니다. 같은 색으로 선인장의 얼굴까지 그려 주면 스티커 도안이 완성됩니다.

[동작] 메뉴에서 [공유]-[PNG]를 클릭하여 도안 이미지를 내보내기 합니다.

- **직사각형 스티커 발주하는 방법**

❶ 직사각형 스티커 제작 링크에 접속합니다.

❷ 인쇄 사이즈, 용지, 코팅, 수량을 선택합니다.
(예제 형태 : 사이즈 - 40 × 26 / 용지 - 소프트 / 코팅 - 무광 / 수량 - 1매(16개))

❸ 하단의 [시작하기] 버튼을 클릭합니다.

❹ [직접 디자인하기] 배너를 클릭합니다.

❺ 화면의 형태를 선택합니다. [가로 선택]과 [세로 선택] 중 [가로 선택]을 사용하였습니다.

❻ 왼쪽의 메뉴에서 [사진] 탭을 클릭한 후, 앨범에서 스티커 도안 이미지를 선택하고 [완료] 버튼을 클릭합니다.

❼ 적절한 위치와 사이즈를 조정합니다.

❽ 오른쪽 메뉴를 보면, 총 16개의 칸이 나와 있습니다. 칸을 선택하여 이미지를 추가하는 방식이기 때문에, 다른 디자인의 도안을 넣어도 됩니다. 만약 예제와 같이 하나의 도안으로 16매를 뽑고 싶다면, 오른쪽 메뉴에서 [선택 디자인 복사하기]–[전체선택]–[붙여넣기]를 클릭합니다.

▲ 완성된 직사각형 스티커 인쇄 도안

❾ 오른쪽 상단의 [저장하기] 버튼을 클릭하여 저장하고, 장바구니에서 주문 / 결제를 진행합니다.

: 자석

01 파프리카 냉장고 자석(자석 버튼)

소요 시간
10분

난이도
하

완성된 굿즈 사진 ▶

- **그림에 사용된 브러시**

- [잉크]-[테크니컬 펜] 부드럽고 균일한 선을 그릴 수 있어요.

- [에어브러시]-[소프트 브러시]  부드러운 음영을 더해 줄 수 있어요.

- **제작 사이트**

- 오프린트미 [자석 버튼] : https://www.ohprint.me/store/magnet-button/intro/defaults

- **제작 비용**

- 해당 예제 제작 비용: 2,900원(1개)
- 형태: 하트형 / 사이즈: 57 × 52 / 코팅: 무광
  사이즈: 40 × 26 / 용지: 소프트 / 코팅: 무광
- 최소 제작 비용: 2,900원(1개)

[자석버튼] 하트형 / 57x52 / 1가지 디자인
자석
코팅 : 유광
옵션 변경
- 1 +
2,900원
2020.08.27
주문하기
편집하기
복사하기

그리는 법

◎ **예제파일:** 자석버튼가이드.png

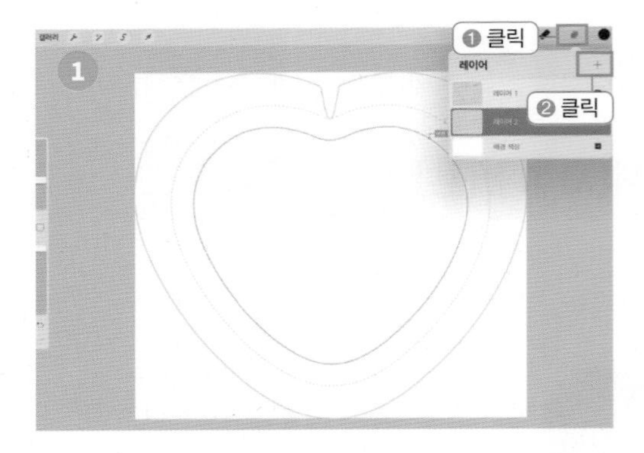

새로 추가된 레이어는 '레이어 2'가 되며, 이 레이어는 스티커의 배경색 레이어로 사용할 것입니다.

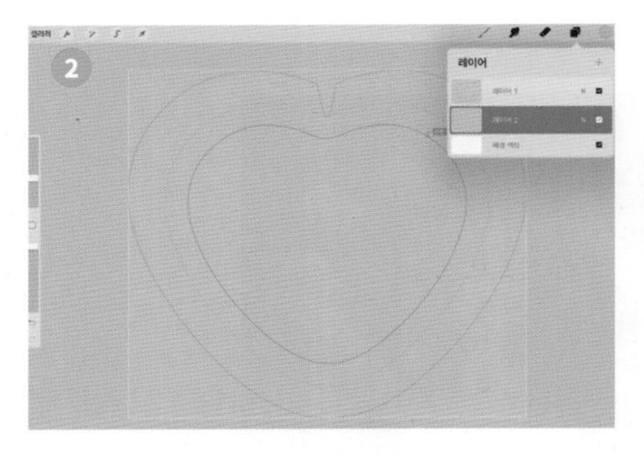

도안을 그릴 때 잘 보일 수 있도록, 무난한 베이지색을 컬러 드롭하여 배경을 채색합니다.

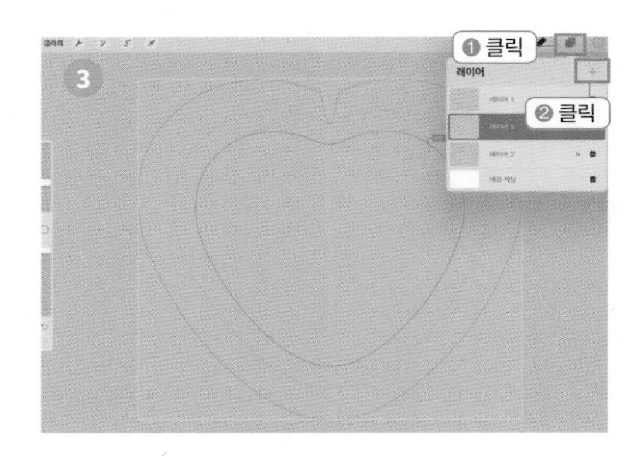

[레이어] 탭을 클릭하고 '+' 버튼을 클릭해 새로운 레이어를 추가합니다. 추가된 레이어의 이름은 '레이어 3'으로 설정합니다. 파프리카를 그리는 레이어로 사용할 것입니다.

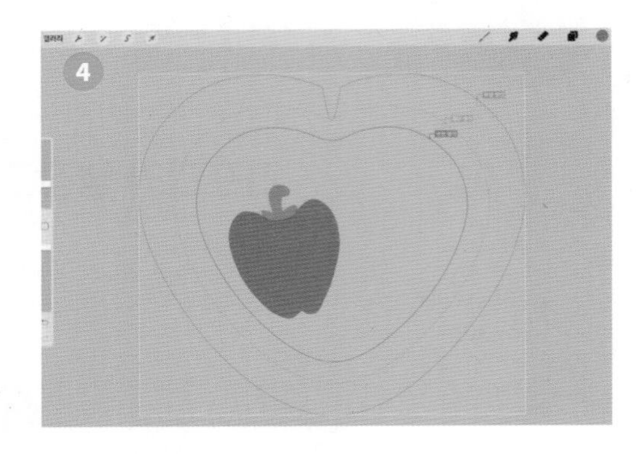

다홍색 파프리카를 그립니다.

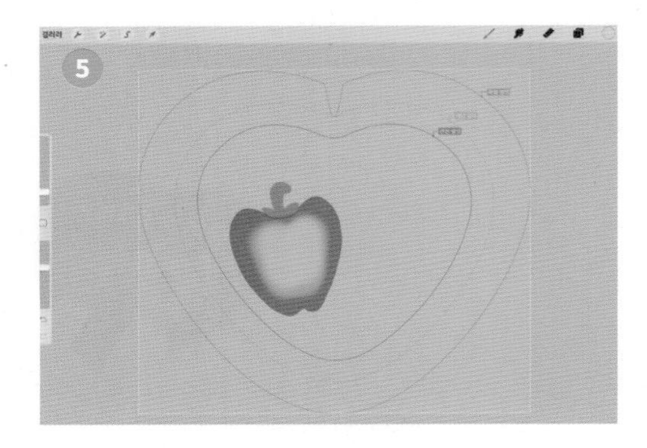

[소프트 브러시]를 클릭한 후, 흰색에 가까운 다홍색으로 파프리카의 단면 내부를 칠합니다.

TIP : [브러시 라이브러리]에서 [에어브러시]-[소프트 브러시]를 선택합니다.

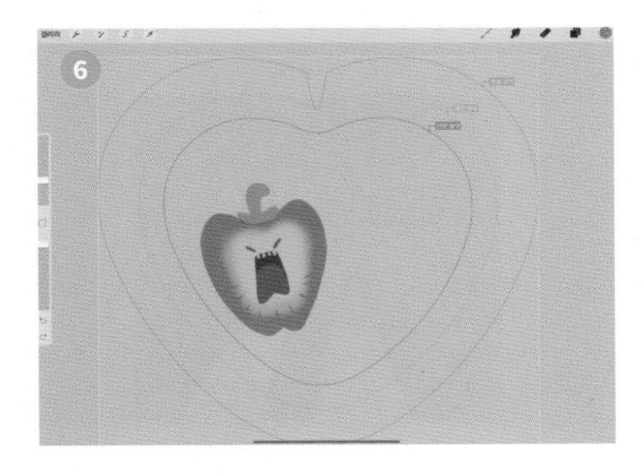

채도가 낮은 적갈색으로 파프리카의 눈, 입을 그려주고 노랑색으로 파프리카의 씨앗을 이빨처럼 그려줍니다.

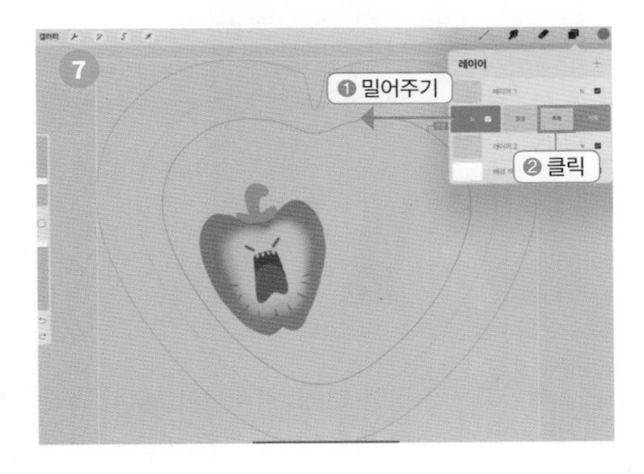

'레이어 3'을 살짝 밀어 [복제] 버튼을 클릭합니다.

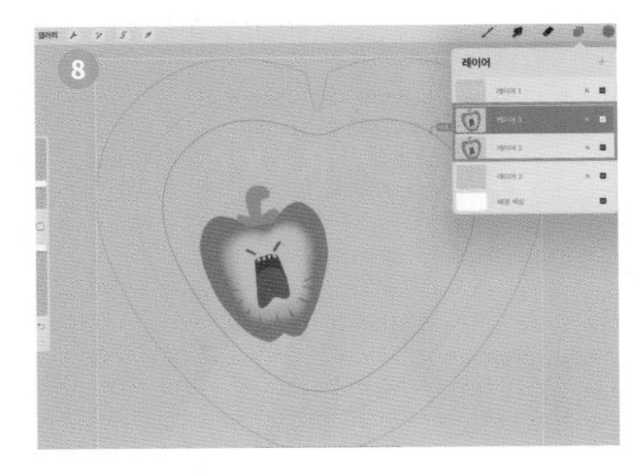

'레이어 3'이 하나 더 복제되어, 파프리카가 2개 되었습니다.

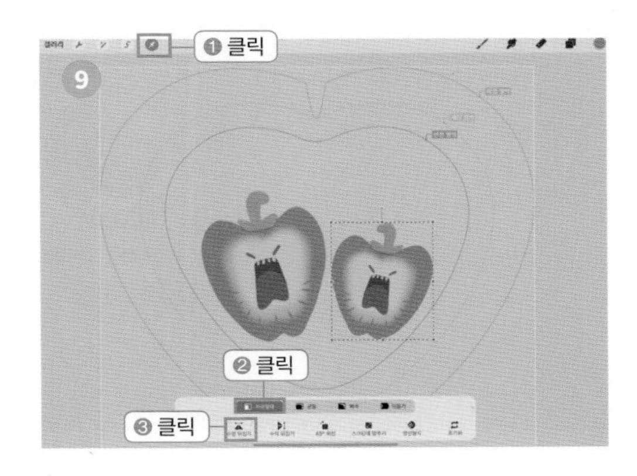

[변형 툴]을 클릭하여 파프리카를 오른쪽으로 이동합니다. 이때, 하단의 설정 바에서 [자유형태]–[수평 뒤집기]를 클릭하여 파프리카 그림을 수평으로 뒤집어줍니다. 사이즈를 조금 더 작게 조정합니다.

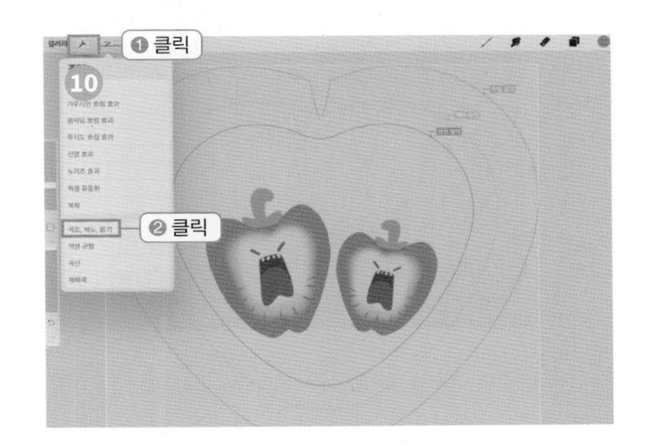

[조정]–[색조, 채도, 밝기]를 클릭합니다.

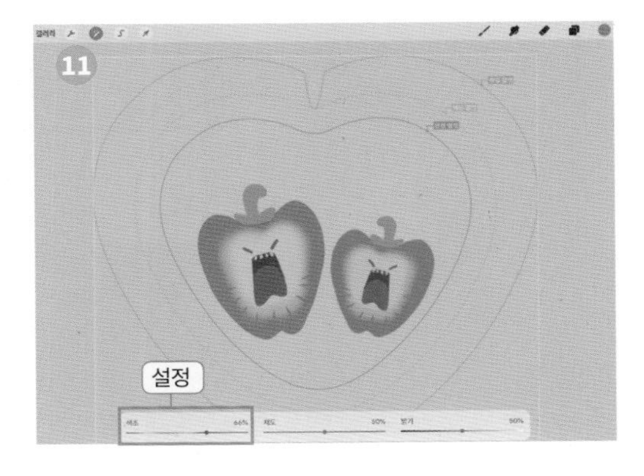

오른쪽의 복제된 파프리카를 초록색 계열로 색조를 설정합니다.

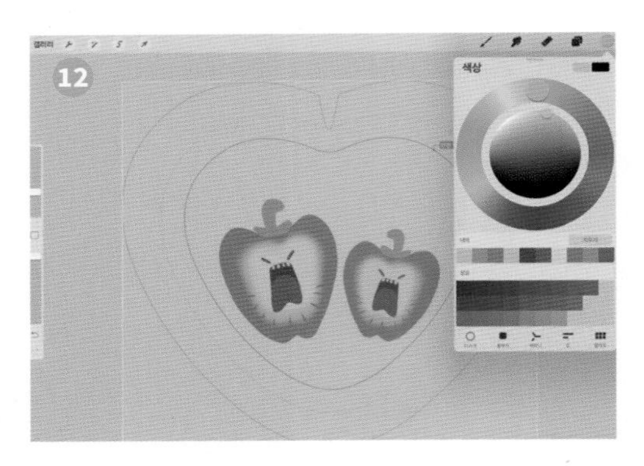

색조 조절을 마친 뒤, 파프리카의 꼭지와 씨앗 색상을 녹색과 노랑색으로 다시 칠합니다.

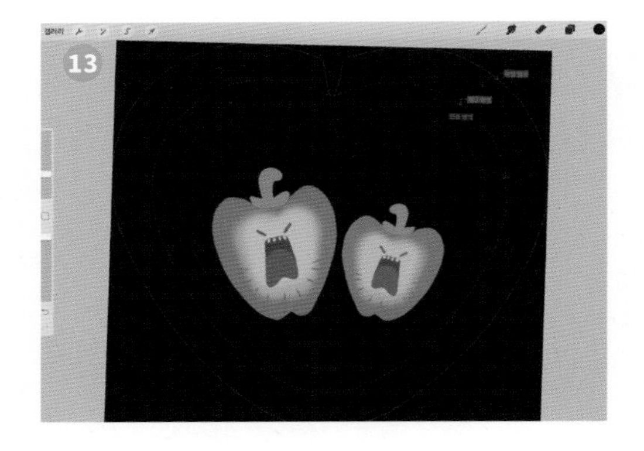

파프리카 그림이 선명하게 완성되었습니다. 이제, 배경으로 쓰인 '레이어 2'에 검정색을 덮어주도록 하겠습니다. 검정색이 아닌, 여러분이 좋아하는 색으로 덮어주어도 됩니다.

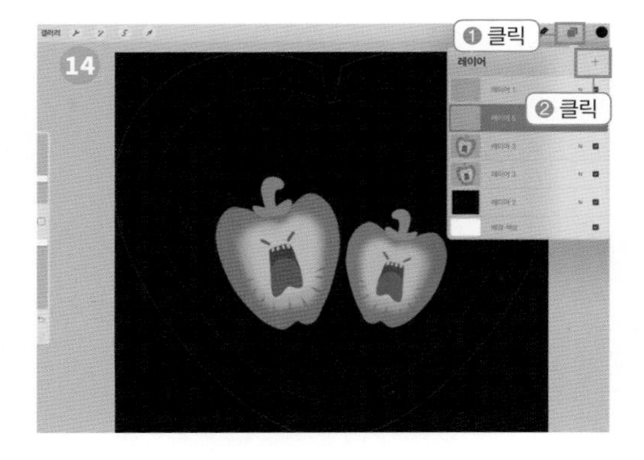

[레이어] 탭을 클릭하고 +' 버튼을 클릭해 '레이어 5'를 추가합니다.

'레이어 5'에 파프리카 스펠링과 그림자를 그립니다. 파프리카가 '파프리까아악~'이라고 외치는 도안이 완성되었습니다.

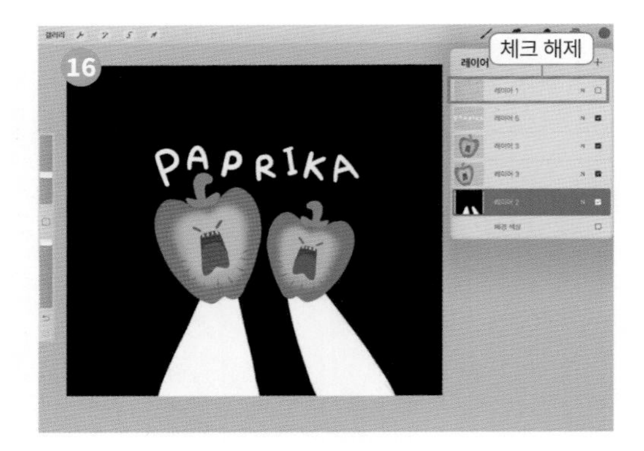

도안 이미지로 저장할 때에는 [레이어] 탭에서 '레이어 1'(가이드라인 레이어)을 체크 해제한 후 저장합니다.

[동작]–[공유]–PNG를 클릭하여 도안 이미지를 내보내기 합니다.

- **자석 버튼 발주하는 방법**

1. 자석 버튼 제작 링크에 접속합니다.
2. 인쇄 형태, 사이즈, 코팅, 수량을 선택합니다.
   (예제 형태: 하트형 / 사이즈: 57× 52 / 코팅: 무광 / 수량: 1개)
3. 하단의 [시작하기] 버튼을 클릭합니다.
4. [직접 디자인하기] 배너를 클릭합니다.
5. 사진 파일을 끌어오거나 화면을 클릭해서 파일을 업로드 합니다.
6. 적절한 위치를 조정한 후, 오른쪽 상단의 [저장하기] 버튼을 클릭하여 저장하고, 장바구니에서 주문 / 결제를 진행합니다.

02 유튜브 구독 버튼 마그넷(카 마그넷)

소요 시간
20분

난이도
상

완성된 굿즈 사진 ▶

- **그림에 사용된 브러시**

- [잉크]-[테크니컬 펜]  부드럽고 균일한 선을 그릴 수 있어요.
- [에어브러시]-[소프트 브러시]  부드러운 음영을 더해 줄 수 있어요.

- **제작 사이트**

- 오프린트미[카 마그넷] : https://www.ohprint.me/store/car-magnet/intro/defaults

- **제작 비용**

- 해당 예제 제작 비용: 5,900원(1개)
- 사이즈: 300 × 200
- 최소 제작 비용: 3,900원(1개)

[카 마그넷] 300 X 200 / 1가지 디자인
눈감은
1 5,900원 2020.08.27
주문하기
편집하기
복사하기

그리는 법

◎ **예제파일:** 카마그넷가이드.png

[레이어] 탭을 클릭한 후, '+' 버튼을 클릭해 새 레이어를 추가합니다. 추가된 '레이어 2'에 도안을 그립니다.

마그넷에 들어갈 캐릭터를 그립니다.

[동작]–[추가]–[텍스트 추가]를 클릭합니다.

마그넷 안에 넣을 글씨를 추가합니다. 저는 '난희 유튜브'라는 글씨를 입력했습니다. 하단의 설정 창에서 폰트와 사이즈를 자유롭게 설정하고 선택할 수 있습니다.

[변형 툴]을 클릭하여 글씨의 위치와 크기를 알맞게 설정합니다.

❸ ~ ❺ 번의 방법으로 '구독', '좋아요'라는 글씨도 추가합니다.

캐릭터에 어울리는 색상으로 채색한 후 '구독', '좋아요' 대사에 어울리는 말풍선을 검정색 선으로 그립니다.

눈에 잘 띄는 배경색을 컬러 드롭하여 칠해줍니다.

'난희 유튜브'라는 글씨가 더 돋보이도록 리본을 그려보겠습니다. [레이어] 탭을 클릭하고 '+'을 클릭해 '레이어 6'을 추가합니다.

커다란 리본 플래그를 그립니다.

[선택 영역 툴]을 클릭한 후, 하단에서 [자동]을 선택합니다. 리본 플래그의 내부 부분을 모두 선택합니다.

[소프트 브러시]를 선택한 후 빨, 주, 노, 초, 파, 보 등의 색을 덧칠하듯 칠해줍니다.

TIP : [브러시 라이브러리]에서 [에어브러시]-[소프트 브러시]를 선택합니다.

흰색을 선택한 후 가운데를 덧칠하여 글자가 돋보이도록 밝게 밝혀줍니다. 얇은 선들을 캐릭터 주변에 9개 정도 그립니다.

도안이 모두 완성되었습니다. 도안을 이미지 파일로 내보내기 위해 '레이어 1'(가이드라인 레이어)의 체크박스를 해제하여 레이어를 가려줍니다.

[동작]–[공유]–[PNG]를 클릭하여 도안 이미지를 내보내기 합니다.

- **카 마그넷 발주하는 방법**

❶ 카 마그넷 제작 링크에 접속합니다.

❷ 사이즈, 수량을 선택합니다.
(예제 300 × 200 / 수량 - 1개)

❸ 하단의 [시작하기] 버튼을 클릭합니다.

❹ [직접 디자인하기] 배너를 클릭합니다.

❺ 사진 파일을 끌어오거나 화면을 클릭해서 파일을 업로드 합니다.

❻ 적절한 위치를 조정한 후, 오른쪽 상단의 [저장하기] 버튼을 클릭하여 저장하고 장바구니에서 주문 / 결제를 진행합니다.

나만의 카 마그넷 도안 그려보기

: 액세서리

01 돈까스 미니 에코백(베이직 에코백)

소요 시간
15분

난이도
중

완성된 굿즈 사진 ▶

- **그림에 사용된 브러시**

- [잉크]-[테크니컬 펜] 부드럽고 균일한 선을 그릴 수 있어요.

- **제작 사이트**

- 오프린트미 [오프린트미 베이직 에코백(S)]: https://www.ohprint.me/store/apparel/intro/ohprintme-opm-100777s

- **제작 비용**

- 해당 예제 제작 비용: 10,900원(1개)
- 인쇄 위치: 앞면 / 인쇄 방식: 디지털 프린팅 / 색상: 블랙
- 최소 제작 비용: 9,900원(1개 / '열전사 인쇄' 선택 시)

그리는 법

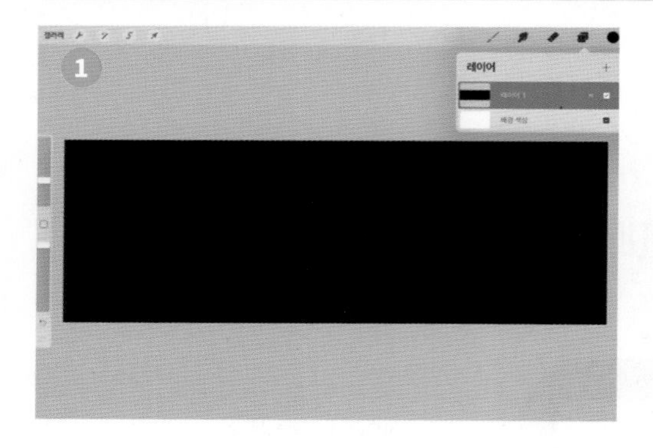

[색상] 탭에서 검정색을 선택한 뒤, 배경에 컬러 드롭하여 채색합니다.

[레이어] 탭에서 '+' 버튼을 클릭해 새 레이어를 추가합니다. 추가된 '레이어 2'에서 도안을 그려보겠습니다.

[색상] 탭에서 흰색을 선택한 뒤, 납작한 접시를 그립니다. 컬러 드롭하여 채색합니다.

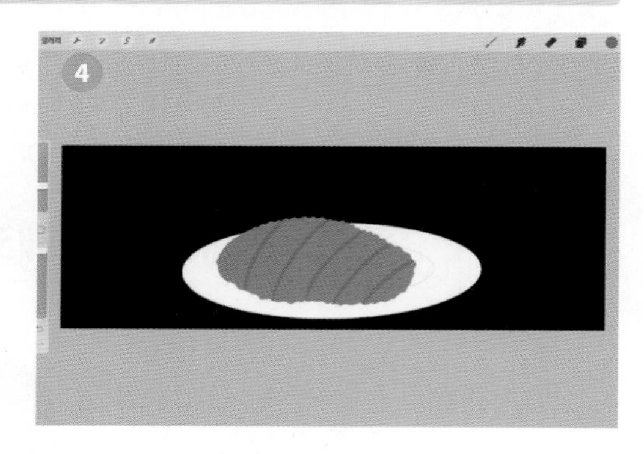

새 레이어 '레이어3'을 생성합니다. [색상] 탭에서 부드러운 갈색을 선택한 뒤, 울퉁불퉁한 튀김옷이 입혀진 돈까스 한 덩이를 그린 후 컬러 드롭하여 채색합니다. 조금 더 진한 갈색을 선택한 뒤, 돈까스에 세로줄을 그어 조각을 내줍니다.

[색상] 탭에서 살구색을 선택한 뒤, 앞서 그린 세로줄의 안쪽으로 얇은 선을 그립니다.

새 레이어 '레이어4'를 생성한 뒤, 돈까스가 그려진 '레이어 3'과 접시가 그려진 '레이어 2' 사이에 '레이어4'를 배치합니다. 녹색으로 샐러드를 풍성하게 그립니다.

[레이어] 탭을 클릭하고 '+'을 클릭해 새 레이어 '레이어5'를 생성한 뒤, 토마토를 하나 그립니다.

토마토가 그려진 '레이어 5'를 왼쪽으로 밀어준 뒤, [복제] 버튼을 클릭하여 하나를 더 복제합니다.

'레이어 5'의 토마토를 [변형 툴]을 클릭하여 이동시켜 주고, 크기를 조금 더 작게 줄여줍니다.

[조정] 메뉴에서 [색조, 채도, 밝기]를 클릭합니다.

방울 토마토의 채도를 36%로 설정하여 조금 더 어둡게 변경합니다.

새 레이어 '레이어7'을 생성한 뒤, 돈까스 소스를 붓듯 진한 갈색으로 돈까스 위에 곡선을 그립니다. 흰색을 선택하여 반짝이는 광을 그립니다.

[레이어] 탭을 클릭한 후, '배경 색상'을 꺼서 보이지 않게 해줍니다.

[동작] 메뉴에서 [공유]–[PNG] 파일을 선택하여, 이미지 파일로 내보내기 합니다.

• **미니 에코백 발주하는 방법**

❶ 오프린트미 베이직 에코백(S) 제작 링크에 접속합니다.

❷ 인쇄 위치, 인쇄 방식, 색상, 수량을 선택합니다.
(예제 인쇄 위치: 앞면 / 인쇄 방식: 디지털 프린팅 / 색상: 검정 / 수량: 1개)

❸ 하단의 [시작하기] 버튼을 클릭합니다.

❹ [직접 디자인하기] 배너를 클릭합니다.

❺ 사진 파일을 끌어오거나 화면을 클릭해서 파일을 업로드 합니다.

❻ 적절한 위치를 조정한 후, 오른쪽 상단의 [저장하기] 버튼을 클릭하여 저장하고, 장바구니에서 주문 / 결제를 진행합니다.

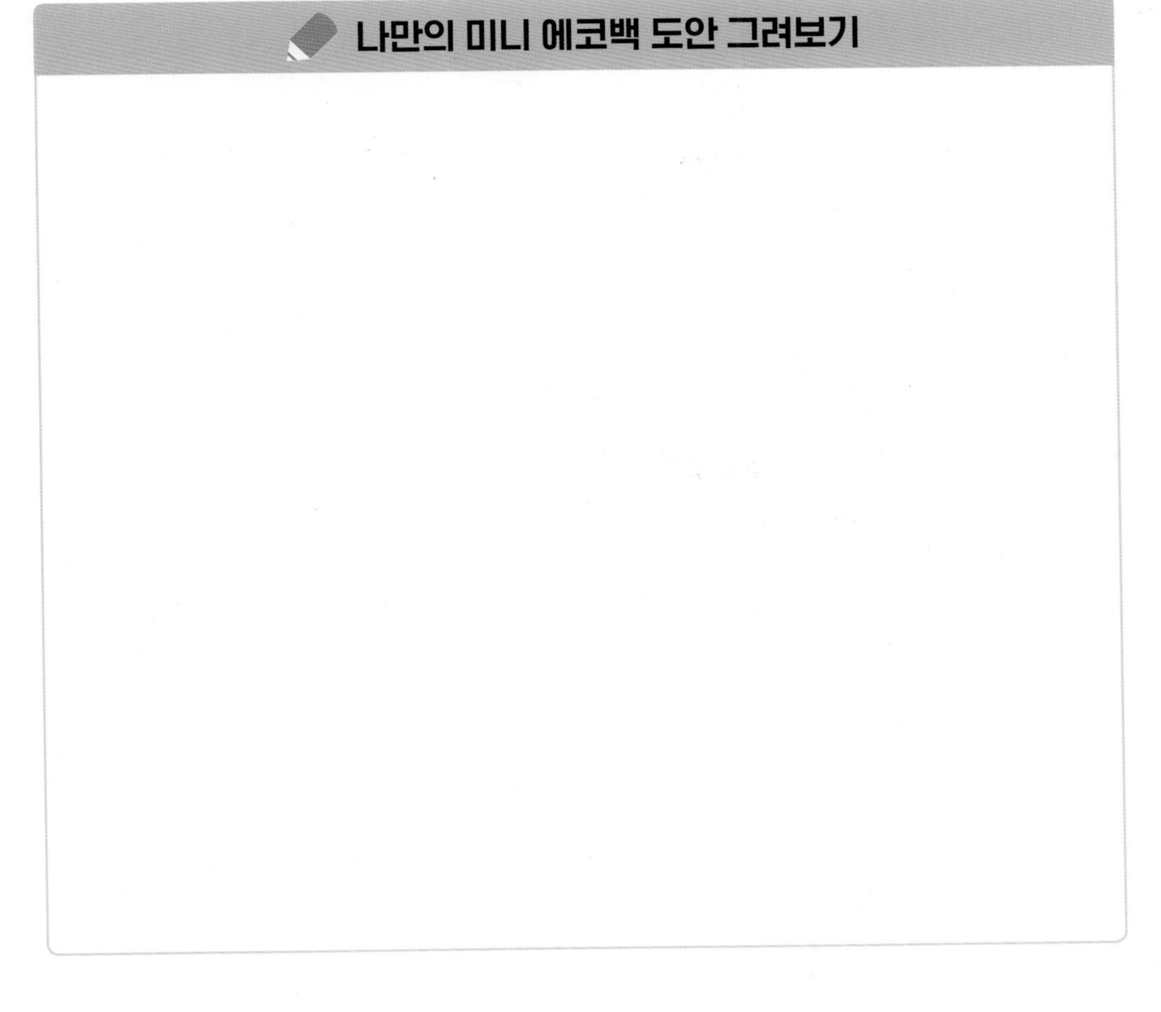

02 홀로그램 아크릴 키링(아크릴 키링)

소요 시간
15분

난이도
중

완성된 굿즈 사진 ▶

- **그림에 사용된 브러시**
- [잉크]-[테크니컬 펜] 부드럽고 균일한 선을 그릴 수 있어요.
- [빛]-[보케]  동글동글 아련한 빛의 번짐 효과를 넣어줄 수 있어요.
-  [에어브러시]-[소프트 브러시] 부드러운 음영을 더해 줄 수 있어요.
- [빛]-[라이트 펜] 번쩍번쩍 빛이 나는 브러시에요. 빛나는 글씨나 번개를 그릴 때 잘 어울려요.

- **제작 사이트**
- 오프린트미 [아크릴 키링] : https://www.ohprint.me/store/acrylic-keyring/intro/defaults

- **제작 비용**
- 해당 예제 제작 비용: 8,100원(1개)
- 형태: 사각형 / 사이즈: 40 / 아크릴: 홀로그램 / 고리: 자물쇠 - 골드
- 최소 제작 비용: 3,500원(1개 / 10 × 10, 자율형으로 주문 시)

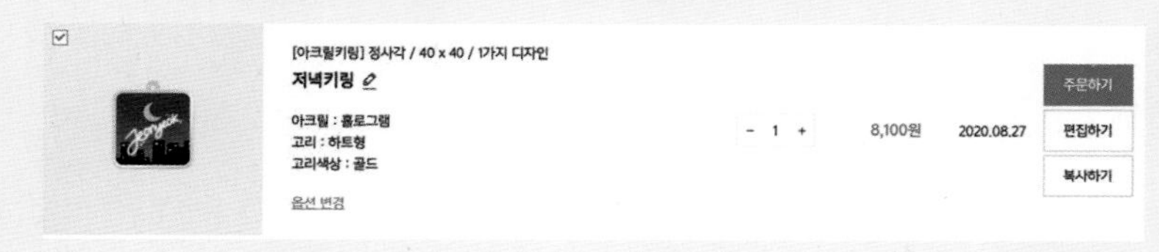

그리는 법

[색상] 탭에서 어두운 남색을 선택한 뒤, 컬러 드롭 하여 채색합니다.

[소프트 브러시]의 크기는 키우고, 불투명도는 줄인 후 보라색, 밝은 보라색, 자두색을 덧칠하여 저녁의 낭만적인 그러데이션을 완성합니다.

TIP : [브러시 라이브러리]에서 [에어브러시]-[소프트 브러시]를 선택합니다.

[레이어] 탭을 클릭하고 '+' 버튼을 클릭해 새로운 레이어를 추가합니다. 새로 추가된 레이어는 '레이어 2'가 되며, 달과 건물 도안을 그리는 레이어로 사용할 것입니다.

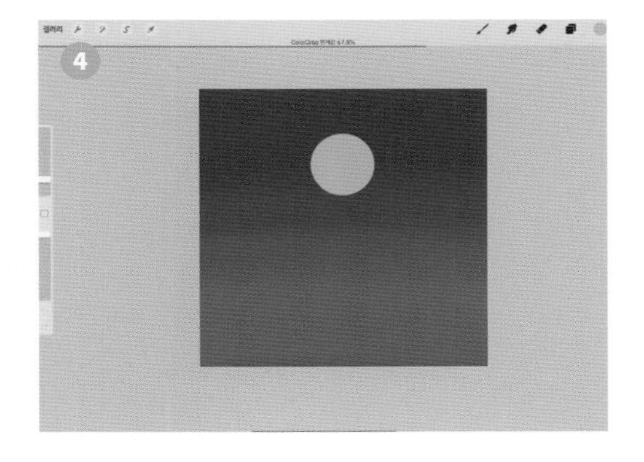

노랑색을 선택한 뒤, 동그란 달을 그리고 채색합니다.

[지우개 툴]을 클릭한 뒤, 달의 모양을 만들어 줍니다.

검정색을 선택한 뒤, 차가운 도시 마을을 그리고 컬러 드롭하여 채색합니다.

다시 [소프트 브러시]를 선택한 후, 저녁에 점점 반짝이기 시작하는 형형색색의 건물들을 표현합니다.

[라이트 펜] 브러시로 원하는 문구를 작성합니다. 선의 사이즈를 줄이고 필기체 주변에 반짝이는 원들을 그립니다.

> **TIP :** [브러시 라이브러리]에서 [빛]-[라이트 펜]을 클릭합니다.

[보케] 브러시로 화면에 살짝 찍어서 잔잔한 빛을 더해줍니다. 낭만적인 저녁 하늘 키링이 완성됩니다.

TIP : [브러시 라이브러리]에서 [빛]-[보케]를 클릭합니다.

[동작 🔧] 메뉴에서 [공유]-[PNG]를 클릭하여 도안 이미지를 내보내기 합니다.

TIP : PNG와 JPEG 파일의 차이점이 뭘까요?

PNG는 Portable Network Graphics의 약자로, 투명한 형태의 백그라운드 배경을 지원합니다. 배경이 없도록 저장을 한 뒤, 다른 그림에 자연스럽게 얹을 수 있습니다. 또한 색상과 그러데이션 효과들이 부드럽게 표현되기에 모바일 환경에서 적합한 이미지 포맷이라고 할 수 있습니다.

JPEG는 Joint Photograph Experts Group의 약자로, JPG로도 불리곤 합니다. 사진을 압축하여 저장할 때 용량이 줄어들며, 가벼운 이미지 형태로 저장하기에 적합합니다. 투명 배경을 지원하지 않기에 배경 없이 저장 시 자동으로 흰색 배경이 채워져 저장됩니다.

- **아크릴 키링 발주 방법**

❶ 아크릴 키링 제작 링크에 접속합니다.

❷ 형태, 사이즈, 아크릴, 고리의 스펙, 수량을 선택합니다.
(예제 형태: 자율형 / 사이즈: 40 / 고리: 자물쇠 / 고리색상: 골드 / 수량: 1개)

❸ 하단의 [시작하기] 버튼을 클릭합니다.

❹ [직접 디자인 하기]를 클릭합니다.

❺ 사진 파일을 끌어오거나 화면을 클릭해서 파일을 업로드 합니다.

❻ 적절한 위치를 조정한 후, 상단의 [바깥쪽 고리] 또는 [안쪽 고리]를 선택합니다.

(예제 바깥쪽 고리 선택)

❼ 오른쪽 상단의 [저장하기] 버튼을 클릭하여 저장하고, 장바구니에서 주문 / 결제를 진행합니다.

나만의 아크릴 키링 도안 그려보기

보기만 하던

SNS 웹툰

나도 그릴 수 있다!

난희(표지희) 지음 / 304쪽 / 18,000원

SNS 웹툰을 보며
나도 그릴 수 있을까?
생각한 사람

일상을 웹툰으로 그려
인스타그램에
올리고 싶은 사람

SNS 웹툰
페이스북 페이지를
효과적으로
관리하고 싶은 사람

SNS 웹툰 무작정 따라하기와 함께 시작하세요!

콘티, 캐릭터 구상 등 웹툰의 기초를 익히고, 일러스트나 4컷 만화 등 다양한 형태로 웹툰을 그려본 후 SNS 웹툰 계정을 만들고 관리하는 방법을 배워 봅니다.

꾸준히 올린 SNS 웹툰은 일상을 그리는 취미가 될 수 있고 다양한 분야에서 수익을 창출할 수도 있습니다.

길벗